「高齢ニッポン」をどう捉えるか

予防医療・介護・福祉・年金

浜田陽太郎

勁草書房

はじめに

組織ジャーナリズムの記者の仕事は偶然に大きく左右されます。私はたまたま三〇歳代で、二〇〇〇年の介護保険スタート、二〇〇四年の年金改革、それに続く医療・介護の重要な政策決定を取材する機会に恵まれ、その面白さと奥深さに魅了されました。途中、社会福祉士という資格もとりました。ただし、官僚のように制度・政策を立案してきたわけでもなく、また医療や介護、ソーシャルワークに従事する人たちのように日々現場で働いているわけでもありません。

何が生業かといえば、政策当局が発信する情報や、現場で起きていることを「読者にお届けする」ことでした。その経験をベースにして書かれた本書は、医療や介護、年金といった高齢社会に関わるテーマについてメディアで働く者が「とらえ、かみくだき、お届けする」プロセスに光を当てることを意識しています。

もう一つの特徴は、全般を通して「迷い」があることです。

世の中には不正や問題がいくらでもあります。それをあぶり出し、批判するというのが伝統的な記者活動です。それを社会が必要としていることは間違いありません。

ただ、こと社会保障に関しては、そうした仕事を続けるだけで、貧富の差にかかわらず必要なサービスが安定して受けられる超高齢社会の実現に貢献できる確信がないのです。人口が増え経済が順調に成長していた時代から、人口減少と低成長の時代になったいま、より多くの問題が明らかになっても、その解決や緩和の担い手が足りないからです。

もちろん隠れた問題はいくらでもあり、それを掘り起こすメディアの役目に終わりはありません。でも、発掘と批判に加えて、社会の一人ひとりが「問題を自分事としてとらえ、解決に参加する」という回路をつくらないといけないのではないか。そうでないと、人口減少と高齢化をめぐって自暴自棄と紙一重の根拠なき楽観が社会に広がり、政治がポピュリズムに傾斜するのではないか。すでにその兆候はあり、現下のコロナ禍でより加速しかねない。そんなおそれさえあります。

いまの世の中、数多くの悲痛な叫びや怒りが表明され、自信たっぷりの解釈と解決策の提示もあふれています。それなのに、確信もないお前が本など出すな、というお叱りがあるかもしれません。しかし私はむしろ、自分の迷いや反省を率直にお伝えすることによって、この本を手にとってくれた読者と信頼の回路をつなげられないかと考えています。

本書の構成は、序章と終章は社会保障をめぐるメディア論の性格が強くなっています。第1章の介護では人手不足を主に取り上げ、第2章では安倍政権が推進する予防医療に焦点を当てます。第3章の年金は記録問題を含めた運用と、制度設計の両面を取り上げます。それぞれの章の冒頭にサマリーをつけてあります。

本書が、「高齢ニッポン」における社会保障の大切さの理解を一ミリでも広げ、制度や現場を日々黙々と支える人たちを少しでも勇気づけられたら、とてもうれしいです。

目　次

＊本文中の年齢、肩書き等は取材や新聞掲載当時のものです。

序章　コロナ禍をどう転じさせるか

二〇二〇年、日本を含む世界は、第二次世界大戦以降で最大の危機に直面している。いうまでもなく新型コロナウイルスの感染拡大だ。

対応に最前線であたる医療従事者を応援するためのコンサートが、日本時間で四月一九日未明から、ＷＨＯ（世界保健機関）と米国に本部を置く団体「グローバル・シチズン」の主催で開催されウェブ配信された。出演者の一人、ポール・マッカートニーさんは視聴者にこう呼びかけた。「我々のリーダーに、ヘルスケア・システム（保健医療体制）を強化するよう求めよう」

パリ在住の作家、辻仁成さんは「この戦争の最前線たる病院で働く人たちへの敬意と謝意が国民を結束させている」と書いた(1)。日本でも五月二九日に、医療従事者に感謝を伝えようと、航空自衛隊のブルーインパルスが東京の都心上空を飛んだ。

今回の危機によって、医療や介護の提供体制に想定を超えた大きな負荷がかかった。支えようと奮闘してきたのが医師、看護師、介護職をはじめとする従事者たちだ。私たちが新型コロナで肺炎になったとき、彼らによって治療を受けられる。「人との接触を八割減らす」ことが呼びかけられても、高齢者は介護を受け続けられる。そんな期待がある。逆にいえば、その期待が裏切られたとき「医療崩壊」になり、「介護難民」が生まれる。

難しい職務に立ち向かう時、現場の頑張りを支えるのは社会の理解だろう。ただし、長期にわたり持続可能な形でシステムを強化するにはお金がかかる。

そもそも、国民だれでも病気になったら医療を受けられる、高齢で心身が不自由になったとき介護が受けられるというのは、それほど当然のことなのか。市場経済のもとで、ある特定のサービスの需給が逼迫すれば値段は上がるはず。お金持ちが質の高いサービスを十分に受けられたとしても、お金のない人は値段が高くなりすぎて買えない。そんなことが起きてもおかしくない。実際、国民全体をカバーする公的医療保険のない米国では、低所得で無保険の人が、症状が出ても経済的負担をおそれて病院に行かずに働き続け、感染を広げたと指摘されている。

日本でそのような格差が顕在化しにくいのは、医療や介護が、社会保障というシステムを通して供給されているからだ。

私たちは普段から、保険証一枚あれば病院にかかれるのは当たり前の状態で、いわば水や空気のように考えがちではないか。しかし、医療や介護というサービスを提供するためには、そこで働く人たちがいる。彼らには仕事に応じて給料が支払われなければならない。その給料の原資となるサービスの料金は、他の商品のように市場での評価で決まるのではなく、政府が決めている。このシステムは、一朝一夕にできたものではなく、日本の場合は不況下の労使協調を目的に健康保険法が制定された一九二二年、「国民皆保険」が達成された一九六一年をエポックにして時間をかけてつくりあげられてきた。

日本社会はコロナ危機以前から、やはり命と健康に関わる「危機」に見舞われてきた。世界に類例のない急速な少子高齢化である。もちろん今回のパンデミック（世界的な流行）のように数ヵ月で一気に社会に負荷をかけるものではないが、数十年かけて着実に進行してきた。そして、この人口変動を受け止める人とお金をどう確保するのか。それこそ、日本社会にとって最大の試練の一つだった。そこにコロナ禍がかぶさってきた。

今回の危機の体験を息長く隅々まで賢く参照し、未来に生かすにはどうしたらいいか。コロナ・ショックによって、普段は見ようともしないものが見え、通常は開いていない回路が開いている。この状態を生かして、社会保障の全体の強化につなげるにはどうしたらよいか。これは本書の中核的な問いでもある。学者や研究者ではなく、記者として社会保障を取材してきた立場から、この問題を考える素材を示したいと思う。

悲惨と批判だけに終始しない

コロナ禍を「福」に転じさせるのは、けっして容易ではなさそうだ。結束ではなく分断を生み、信頼ではなく不信を招く可能性も大いにある。

あえてネガティブな事象を拾い出してみる。

【自粛警察と呼ばれるＳＮＳ上の書き込み】「自粛なのに、外でカップルがいちゃついている」

「この店は自粛していない」。そんな内容の110番通報が急増した。陽性判定を知りつつ高速バスに乗ったことがわかった女性を「コロナ女」「テロリスト」などと非難する書き込みがネットにあふれた。

【医療従事者への差別やハラスメント】国内最大規模の医療従事者の産業別労組「日本医療労働組合連合会」（組織人員約一七万七千人）が傘下労組を通じて調べたところ、「往診時、施設やマンションのエレベーター内で露骨に嫌がられる」「病院の職員というだけで子どもが保育園を断られた」という差別を受けた事例が報告された。医療関係者の間でも「他の病棟の職員から同じ場所での更衣はしたくないと言われた」、家族内でも「家に帰ってこないでほしいと言われた」というケースがあった[2]。

「医師、看護師や介護職に感謝する」という総論には同意できても、自らが感染の恐怖を感じれば忌避の感情が湧く。今後、医療や介護の機能強化に必要な財源確保の議論が具体化し、「誰がそのコストを負担するのか」というリアルな問いに向き合うとき、同様の忌避が起きる可能性は高い。

【アベノマスクをめぐる混乱】安倍晋三首相の肝いりの布マスクの配布に、二六〇億円（当初の説明では四六六億円）をかけたが一部に不良品が見つかり回収することに。著名人とのコラボを狙った動画投稿も批判を浴びた。国民の不安という感情を統制しようとする試みが、かえって人々の怒りに火をつけた。

こうした状況について、慶應義塾大の山腰修三教授は「私たちの社会は今、未知のウイルスだけでなく、いまだ経験したことのないような集合的な感情の噴出や放流に直面し、戸惑っているように見える」と評した。

そして「自粛破り」を捜し求め糾弾したり、対策や治療の最前線にいる専門家や医療従事者に対していら立ちや怒りをぶつけたりして不信を煽るソーシャルメディアやワイドショーの実践について「目下の状況で不安や不信、怒りを動員する批判の様式が果たして妥当か、考える必要がある。この批判の様式が、対立や分断を生み出すポピュリストの言説戦略と同じ構造を持つからである」と指摘。そして「例えば対立や分断ではなく、社会的な協働を促す新たな批判のあり方を考えること」をメディアへの宿題として投げかけた。(3)

しかし、これはかなりの難問だ。

メディアは、制度・政策の機能不全、それによって引き起こされている悲惨な実態や不正、救済対象の線引きの外へとこぼれ落ちる犠牲者、制度がカバーしきれない限界的な事例を白日のもとにさらし、怒りの世論を喚起する。そして行政の責任者や政治家を言い逃れできないところに追い込み、改善策を講じさせることを「勝ちパターン」とすることになれてきた。おそらく世間の期待もそこにある。そして、こうした報道が、いつの時代にも必要であることは論を待たない。

私自身も社会保障・福祉を「どこに記事を書くネタがあるか」という視点から観察し、不備やほころびを探すことを本業としてきた。

だが「それだけでいいのだろうか？」「それだけで社会は持続可能なのか？」というモヤッとした疑問も抱いてきた。

もちろん、ジャーナリズムの仕事は問題を指摘するところまでだという主張はありえよう。「社会的な協働を促す」ところに踏み込めば、責任主体である行政や政治の「事情」を過剰に忖度するようになる。最後には、相手にとりこまれ、ものわかりが良すぎる「御用記者」と見られるようになり、読者の信頼を失うリスクがある。「記者はものわかりが悪いくらいでちょうどいい」という考え方もあるだろう。ただ、個人的に、それでは苦しい。

そうした葛藤を明確に意識するようになったのは、記者以外の視点で社会保障を見る機会を得てからだ。

システムに参加する

モヤモヤしたものが像を結んだ瞬間を今もはっきり思い出せる。

八〇歳代後半の女性Aさんが、一人暮らしの都営住宅で人生の最期を迎えようとしていた。施設への入所をかたくなに拒んだという経緯があり、在宅で看取りをすることになったのだ。

ここ数年、私は新聞社に勤めながら都内の社会福祉協議会の生活支援員として高齢者の日常生活を支援する活動（日常生活自立支援事業）に参加している。お年寄りのご自宅を訪ねて、日々の生活に必要なお金を銀行や郵便局から引き出し（他人がこれをやるのは本当に大変だ）、食材など生活必需品の購入のため介護ヘルパー用のお財布にお金を補充したり、自治会費、新聞代、通販で買ったものの代金を払ったりする。郵便物をチェックし、福祉サービスが滞りなく受けられているかの確認もする。

活動はあっても月一―二回でエラそうなことを言う資格はない。しかし、介護保険のケアマネジャー、生活保護のケースワーカーにまじって、今後の支援について打ち合わせるカンファレンスに参加したとき、「社会保障を報じる側から動かす側に回った」という感覚があった。

Aさんは、支援を始めてしばらくは元気だった。自宅のダイニングテーブルについて食事をし、テレビでお気に入りである国会中継（！）を見て、普通におしゃべりもできた。しかし、最後の数ヵ月はベッド（介護保険でレンタルしたもの）から起き上がれなくなった。

驚いたのはここからだ。排泄の世話などのためホームヘルプが一日五回、点滴交換のため訪問看護師が一日二回来訪するというケアプランが粛々と実行されていたのを、目の当たりにした。しばらくして、Aさんは亡くなった。

どんなケアや医療が行われているかを記録したファイルに目を通すことは、Aさんを支えるチームの一員として、また支援対象者の権利擁護という意味からも大切な仕事だった。一方、個人のプライバシーに深く関わるため、記者という立場ではここまでの情報にアクセスすることはまずできない。

独居で寝たきりの高齢者を在宅サービスが支えるケースの最末席に連なってみて、私は「これは日本の社会保障の一つの到達点ではないか」と感銘を受けた。

当たり前だが、人的サービスの提供には人が配置され、その給料を払うシステムが機能している。この「当たり前」の柱が、日本の社会を支えている。もし、これがなければ、独居の高齢者が汚物にまみれながら衰弱死するというケースが続出し、人々の不安は高まり、社会の安定は失われてしまうだろう。しかし、Aさんのように支援が機能したケースは「当たり前」すぎて新聞やテレビのニュースになることはない。報道の焦点が当たるのは「汚物にまみれて孤独死した人たち」の悲惨の方だ。

だが、それだけでよかったのだろうか。

私は、自分が担当したAさんが受けていたような社会保障のサービスを守りたいと感じている。でも、私は「守るべきもの」が何なのかを十分に読者に伝えてきただろうか。もしかしたら、社会保障について、もともと自然界に存在する空気や水と同じように見ていたのではないか。空気や水を入手するために（今のところ）私たちはたくさんのお金を払おうとは思わない。

いま、社会保障を維持するためのお金が十分に集められていない現状の理由をたどると、こんな「思い違い」が見えてきた気がしたのだ。

現場を取材して問題点を羅列するだけでは、とにもかくにも機能している部分を日々黙々と支えている人たちの意気を、阻喪させてしまわないだろうか。彼らを元気づける一番の特効薬は、できるだけ多くの人が「じゃあ、どうしたらいいか」を引き受けて考える姿勢を持つことではないか。

恐怖本能を刺激するか否か

誤解されたくないので繰り返すが、メディアにとって「隠れていた苦しみ」に光を当てることは、どんな時代にも必要であり重要な仕事であり続ける。

一方、メディア（あるいはジャーナリズム）には「不安産業」という側面がある。すなわち、人々がある事象について不安を抱けば、その事象についての情報ニーズが爆発的に増える。新型コロナウイルスをめぐる報道がその典型だ。

気になるのは「不安に応える」ための報道が「不安をあおる」結果になってはいないか、という点だ。世界的なベストセラーになった『ファクトフルネス』の著者で、医師のハンス・ロスリングは、こんな分析をしている。「ほとんどの情報は関心フィルターを通過できないが、わたしたちの本能を刺激する情報だけは、(フィルターにあいている)穴から入って来られるようになっている」「報道する情報を選ぶときに『恐怖本能を刺激するか否か』を判断基準にしているメディアは多い」

一方、「今日のロンドンの穏やかな天気を、気象学者がきのう正確に予測」というニュース記事を書いてもボツになる、とロスリングはいう。(4) 同じように、年金が滞りなく払われたとか、病院で医療が一―三割の自己負担で受けられたというニュースが新聞やテレビで報じられることはない(もし米国でこれが実現したら世紀の大ニュースになる)。

海外と比べて、日本における新型コロナの人口あたりの死者が比較的少数でおさまっているのは、日本の医療制度が機能したという面はあるはずだ。だが平時において、そのことにスポットライトが当たることはごく希である。

「権力監視」だけで足りるのか

ほとんどの人はメディアの報道を通して、自分の身の周り以外の出来事に関する情報に接する。そして、メディアで働く人間にとって価値の高い仕事は権力監視である。戦後、自由で民主主義的な社会でメディアは膨大な才能とエネルギーを権力監視に投じてきた。安倍政権下での「森友・加計問題」報道の重要性は、ここで繰り返すまでもない。

ここで立てたいのは「権力監視だけで十分か」という問いである。もう少し解題すると、権力監視だけでは、ゆっくりだが少しずつ変化している事象をうまく報じられてこなかったのではないか、ということである。

たとえば、第3章でとりあげる年金の記録問題は長い間かけて問題が蓄積されてきた。そのことで国民は被害を受けてきた。でも、そのことに権力の表舞台である国会でスポットライトが当たるまでには一〇年の月日が必要だった。

もっと巨視的にみると、日本社会を根底からゆるがす少子高齢化は四〇年以上前からその到来が予想されてきた。なぜ十分な対策が打たれないのか、これからどうすればいいのか、というテーマにメディアが本腰を入れて取り組んできただろうか。「お前はどうなんだ」と問われれば、答えに窮する。

日本の財政は大丈夫だろうか。もはや先進国中で最悪という評価に馴れてしまっているが、悪化の過程は十分に解明されてきたのか。先行き次第で、社会保障をはじめとする私たちの生活は大きな影響を受けることになる。新型コロナウイルスに対する経済対策として、一律一〇万円を給付するため予算を上乗せする原資はすべて赤字国債の新規発行で賄われる。いまの社会を救わなければ将来の社会はないかもしれないが、いまの社会さえよければ将来世代にいくら借金を残してもいいという雰囲気さえ漂っていないだろうか。

話は日本に限らない。米国では、ラストベルトと呼ばれる中西部のさびれた工業地帯で、住民たちの生活や雇用が悪化し、その不満をテコにしてポピュリズム的なトランプ政権が誕生した。ニューヨークやワシントンを拠点に権力監視をしてきたメインストリーム（主流派）のメディアは、米国社会の最深部で起きていた変化を十分にとらえられてきたのだろうか。

ポピュリズムへの道？

私たちメディアで働く者が何となく信じている「権力を監視し、足らざるところ、問題点を指摘しさえすれば、政府が何とかするので社会は良くなるはずだ」という前提は不動のものなのか。そうではない、と指摘していたのが五百旗頭《いおきべ》真・神戸大名誉教授だった(5)。

◇

上からの近代化の時代、日本の官僚機構は高度な内部情報を専有した。冷戦下の五五年体制において、一党優位の自民党政権は民間が何を言おうと、日米同盟と自由経済を守る意志と能力を堅持していた。そこでのマスコミは、権力の過度な強大化や福祉・公害など政策上の欠落部分、あるいは腐敗などの弊害を責めることを任務とすればよかった。

今、方向性を見失い、融解の危機にある政治を批判するだけでは足りない。成熟した先進社会において、パブリックを官だけでなく、民も担わねばならない。

新聞は不動の政府の存在を前提にその欠陥をたたくだけでなく、何が全体としてなされるべきかを語らねばならない。細分化され、既得権に歪められた政官の政策に対し、社会の全体的必要を語り、真の政治を甦らせることに資さねばならない。民が官にとって代わることはできないが、民間社会は政府を変えることができる。

国民はマスメディアによって政治社会を認識する。その責任は思われている以上に重い。

◇

このメッセージが朝日新聞に載ったのは二〇年近く前だが、この間、少子化には歯止めがかからず、財政赤字は拡大の一途にある。この指摘の重みは増している。

世にある「問題点」を指摘し、「政府」「政治家」「官僚」「既得権益」の責任を問い、批判するだけでは、メディアは時代に即した役割を果たしているといえない。それどころか、むしろ世の中を悪い方向に引っ張っていくおそれさえある――。そんな警鐘を鳴らす言説は海外にもある。

二〇一三年にオランダで生まれ、「新しいジャーナリズムのプラットフォーム」を目指す「コレスポンデント」というオンライン・メディアがある。その創業者、ロブ・ワインベルグはこんな見方を披瀝する。

「日々のニュースが、よりセンセーショナルで、より新奇な『悪い出来事』のみにフォーカスすることで、かえって独裁的なポピュリズム政治家の台頭を促している。なぜなら、『世の中、こんなに危険でヤバイことになっている』ことを大声で叫び、その責任を『他者』にかぶせ、自らを『解決策』としてアピールすることで権力を握ろうと画策する者にとってのプロパガンダの役割を、報道が担ってしまっているからだ[(6)]」（筆者訳）。

この見方は、先に紹介した山腰教授が「ポピュリズム的なもの」と評する「批判の様式」への懸念と通底している。

また、メディアが本能的に持つ「ネガティビズム」が、もっと深刻な「ゆがんだプライド」への遠因となっているとの指摘もある。

二〇一八年に亡くなった国際法学者、大沼保昭・東京大名誉教授は朝日新聞のインタビューでこう苦言を呈している。(7)

「……現代日本を過小評価してきたメディアの責任は大きい。日本のメディアはあまりに悲観的です。世の中には楽観的な事実も悲観的な事実も無数にある。そこから何を選び、どんな論調をつくるかは、ジャーナリズムの責任です。ひたすら悲観的な論調で日本の世論を暗くし、イメージを傷つけるべきではありません」

「社会が暗くなると人々に自虐的な思考が広がる一方、不満をためた人たちは過去の栄光にすがる。日本の良いところをきちんと評価し、健全なプライドをメディアが意識して育てないと、人々はゆがんだプライドを求めるようになります。それが『大東亜戦争』を肯定したり、慰安婦問題で居直ったりという行動につながってしまうのです」

インタビュアーの「しかし現状を肯定するばかりでは、メディアの責任を果たすことはできません」という反問に対して、大沼教授は「権力監視や現状の批判は必要ですが、現在のあまりに硬直的な悲観主義や否定・他罰的傾向を見直してはどうかと言っているのです」と言葉を継ぐ。そして、こう希望を語る。

「戦後日本の歩みは世界で類をみないほどの成功物語でした。日本にはそれだけの力がある。どんな人間だって『誇り』という形で自分の存在理由を見つけたい。メディアがそれを示し、バランスのとれた議論を展開すれば、日本社会は必ず健全さを取り戻すと信じています」

社会保障に関しても「悪い出来事」「足らざるところ」を報じる意義を否定するつもりは毛頭ない。でもその前段として、私たちが築いてきた支え合いの仕組みを適正に評価したうえで、批判をしなければ、それは単にネガティブイメージを振りまき、場合によっては、ポピュリズム政治への道をひらく片棒をかつぎかねないと、私は思う。

太くなった「当たり前」、どこまで細くなる？

この国で暮らす人は全員、公的な社会保険に強制加入し、医療や介護のサービスを受け、老後は年金で生活を支えられるのが原則である。日本における社会保障の中核である「国民皆保険」が一九六一年に成立してから六〇年がたとうとしている。その柱はずいぶんと太くなったけれども、それが社会を支えるに足る「太さ」を保つためには、不断の努力が必要だ。

その中身を煎じ詰めれば、ヒトとカネを確保すること。社会保障サービスの多くは対人サービスだ。ＡＩ（人工知能）やテクノロジーによって一定の効率化や省人化ができたとしても、限界はある。

ヒトを確保するには、給料を払わなければならない。ところが、日本の財政の厳しさはいわずもがなだ。

戦後の日本は「生命だけは平等」「病気やケガをしたら、貧富の差にかかわらず最適な医療が受けられる」という信頼感をつくりあげ、今もかろうじて維持されていると思う。また、高齢化する中間層の介護ニーズを満たす公的介護保険も二〇〇〇年にスタートした。ちょうど私が社会保障の取材を始めたのがこの頃だ。

もちろん局部的な機能不全が起きていることは、日々報道されている通りだし、構造的にも大きな課題を抱えている。

高齢化を背景に疾病構造が感染症など急性の病気から「生活習慣病」など慢性の病気に移ったこと、新しい薬や技術開発が進み医療が高額化したこと、そして高齢者介護を中心に人手が絶対的に不足していること……。

手厚い社会保障を求める声がある一方、「もう税や保険料をこれ以上払うのはいやだ」という声もあり、そのせめぎ合いのなかで、公的に保障される医療や介護の範囲がジリジリと縮小している。社会保障は本来、税や保険料として入ってくるお金以上にサービスを行うことはできない。お金が足りなければ、サービスを減らすしかない。「給付と負担」は、どこかで必ずバランスしないといけないはずだ。ただ現実は、借金＝赤字国債の発行で、今の世代の給付を賄い、負担は将来世代に先送りしている。

今の世代がコストを負担しないなかで、財政悪化に少しでもブレーキをかけるには支出を減らすしかない。不人気で後ろ向きの政策のために、厚生労働省の官僚たちが夜を徹して働くという場面を、数多く見てきた。まず与党の了承を得るのが大変。国会に出せば野党が攻撃。メディアの報道がそれに油を注ぐ。「与野党対決」が激しくなるほど、政府答弁の準備に膨大な時間とエネルギーが必要となる。

二〇〇五年、社会保障費を厳しく抑制した小泉（お父さんの方）政権のもとで、厚労省の首脳級幹部が話していた言葉が事あるごとに思い出される。

「入省してから三〇年間、削ることばかりやってきた。ご存じのように（老人医療が無料化された）七三年がピークだろ。オレは七四年入省で、ずっと社会保障費を削ることばっかりだ。もう厭戦気分もあるんだよ。財務省は、二年でコロコロ主計官が替わるけど、こっちはずっと同じことをやっている」

この厚労省幹部がいうように、これまで政府は、「窓口負担を増やす」「軽度者を外す」という薄皮を剥ぐような施策をおそるおそる繰り返してきた。

小泉政権のもとでは健康保険の本人負担が二〇〇三年四月から三割に引き上げられた。関連法の付則で「患者負担は将来にわたり三割から引き上げない」と盛り込まれたが、これが歯止めになる保証はどこにもない。

このままでは、いつしか制度の柱は、中間層さえ支え切れなくなって、信頼感が決定的に失われないだろうか。人口ボーナス時代に「世界に冠たる国民皆保険制度」を築いた日本が、人口オーナスの圧力にさらされ、「貧富の差をストレートに医療や介護に反映せざるをえない」社会にならないか……。

二《に》木立《きりゅう》・日本福祉大名誉教授（医療経済・政策学）は「私が強調したいのは、国民皆保険制度は現在では、医療（保障）制度の枠を超えて、日本社会の『安定性・統合性』を維持するための最後の砦になっていることです。逆に言えば、過度な医療費抑制政策により、国民皆保険制度の機能低下・機能不全が生じると、日本社会の分断が一気に進む危険があります」と警鐘を鳴らしている。(8)

記者、そしてソーシャルワーカーとして

日本社会を分断させないためには、社会に対しての、そして国民相互の信頼が欠かせない。本来その役割を果たすべき憲法でさえ激しい対立を引き起こしているなかで、信頼を担保する「柱」の役割を果たしているのが社会保障だと、私は思う。難しい条件の中で、社会保障に支柱としての機能を維持してほしい。そのために自分は何ができるか。

私は社会保障を二〇年にわたり取材する一方で、ソーシャルワーカー（社会福祉士）になる勉強をし、（ごくわずかながら）現場で「社会保障を支えるメンバーの一人」として活動している。その経験によって私は、社会保障をめぐる報道のあり方を考え直す視座を持つことができた。そのうえで、「社会保障が世の中の支柱であるためにはどうしたらよいか」という問題意識を抱えながら取材し、感じてきたことをまとめたのが本書である。誰もがほんの少しでも、高齢化、医療・介護・年金の問題を「自分事」として考え、それが制度・政策の議論へとつながっていく。そんな流れに貢献できたらとてももうれしい。

なので、これは「中立的な第三者」として社会保障を網羅的に解説したり、批判したりするレポートではない。自分が直接取材したテーマを軸にして「社会保障という木の幹を太くしたい」と願

う立場から書かれている。

「平均人」を脱するために

スペインを代表する哲学者・思想家であるオルテガ・イ・ガセット（一八八三―一九五五）の代表作に『大衆の反逆』がある。今年四月、その新訳が岩波文庫から出版された。翻訳した在野のスペイン思想研究家である佐々木孝さんは、福島・南相馬の自宅で二〇一一年の東日本大震災と原発事故に見舞われた。私はその取材を契機に佐々木さんと知り合い、薫陶を受けてきた。

佐々木さんが二〇一八年一二月一五日に急逝する直前に完成した訳稿で、私は『大衆の反逆』を初めて読了した。その中にオルテガが批判した大衆としての「平均人」についてこんな一節がある。

「平均人は素晴らしい道具、ありがたい薬品、先々を考えてくれる国家、快適さを保障してくれる種々の権利に囲まれているのだ。ところが彼は、そうした薬品や道具を作り出す難しさを知らないし、未来のためにそれらの製造を確保する困難を知らない。国家組織の不安定なことに気づかず、自身の内部にほとんど義務感さえ持っていない(9)」

もし、オルテガが批判した「平均人」のイメージを、これまでメディアで働いてきた自分にあてはめるのなら「社会保障の歴史を知ることなく、少子高齢化による危機をなぞって、みんなと同じように嘆き、批判することに満足している。これから社会をどうしていくのかの展望もない」となるだろうか。

そこから抜け出るにはどうしたらよいのか。「大衆、すなわち私たち一人ひとりが覚醒し、慎み深い自己沈潜において新たにまっとうに歩み始めること、それがオルテガの祈りだったのではないか。父はそう捉えていたようです」（訳者の長男、佐々木淳さんによる「訳者あとがきに代えて」より）

記者として三〇年の取材や出会いを通して、ようやく自分の願いがおぼろげながら見えてきた。これまで築き上げてきた制度や政策（皆保険など）、それを支える基盤を再評価し、その価値を共有する。そのうえで、私たちが健全な自尊感情（self-esteem）を維持できる社会をつくるということ。本書はそれに向かう、ささやかな試みとして読んでいただければ幸いである。

（1）辻仁成「パリに差した光り　新型コロナ」朝日新聞、二〇二〇年四月二二日朝刊：一三ページ。
（2）日本医労連「新型コロナ感染症」に関する実態調査結果まとめ　二〇二〇年四月二四日（http://irouren.or.jp/news/oshirase/2020/04/20200428103317.html　最終閲覧二〇二〇年五月二四日）。
（3）「山腰修三のメディア私評　コロナ禍、感情の噴出　不安・怒りに頼らない『批判』へ」朝日新聞、二〇二〇年五月一五日朝刊：一三ページ。
（4）ハンス・ロスリングス、オーラ・ロスリング、アンナ・ロスリング・ロンランド『ＦＡＣＴＦＵＬＮＥＳＳ（ファクトフルネス）』（日経ＢＰ）二〇一九：一三三―一三四ページ。
（5）五百旗頭真「批判に終始せず公共性担え」朝日新聞、二〇〇一年四月一日朝刊：一七ページ。
（6）Wijnberg, Rob "What fast food is to the body, news is to the mind. Time to break that habit" Nov 14, 2018. (https://medium.com/de-correspondent/what-fast-food-is-to-the-body-news-is-to-the-mind-time-to-break-that-habit-cac66fb5b2ba 最終閲覧二〇二〇年五月二四日)
（7）「（インタビュー）日本の愛国心　明治大学特任教授・大沼保昭さん（聞き手：吉田貴文）」朝日新聞、二〇一四年四月一六日朝刊：一五ページ。

（8）二木立『地域包括ケアと医療・ソーシャルワーク』勁草書房、二〇一九年、二ページ。
（9）オルテガ・イ・ガセット、佐々木孝訳『大衆の反逆』（岩波文庫版）二〇二〇年、一八八―一八九ページ。

第1章　誰でも介護が必要に

この章では、主に介護分野の動向をとりあげる。介護保険料を払うのを拒否してきた男性が突然倒れ、介護を受けるようになったケースを「生きた教科書」として、公的介護保険の意義を確認する。高齢者介護は、「人材不足」という課題の解決が見通せていないのが現状だ。事業者は人材派遣会社への依存を深め、私たちの保険料が職員の待遇以外のところへ流出している。人手不足の背景にある「介護職への悪意のない見下し」に向き合いつつ、期待高まるロボットや情報技術を活用する現場を歩く。日本とスウェーデンで体験した「実習」を通して、「いい加減」と「よい加減」の介護について考える。

第1節　八〇歳まで働くはずが……。六九歳警備員の誤算

「膨れ上がる社会保障費を抑制せよ、負担が重すぎる！」

経済界を中心にくすぶっている不満と主張を煎じ詰めれば、こういうことだろう。

政府の文書にもあからさまに、この見解が盛られたことがある。二〇一五年六月三〇日に閣議決定された「経済財政運営と改革の基本方針２０１５」、いわゆる「骨太の方針」は次のようにうたった。

「社会保障給付の増加を抑制することは個人や企業の保険料等の負担の増加を抑制することにほかならず、国民負担の増加の抑制は消費や投資の活性化を通じて経済成長にも寄与する(1)」

おそらく、同じ考えを持つ人も少なからずいるはずだ。

いま元気で、老後も自分の貯金で食っていける自信と覚悟のある人は、特にそう感じやすいのかもしれない。

小西雅昭さんはまさに、そんな人だった。

八〇歳まで働き、一千万円ためれば老後は何とかなるんじゃないか――。そんなライフプランを思い描いていたが、それが崩れたのは突然だった。

六九歳の誕生日を前月に迎え、警備員として働いていた二〇一七年一〇月三〇日午前八時、横浜市内の工事現場で朝礼の最中、「〇×警備の小西です」と名乗ろうとしたがろれつが回らない。周

りの人から「フラフラしているぞ」といわれ座り込んだ。立ち上がろうとして倒れ、そのまま病院に救急搬送された。

くも膜下出血だった。一ヵ月後、リハビリ病院に転院し、五ヵ月後の三月三〇日に退院した。左半身にまひが残り、歩くことも不自由になった。当然、警備員として働くこともできない。

大誤算だった。一方で、まったく頼る気のなかった公的な社会保障によって、小西さんの生活は支えられることになった。

「社会保険料はムダ」

小西さんと最初に会ったのは二〇一三年一〇月六日のことだった。きっかけは、当時、私が所属していた論説委員室に届いた一通の投書。「介護保険法は憲法違反」というタイトルだった（図1-1）。

六五歳になって介護保険証が送られてきた。市役所と厚生労働省に問い合わせると、「強制加入で脱退できず、介護保険料を払わなければ差し押さえられる」といわれた。手紙は「介護を受けない自由、介護保険から脱退する自由を認めないことは、憲法で保障された基本的人権を侵害する」という論旨だった(2)。

手紙には、年金も受け取っていない、健康保険にも入っていない、ともあった。いったい、どんな人なのか。興味を引かれ、小田急線沿線の喫茶店で会い、詳しく話を聞き、メモをとった。

一九七三年のオイルショックのさなかに大学を卒業。最初の就職先は「未上場株を扱うサギの会

図 1-1　小西さんが「介護保険法は憲法違反」と訴えた手紙

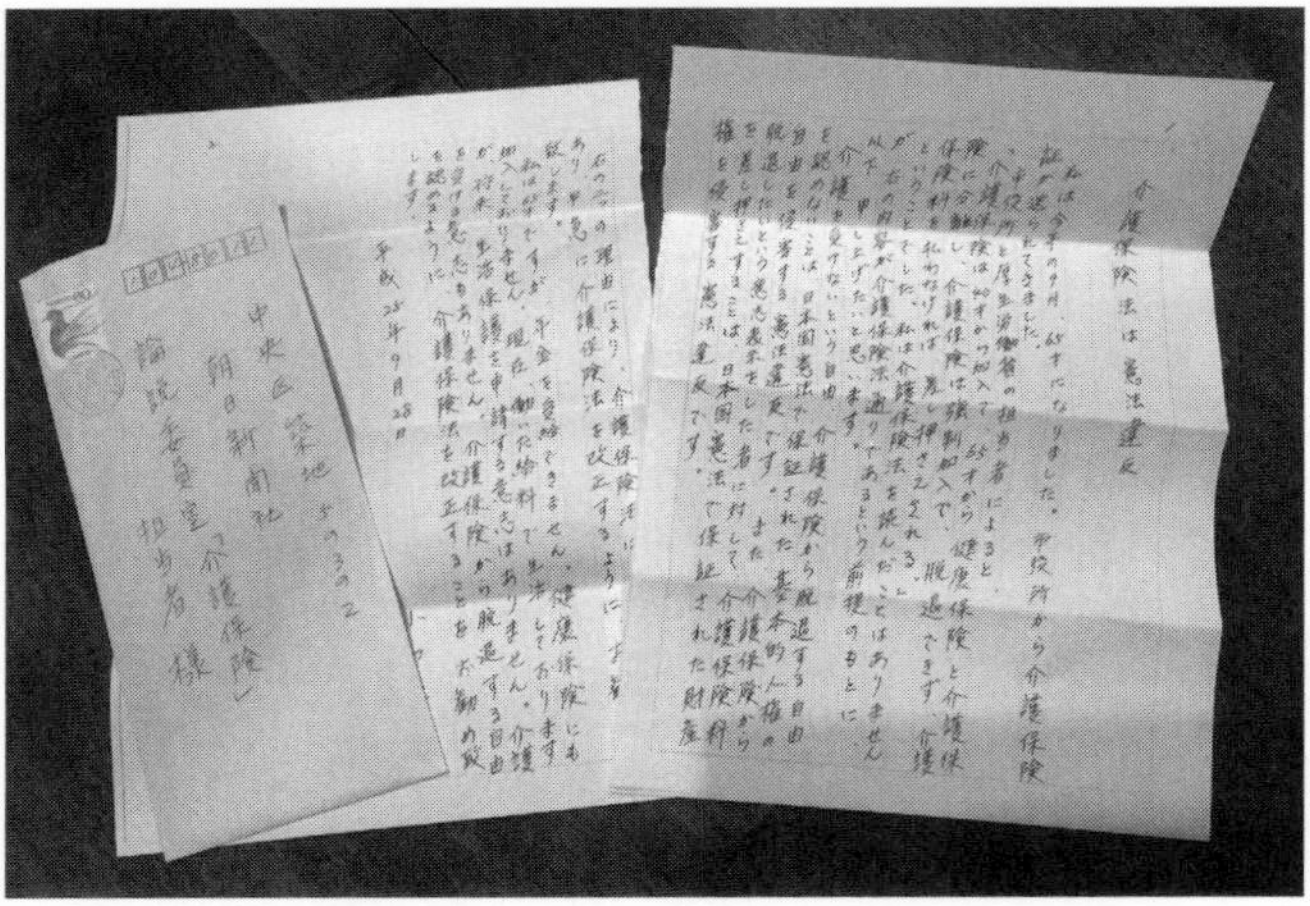

出典：筆者撮影.

社」だったことがわかり一〇ヵ月で退職。まともに社員として働いたのは三三歳まで。それ以降はずっと「フリーター」として働いてきた。工場の作業員や警備員の仕事を中心に、長くて数年、短ければ数日の勤務を繰り返し、八五回転職したという。

「社会保険料はムダ」との思いから、なるべく余分なお金を払わない働き方を選んできた。国民健康保険は未加入。病院にかかった記憶はない。自分の健康に自信があったし、仏教の熱心な信者である自分は「信仰によって健康を維持できている」と考えてきた。

国民年金の保険料は一ヵ月払っただけ。「働けなくなってお金が無くなったら飢え死にを選びます。介護を受けるなら生きている意味はない。認知症になるなんて考えられないですね」

当時の取材でペンを走らせたノートには、こんな言葉が残っていた。

「介護保険のお世話になっています」

その後、手紙のやりとりはあったが、会うことはなく時は過ぎた。

驚きの知らせが届いたのは、二〇一八年四月。くも膜下出血で倒れてから、入院、退院までの経緯がつづられていた。さらに「医療保険や介護保険の世話になっています」と書いてあった。すぐに連絡をとり、初めて自宅を訪ねた。

小西さんは東京都狛江市に住んでいた。自宅のあるアパートは、急行が止まらない駅から七―八分歩いた先にあった。間取りは六畳一間に簡単なキッチン、バス・トイレつきだ。月の家賃は三万九千円。介護用のレンタルベッドが入り、転倒防止の手すりが張りめぐらされていた。

左半身にまひが残り、歩くのもままならない小西さんから話を聞いた。

倒れて搬送された急性期の病院で約五週間を過ごし、その後、リハビリ病院に転院した。そこで医師から介護保険を使うよう説得されたという。退院後の生活に不安が感じられたのだろう。「介護保険を使わないと退院させられない」といわれた。病院から地域包括支援センターに連絡が行き、介護保険のケアマネジャーを交えて小西さんのケア会議が開かれた。

滞納した介護保険料二年分などをまとめて払い、要介護認定を受けた。ホームヘルプが毎日、デイサービスと訪問リハビリテーションをそれぞれ週一回、というケアプランでサービスを使っている。まさに「強制加入」という公的保険の性格が幸いした。

そのほか、訪問診療が月二回、社会福祉協議会から生活支援員が月二回来訪し、金銭管理を助け

図1-2　理学療法士の指導でリハビリに取り組む小西さん

出典：朝日新聞社.

ている（図１－２）。

「大言壮語して恥をかきました。反省しています」と、小西さんは小声で話した。

「働いて健康保険に入っている間に倒れたのは不幸中の幸いだった。もし、仕事をやめた後に倒れていたらもっと大変だったろう」

「ヘルパーさんが来たり、ベッドがレンタルできたり、介護保険でどういうことができるのか、病気になって初めてわかった」

「そうでなければ、年金から介護保険料を天引きするとは何事だと文句ばかり言っていたかもしれませんね」

月約四万円の年金も受け取っていた。二〇一七年に無年金対策の法律が施行され、細切れの加入歴を足し合わせたら最低必要な一〇年に届いたのだ。今の会社で健康保険に入っていたため、入院中の医療費もカバーされ、傷病手当金の支給もあった。

ただ、「八〇歳までは働いて一千万円貯金すれば、老後はなんとかなるだろう」というライフプランは崩れた。入院時には約二四〇万円あった貯金は徐々に取り崩さざるをえず、残高が一ヵ月の生活費を切る程度になった時点で、生活保護を受け始めた。「お金が無くなったら飢え死にする」といっていた小西さんだが、いまは「ヘルパーさんへの支払いがあるから、生活保護を受けないといけない」と話した。

「生きた教科書」になる

小西さんのことは二度、記事にしている。最初の短いコラムで小西さんは「Kさん」として登場した(3)。

反響がいくつかあった。ある医師はツイッターで「講演会したりユーチューバーとして世の中に情報発信したりしてこのKさんが食べていけるといいな」と感想を書いてくれた。また、川崎市立看護短期大が、社会人向け入試の小論文でコラムを取り上げ、受験生に「社会保障の価値」を論じさせた。こうした反応を報告すると、小西さんは喜んでくれたようだった。

私はもう一度、小西さんが記事に登場してほしいと強く思った。

個人にとって元気で働けているうちは、社会保障のための負担など「自分が使えるお金、可処分所得が減る」という意味しかない。病気や高齢などで働けなくなって初めて、社会保障という「支え合い」のありがたさが実感できる。小西さんは、まさに「生きた教科書」だ。

わざわざ、退院後に手紙で報告してくれた小西さん。その真摯な反省に対して、私は報いたいと感じた。一年後、私は小西さんの許可をとった上で、実名、写真つきでくわしい記事を書いた。

いま、小西さんは生活保護を受けながら、介護保険サービスを使って日常生活を送っている。一日一回、ヘルパーの訪問。理学療法士によるリハビリが週一回、毎週金曜日はデイサービスで入浴する。コロナ禍のもとでも、サービスは続いている。

「足らざるところ」を描くとすれば

さて、小西さんのエピソードを、従来型の報道にありがちな枠組みで描くとすると、例えばこうなる。

すなわち、職を転々とする非正規労働が長かった小西さんは、公的年金の給付額が少ない「低年金者」だ。病気で働けなくなったいま、銀行の預金を取り崩して生活を維持し、近く生活保護の受給を始める。この事例は年金を社会保険方式で運営する限界を物語る。「国は一定年齢になったら、誰にでも基礎的な年金を税で賄う『税方式』に転換すべきだ」とか「(今、流行りの)ベーシックインカムの議論を加速すべきだ」という識者を探してコメントをつける……。

この枠組みは、小西さんの年金が老後の生活を支えるには不十分であるという問題点のみに焦点を当て、批判する。そのうえで、一部の学者が提唱する税方式やベーシックインカムを、あたかも問題を解決する「魔法の杖」であるかのように取り上げる。

その一方で、小西さんが脳血管疾患で倒れたのち、設備の整った大学病院で治療、リハビリを五ヵ月にわたって受けたことは「当然のこと」だから描かれない。

小西さんが希望した在宅復帰が実現するまでのプロセスも記事からは捨象される。病院のソーシャルワーカー（MSW）が、滞納していた介護保険料を払う手続きをし、地域包括支援センター経由で介護事業所が選ばれ、ケアマネジャーが、介護用具の手配を含めてケアプランを立てる。これも「当たり前」なので、あらためて記事に書かれることはない。

病に倒れた小西さんが受けた社会保障のサービスは、空気や水のように「当然そこにあるべきもの」としてとらえられる。メディアの思考パターンはフェアなのか。

今の制度は歴史を背負っている

「メディアの思考パターン」に浸ってきたのは、実は私自身である。「現状の年金制度は、不公平感と不信が強く、理念もあいまいになっている。基礎年金を『シビルミニマム』ととらえ直し、広い範囲の人がそれぞれ負担する『税』を財源とした制度に切り替えることを考える時期ではないか」などと書いたのは二〇〇一年のことだ。[4] 厚労省の向こうを張り、何か目新しいことを書かないといけない、というプレッシャーがあったと思う。

小西さんを取材して、最大の気づきだったのは、日本の社会保険制度がもつ包摂的な性格だ。健康で働けている間、社会保険の負担から逃れよう逃れようと行動していたにもかかわらず、病を得てから年金、医療と介護のサービスを社会保険から受けることができている事実が、そのことを雄弁に物語る。

まず年金である。小西さんの年金記録の回答票を見せてもらった。年金の加入月数は、一九七〇年から七四年までの「四七ヵ月」から始まり二〇一七年の「三ヵ月」まで細切れの記録を足し合わせて「一三六ヵ月」とあった。このうち小西さんが自発的に払った国民年金保険料は一ヵ月分だけで、あとは勤め先で厚生年金に加入し、給料天引きで保険料が払われていた。

日本の公的年金の被保険者は、約六千七百万人、受給権者は約四千万人。日本で暮らす二〇歳以上の人が、どこに勤務し、保険料算定の基礎となる収入はどのくらいだったのか、という記録を少なくとも六〇歳になるまで積み重ねる。その記録に基づいた年金額を算定し、保険料を払った人が死ぬまで二ヵ月に一度振り込み続ける。小西さんが年金受給にたどりついた裏側では、そんな巨大なシステムが機能している。

この営為は、労働者年金保険法が成立した一九四一年から現在に至るまで、幾度にもわたる国会論議を経た制度設計と運営に携わってきた関係者による努力の歴史を背負っている。もちろん、年金の加入記録がしっかりと管理されず、五千万件が「宙に浮いた」状態にあることが判明するなど、様々な問題はあった。それは、私自身が三〇歳代に厚労省の記者クラブに所属し追いかけた問題でもある。その経緯は第3章で取り上げる。

だが、現実として、社会保険方式は、年金保険料という名目で約三九兆円（二〇一九年度予算ベース）を集める財源調達力がある。消費税を上げるのがこれだけ難しい国で、実現性を試されていない「税方式」の年金制度と同列に比べていた記者は、実は私自身だ。

医療はどうか。もし小西さんが、国民全体をカバーする公的医療保険がない米国に暮らしていたら、莫大な医療費を払いきれなかったろう。中進国や途上国であれば、お金があっても日本ほど手厚い医療はとても望めない。

小西さんが「憲法違反」とまで非難し、保険料の支払いを拒否していた介護保険だが、病院の医者に説得され、過去二年分の保険料を追納することで、受給資格を得ることができた。延滞していたので、三ヵ月間は自己負担が本来の一割から三割になるペナルティがあったが、保険事故である「要介護状態」になってから保険料を追納して給付を受けるということは、民間の保険商品ではありえない。これが可能なのは、公的介護保険は強制加入であり、いくら本人が望もうが「脱退」はできないからである。

介護は、かつて自治体が措置によって給付の可否を決め、その財源は税だった。二〇〇〇年に社会保険である介護保険としてスタートし、四〇歳以上の国民から広く保険料を集める制度になってから、サービスの量は飛躍的に増大した。もし、措置制度のままだったら、小西さんがこれほど迅速に地域の事業所から介護やリハビリのサービスを受けられたかは疑問である。

そして生活保護。この制度は、一般的に働けるだろうと見なされる年齢層について受給のハードルが高いことが「水際作戦」として度々批判される一方、「受給者バッシング」といわれる現象もあり、一筋縄ではいかない難しさを抱えている。(5)

六五歳以上の高齢者で、小西さんのように障害がある人の受給が拒否されるケースは耳にしない。被保護者のうち高齢者は半数近くを占める。年金と貯金で暮らせない高齢者には、とにもかくにも最後のセーフティネットは用意されていると言える。

第2節　人手不足と介護の「質」

実は、いま小西さんの生活を支えている介護保険の給付はあやうい領域に入っている。サービスの担い手である介護職が、決定的な不足に陥っているからだ。

介護に関して、私を含めてメディアの中で問題意識が分裂し、統合が図られてこなかったように感じている。

報じられやすい一方のテーマは負担面、すなわち保険料の上昇だ。「給付費が年間一〇兆円を超えて制度発足から二〇年で三倍に膨らんだ」「保険料が平均五千円を超えた」というニュースに対して「増え続ける負担」といった見出しが躍る。

別の側からメディアが報じやすいのが介護職の低賃金。全産業平均と比べて九万円近く低い（二〇一八年）[6]。そうした声に押されて政府は介護職の処遇改善のため予算をつけてきた。ただし、結局のところ介護保険料を引き上げなければ、介護事業者の収入である介護報酬は上がらず、介護現場で働く人たちの処遇の底上げも図れない。メディアは、負担と給付が裏表の関係であることを、もっと積極的に伝えていく必要があるだろう。給付費の四分の一を占める「国庫負担」を投じて保険料を抑えようという主張もあるが、現実には、莫大な赤字を背景にした国の歳出削減圧力にさらされ、サービスの抑制につながるおそれが極めて大きいことも理解する必要がある[7]。

保険料であれ税であれ、いくら私たちがカネを払うことに合意しても、絶対的な人手不足は如何ともしがたい部分がある。

少子化で働く人の全体のボリュームが縮小するなか、そこから人手を確保するのはきわめて難しい。厚労省によると、介護に直接従事する職員数は、二〇一六年度の約一九〇万人から二〇二五年には二四五万人が必要となる。五五万人上積みする必要があるわけだ(8)。ところが、現役世代と重なる二〇―六四歳人口は、二〇一六年の七〇五二万人から、二〇二五年には六六三四万人へと四〇〇万人以上減る見通しだ。

特別養護老人ホーム（特養）への入所を希望したが入れない待機者数は、大きな問題として取り上げられてきた。政治家も「足りないならつくればいい」という発想があったように思う。だが、いくらハコモノをつくってもケアする人がいなければ宝の持ち腐れになる。

職員不足から施設の一部を活用できないというケースは相当数あるようだ。独立行政法人福祉医療機構による特養を対象にした二〇一八年の調査では、施設の六四％が人手不足と答え、そのうちの一二％が、特養本体やデイサービス、ショートステイで「利用者の受け入れを制限している」と答えた(9)。要は、空床があるのに入居させられないという状態だ。

そんな特養の一つを二〇一八年に取材したことがある。「人手不足で、この部屋は使えない」。埼玉県西部にある特養で六〇歳代の施設長は切なそうだった。数十人の待機者がいても、満床にすると職員が三人不足し、「忙しい時間帯に必要な人数を配置できなくなってしまう」と話していた（図１－３）。

有料老人ホームなど三〇〇施設以上を展開する株式会社ベネッセスタイルケアで、介護職採用の

図 1-3　特養の空き部屋

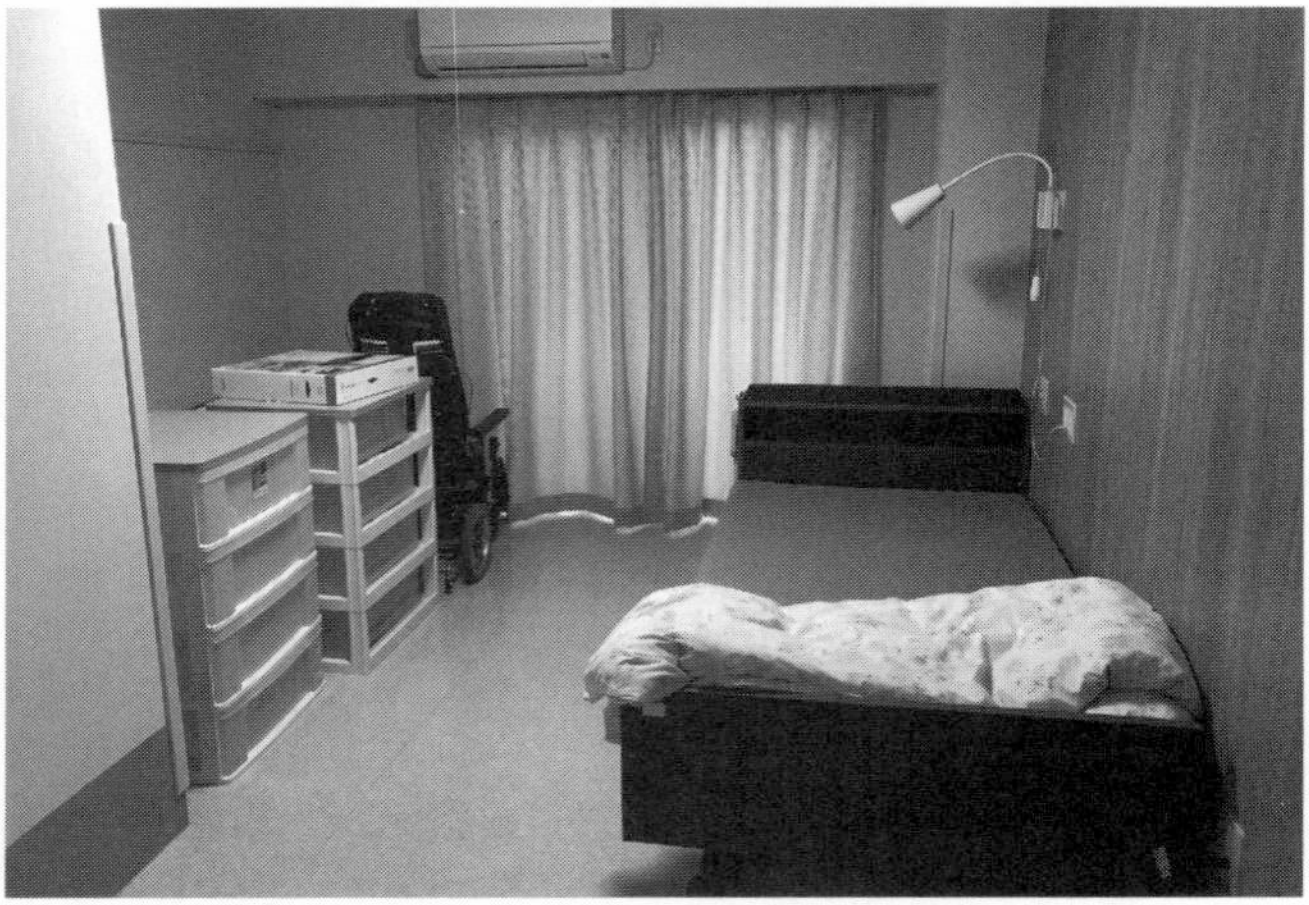

出典：筆者撮影.

担当役員を務めた経験がある国政貴美子・前副社長（現顧問）は、介護人材の需要について「例えば外国人を一〇万人単位で受け入れる、ＩＴ活用や業務変革によって、現状三対一の入居者と職員の比率を四対一、五対一で可能な体制にするなど、あらゆる手を尽くさないと、この国は必ず行き詰まる」と危機感をあらわにしていた。

無意識の見下し、ネガティブイメージ

行き詰まるのは、抽象的な「国」ではない。私たちの生活そのものだ。介護職不足は、少子化に端を発し、ゆっくり深まっていく危機の代表例である。

たとえば、一九六六年生まれの私は、高齢者の数が最多に迫る二〇四一年に後期高齢者の仲間入りをする。政府は二〇一八年度から二〇四〇年度にかけて介護職を一〇〇万人以上増やす必要があると試算[10]しており、人手不足はさらに厳しくなること必至だ。

「介護サービスが滞りなく提供されることを前提に将来を描いている人もいますが、なんとのんきなのだろうと思います。施設に勤務する職員が足りなければ、あなたの親やあなた自身が要介護になっても入所を断られます。訪問介護事業所は過去最高の倒産件数を記録しました。人手不足が主な理由です。自宅で介護を受けたくても、ヘルパーは来ない。これは、直接的にあなたの老後に差し迫った問題なのです」

大阪健康福祉短大の川口啓子教授は、現場の実態を踏まえて強い警鐘を鳴らす。[11]二〇〇二年から同大で教鞭をとり、実習指導などで数多くの介護現場を訪れてきた。痛感したのは、私たち自身が持つ介護職へのネガティブイメージの問題だ。ネットで検索すれば「ブラック」「底辺職」というキーワードが介護職に付随して登場する。

「学生の実習先などで見聞きした、あえて不愉快な事例を紹介します」と前置きして、こんなエピソードを紹介してくれた。

○利用者からの「見下し」

ある介護ヘルパーが利用者宅でオムツ交換をしていた、まさにその最中、利用者が「こんな汚い仕事、娘や孫にはさせられないわ」と言った。ただし、この利用者は、無理難題を言うわけでもなく、オムツ交換にも協力的で、感謝の言葉も口にする。

「でも、あきらかにヘルパーの仕事を見下しています。ただただ、介護＝下の世話＝汚い仕事という認識が深く定着しているよう。悪意はない。だからこそ、介護職は深く傷つくのです」（川口教授）。

○教育現場での「見下し」

高校生の進路指導が介護を選択肢から遠ざける。川口さんたち介護福祉士養成施設の教員は、受験生確保のために高校を訪問するが、「希望者はいません」という反応が多くなったという。たまにいても教師から「介護だけはやめとけ」と言われることもある。進学校と言われる高校では、ほとんど相手にされない。まるで、その学校の卒業生は、一生涯介護とは無縁であるかのようだ。国立大や有名私大には、介護の制度・政策を論じる課程はあっても、介護福祉士養成課程はほとんどない。わざわざ著名な大学が取り組むことではないと思っているのか。介護職は、「小・中学生のなりたい職業ランキング」にも登場しない。

○医療職と比べた「見下し」

医師による自宅への往診や訪問看護を受けながら、訪問介護も利用する人の家にヘルパーが初めて訪れた。インターホンを鳴らすと家族が出て「あ、ヘルパーさんね。裏の勝手口に回ってちょうだい。表玄関はお医者さんと看護師さんね」と言われた。勝手口に回ることは構わないが、なぜ、医師・看護師と扱いが異なるのか。ヘルパーが出入りすることが恥ずかしいことなのか。そのヘルパーは、暗い気持ちになった。

医療界の一部には介護を一段低く見る傾向が根強く残る。就職活動していた学生が、ある介護老人保健施設（老健）で、看護師に面接された。「せっかくだから看護師の資格も取ったら？　看護師の方が身分が上だし、お給料もいい。あなたのような人、介護福祉士にしとくのもったいないわ」と言われた。

看護師と介護福祉士はよく比較されるが、明らかに異なる職種だ。対等な立場で連携すべきであり、介護職は看護師の下働きではない。ただ、それを理解しない看護師もいて「忙しいのわかるでしょ。利用者の隣でのんびり話してる場合じゃないのよ！」と言って廊下を走る。

しかし、利用者のペースに合わせてコミュニケーションをとることこそ介護職の仕事。看護師に言われるがまま、忙しく動き回れば利用者は置き去りになるだけだ。

たとえば、高齢者の横に何時間も座り、耳を傾けていると、相手が安心して自分を開示しはじめる。座って聴く動作は「誰にでも」できるにしても、心を開くまでに至る行為に介護の専門性を備えた実践力が必要になってくる。

こうした対人スキルの価値を「経済成長に資するかどうか」という物差しだけで測ろうとすると、「見下し」のわなから逃れられなくなる。

介護は「低スキル」なのか

メディアも「無意識の見下し」のわなに容易に陥る。二〇一八年六月に政府が閣議決定した「骨太の方針」に、建設や農業、介護など五業種を対象に新たな在留資格を設ける入管法改正を目指すことが盛り込まれた。この件に関する報道のなかで「単純労働に門戸を開いた」という表現が使われ、日本介護福祉士会は「極めて残念な伝えられ方」と抗議の意思を表明した(12)。

政府の公式文書でも、それに類した表現を見つけて、複雑な気持ちになったことがある。

二〇一九年六月に閣議決定した「成長戦略実行計画」のことだ。「米国では、中スキルの製造・販売・事務といった職が減り、低賃金の介護・清掃・対個人サービス、高賃金の技術・専門職が増えている。日本でも同様の両極化が発生し始めている」と分析し、「医療・対個人サービス職」を「低スキル」と位置づけた。

「第四次産業革命に合わせて『組織』と『人』の変革を進められるかどうかが、付加価値の創出による労働生産性上昇を実現できるかどうかを左右する」「経済成長を支える原動力は『人』である。劇的なイノベーションや若年世代の急減が見込まれる中、国民一人一人の能力発揮を促すためには、社会全体で人的資本への投資を加速し、高スキルの職に就ける構造を作り上げる必要がある」。計画は、こんな記述のオンパレードだ。能力発揮の目標が、経済成長を支えるという点だけに収斂され、社会を支えるという広い視野が欠けているように思える。

この計画の決定前、マスコミ各社の編集委員・論説委員を集めた勉強会が開かれた。私は「医療・介護も人材が足りない。低スキルとか生産性が低いとかいうなら、介護報酬を上げて賃金を改善すればいいのでは」と聞いてみた。サービス業も含めた生産性概念は価値生産性、つまりいくらでそのサービスが売れたかによって決まる。「日本のサービス業の生産性が低いというのは、つまりサービスそれ自体である労務の値段が低い(13)」からだ。

すると、計画のとりまとめ役で、いわゆる「官邸官僚」として知られる経済産業省の局長は、「こうした人たちが、世の中に貢献していないとはいわない。もちろん貢献している。ただ、現状として賃金は低い。介護報酬を上げられたらよいが、財政問題があるので難しい。ＡＩとか機械の活用、ペーパーレス化で生産性をあげる方策が検討されている」と答えた。

介護職は、無資格・無経験でも「始める」ことはできたとしても、質の高いケアをするには高いスキルが必要だ。それなのに現在の低賃金を所与のものとして介護人材を「低スキル」と認識し、その不足は「ＡＩや機械の活用、ペーパーレス化」で対応可能とする発想に、「悪意のない見下し」がたっぷり含まれているように感じた。

恩恵を受ける側ができること

「見下し」やネガティブイメージの問題を解決する一歩をどう踏み出したらいいのか。介護業界や厚労省の担当部局というサービスの供給サイドから「介護労働者の窮状」を発信しても限界がある。心強いのは、サービスの利用者サイドからも声が上がり始めたことだ。

「介護労働者の働かせ方や待遇の悪さ、社会のリスペクトのなさは、ひどい状態です。社会構造の中で、介護業界がどんなに重要な役割を担っているかの理解が進むことなくして、介護職の待遇改善は起こりえない」

そう話すのは、株式会社リクシス副社長の酒井穣《じょう》さん。一九七二年生まれ。慶應義塾大理工学部出身で、日本の大企業でエンジニアとして働いた後、オランダでＭＢＡ（経営学修士）を取得、同国の企業で勤務するなどビジネス経験も豊富だ。一方で、長く精神病を患う母親の介護を二〇年以上経験するなかで「仕事と介護の両立」の難しさ、そのために想定していたキャリアをあきらめるつらさも味わってきた(14)。

いま、日本で介護・看護のため離職をする人は年間一〇万人ほどいる(15)。働き手を失う企業にとっては大きな損失であり、離職した本人の経済的・肉体的・精神的な負担はかえって増えることが多い。その後、運良く再就職できても一年以上かかり、収入も半減を覚悟しなければならないという。

ほとんどの人にとって、介護はある日いきなり、ほぼ無知な状態から始まる。誰に連絡をすればいいのか、仕事が休めそうなのかも分からない。介護休業や介護保険をフル活用すれば、仕事との両立は十分に可能なのに、知識不足や誤解から、離職を選択してしまう人が多いことが分かってきた。そこで酒井さんは、顧客企業の社員に「仕事と介護の両立」ができるよう支援し、離職リスクを減らすための学習ツールを提供する会社リクシスを、仲間とともに二〇一六年に設立した。

マクロの状況も含め、超高齢社会を生き抜くための常識を「エイジングリテラシー」と名付けて、そのレベルを上げていくことを目指す。難しいと感じるのは、育児や教育と違って、介護は「ユーザー体験」を持った人が、その体験を次の世代と共有することなく、亡くなってしまうこと。「いま働いている私たち自身に、要介護状態になって一〇年間介護してもらうという経験があれば、いまの介護職への評価が正当でないと考える人が増えると思う」と酒井さんは話す。

介護する側の主観的な負担感は、知識の量によっても大きく異なる。知識がないと、要介護者に振り回され、疲弊してしまう。だが、正しい知識で武装した介護のプロ一人に出会うと、その先がウソのように楽になることがあるという。一人の優秀なプロと出会うと、志を同じくする人材がつながっていて、芋づる式に人脈ができ上がる。

だが人材不足なので、まずは身寄りのない高齢者の福祉が優先され、家族がいる要介護者の優先順位は残念ながら低いのが実情。「そんな状態で介護離職が増えれば、保険料や税を払う人が減り、日本の介護は根底から崩れてしまう」というのが酒井さんの危機感だ。

介護は結局、誰かが引き受けるしかない。もし介護サービスを担う人材がいなければ、それは家族になり、介護を理由に離職した人の仕事上のスキルが発揮されず、社会が発展できなくなる。この章の冒頭で紹介した「骨太の方針」では「社会保障の負担は経済成長の足かせ」という考え方がストレートに表明された。そうではなく、介護を含めた社会保障を「社会の発展の基盤」と考えられるかどうかが、カギを握るだろう。

第３節　派遣で働くのは、なぜ「コスパ」がいいのか？

ネガティブイメージを背景にした介護職の不足のツケは思わぬ形で、私たちにはねかえっているという事例を紹介したい。

介護施設には必ず満たすべき職員数の基準が法律で定められており、実際の業務を回すには基準以上の人員が必要だ。その確保のため、介護事業所は派遣業者に頼らざるをえないという構図が生まれている。

これは何を意味するか。介護保険料の一部が、介護の現場で働く人たちの給料や施設の改善に回るのではなく、人材紹介や派遣会社への手数料という形でシステムの外に流出してしまっているのだ。そのコストはめぐりめぐって、介護保険料を押し上げることになる。だが、派遣で働く介護職は、理不尽な働かされ方から、自分たちを守るため派遣会社を頼りにしているのも事実なのだ。

朝日新聞の「声」欄（二〇二〇年三月一四日付）に載った「介護職、派遣が多い理由は……」と題した読者からの投書が、端的にその理由を伝えている。

◇

介護福祉士　軽部誠一朗（埼玉県　三二）

私の働く特別養護老人ホームは、派遣職員の存在なくして、業務がまわらない。派遣をめぐっては、派遣会社の取る紹介手数料が高く、介護保険料が会社のもうけに回っているとの主張もある。事実かもしれない。だが、なぜ派遣の介護職員や看護師が多いのかを考えて欲しい。勤務日、勤務時間、給与の交渉を派遣会社が代行してくれる。残業や休日出勤は無い。つまり、直接雇用ではかなわないことが、できるのだ。

一方で、直接雇用の常勤職員やパート職員は残業や休日出勤を強いられている。実際、私も常勤職員なので、夜勤を終えた日の夕方から再度夜勤に入ったことがあり、また別の日は突然の欠勤を埋めるために泣く泣く休日出勤をした。

資格を持っているが働いていない、潜在介護職員・看護師の復職に期待がかかるが、これでは警戒して派遣会社を通して働きたくなるのも大いに理解できる。

介護施設を運営する事業者は派遣の増加を嘆くのではなく、労使間の信頼関係を築くことを考えてはどうだろうか。労務管理を徹底し、現場でむちゃな働き方がまかり通っていないか、管理職がよく見て欲しい。

◇

人手不足で事業所に直接雇用されている介護職員は、長時間労働や休日出勤を余儀なくされる。それがイヤな人は、むしろ派遣という働き方を選ぶ。その一人が、深井竜次さんだ（図１‐４）。

島根在住で一九九三年生まれの深井さんと知り合うきっかけは、彼が書いたブログの記事だった。私がある日、スマホでグーグルのアプリを立ち上げると、トップ画面に大手新聞社やテレビ局が発信する記事と並んで「現役の介護士が働き方について書いた」という記事が出てきた。「誰なの？」といぶかしく思いながら読んでみると、これがおもしろい。介護の現場で働く若者が何を考えているのか、セキララに伝わってくる。

ブログの名前は「介護士働き方コム」。筆者である「たんたん」さんのツイッターをフォローし、ブログを読んでいると、ある日、「今月はネットの収入が一〇〇万円を超えた」という驚きの書き込みがあった。どうなっているのだろう……。取材するために、二五歳の深井さんが住む島根県出雲市に向かったのは二〇一九年四月のことだった。

お会いしたのは、深井さんが「仕事場」にしている「コメダ珈琲出雲姫原店」。「Ｗｉ‐Ｆｉが使

図 1-4　たんたんこと深井竜次さん

出典：筆者撮影.

えるし、長くいても大丈夫なので」重宝している。

派遣の介護職員として施設で月八回、午後五時から翌日の午前一〇時までの夜勤をこなし、残りの時間を副業であるブログ執筆にあてる。「介護の仕事で疲れすぎないように勤務を調整している」という。

深井さんもかつては、正規職員として働いていた。給料の低さもさることながら、有給休暇がとれず、休日出勤、サービス残業もあり、「やりがい搾取な働き方」だと思った。目の前の仕事に精いっぱいで疲れ切ってしまえば、好きな本を読む時間もない。

管理職になれば給料は増えるかもしれないが、さらにハードに働いて、少ないポストをめぐり競うのは性に合わない。介護の仕事は好きで続けたいが、生活を安定させるには別の収入が必要だ。そう考えた深井さんは「ブログ」を副業にすることにした。

もともと文章を書くのは大好き。二〇一八年から半年ほど都内の施設で派遣職員として働いたのを機に、日記的なブログを衣替えし、「たんたん」という名前で「介護士の働き方」をテーマに記事を書き始めた。

「東京の有料老人ホームで働いた時には、職員の半分が派遣でした」という。そんな経験をもとに「現場のリアルな悩み」に響く発信を心がけたブログは「鉱脈」に当たった。ブログには介護専門の人材紹介や派遣会社のアフィリエイト（成功報酬型）広告を載せている。広告経由で人材が登録すれば一人あたり六千円から一万円が払われ、ネット広告から数十万円の収入が安定的に得られるようになったという。

派遣だと無理に残業させられることはなく、副業と両立できる。何か困り事があったら、派遣会社の担当者が間に入ってくれる。問題がある職場なら、契約を更新しなければいい。時給も都内なら一五〇〇円前後はもらえる。「いずれ正規で働きたい人も、自分に合う職場に巡り合うまで派遣を続ければいい。欲しいアイテムが当たるまで『ガチャ』を引き続けるのと同じ感覚です」と深井さんは語っていた。

職場に余力なく　派遣会社頼み、増す施設の人件費

深井さんがブログで稼げる背景にあるのは慢性的な人手不足だ。求職者一人あたり何件の求人があるかを示す有効求人倍率（二〇一九年）を見ると「介護サービスの職業」は四・三一で、全体の

一・四五と比べて格段に高い。都市部ではさらに深刻だ。たとえば、私が社会福祉士の資格をとるため実習した施設のある渋谷のハローワークでは、なんと一一・六三（二〇二〇年二月）を記録している。

こんな状況下では、個々の介護事業者がハローワークに求人を出してもほとんど効果がなく、仕方なく高いお金を払って人材派遣・人材紹介会社を利用することになる。

その依存度はどの程度なのだろうか。

公益財団法人介護労働安定センターの調査[16]によると、派遣労働者（看護師を含む）を受け入れる介護事業所の割合は、二〇一〇年度の九・一％から直近の二〇一八年度は一三・四％まで増えている。都市部では一七・八％だ。人数ベースでは総従業員数の七・三％を占める。また、介護事業収入（二〇一七年度）に占める派遣料金の割合は七・五％。

独立行政法人福祉医療機構による特養を対象にした二〇一九年の調査[17]では、回答した施設のうち約三割が人材紹介会社を利用し、二〇一八年度の平均雇い入れ数は三・三人、雇い入れた介護職員一人当たりの手数料は約六〇万円で、職員一人あたり人件費の一五％に相当する額を払っていた。

介護事業者の間で、派遣への依存に危機感は強まっている。東京都社会福祉協議会傘下の法人経営者を対象に二〇一八年秋に実施した調査では、介護施設のみを経営する九四法人の八割が派遣や紹介会社を利用。手数料を含む派遣職員の時給は二三〇〇円台という回答が最多だった。直接雇用するハローワークでの求人票に記載する額より千円前後高い。法人が年間で支払った派遣料は平均

図1-5　介護派遣のお金の流れ

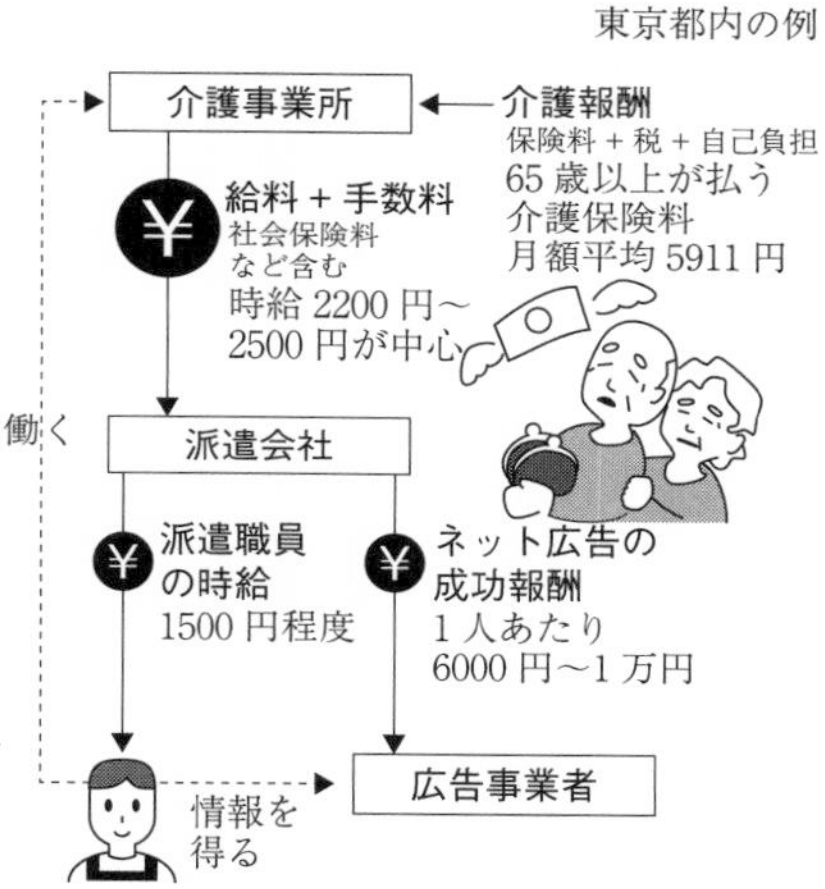

出典：朝日新聞社.

で約二千万円。最高は一億五三〇〇万円にのぼった。

「保険料や税で賄う介護報酬がこれほど派遣会社に流出するのは問題だ」。世田谷区内の特別養護老人ホーム施設長で、調査を主導した田中雅英《まさえ》さんはいら立つ。四〇歳以上なら誰もが負担する介護保険料。ここから介護事業者に報酬が払われ、職員の給料に回る。派遣会社はネット広告などで人材を集め、それを施設などへ派遣して手数料を得る。事業者の人件費はその分増えてしまう（図1-5）。

それでも施設は派遣に頼らざるを得ない。国が定める「入居者三人に対して職員一人以上」という基準は下回れない。実際の運営にはもっと人が必要だ。しかし、他産業と比べ労働条件が良くない、小規模事業者が多いなどの理由で、自力での採用が難しい。「ハローワークに頼んでも人は来ない。勤務のシフトを回すためには、派遣を頼むしかない」と首都圏の特養施設長はいう。時給はこの三年で五〇〇円ほど上昇したという。

国は、介護職員の処遇改善加算を取得した事業所について、二〇一八年の常勤者の平均給与が月額三〇万円を超えたと発表した[18]。ただ、個々の職員にお金を配るだけでは限界がある。介護労働者が仕事をやめる一番の理由は「職場の人間関係」（二二・七％）で「収入が少なかったため」（一六・四％）を上回る（前職が介護関係の仕事だった人の場合[19]）。

施設側からは、人件費に限定した処遇改善加算ではなく基本報酬を上げ、教育システムの充実など職場の魅力を高められるようにしてほしいとの声が上がる。「組織として教育や労働環境の改善を行う余力を失い、人材は定着せず、派遣や紹介会社への依存がさらに強まる悪循環だ」と田中さんは嘆く。ブロガーの深井さんも「正規の職員は頑張って社会に貢献している。でも今のような自己犠牲を強いる働かせ方のままでは、『派遣で働く方がコスパがいい』という状況は変わらない」と話す。

第4節　テクノロジーは人手不足を解決するか[20]

前出の「官邸官僚」の発言に見られるように、人手不足の問題の解決のために政府が目を向けるのが、ＩＣＴ（情報通信技術）や介護ロボットの活用だ。しかし、これは「魔法の杖」なのだろうか。二〇一八年五月二一日、首相官邸で開かれた経済財政諮問会議。加藤勝信・厚生労働相は二〇四〇年度の「医療福祉分野における就業者数」の将来見通しを提出した。それによると、各地域の介護保険事業計画などを踏まえた「計画ベース」で、介護の就業者数（介護の直接従事する職員と調理や事務など間接業務に従事する職員の合計）は、二〇一八年度の三三四万人（就業者全体の五％）から二〇四〇年度に五〇五万人（同九％）に達する。就業者全体の一割近くが介護産業に従事するというすさまじい想定である。

ただし、ＩＣＴなどの活用で「医療・介護の生産性が各五％程度向上するなど、医療福祉分野の就業者数全体で五％程度の効率化が達成した場合」には、これが二六万人減って、四七九万人になるとした。この「五％の効率化」の根拠の一つとして、厚労省の資料は以下のように記す。

「特別養護老人ホームでは、平均では入所者二人に対して介護職員等が一人程度の配置となっているが、ＩＣＴ等の活用により二・七人に対し一人程度の配置で運営を行っている施設あり[21]」

国の「効率化」への期待を一身に背負うこの施設。いったい、どんなところなのだろうか。

テクノロジーを徹底活用

諮問会議の五日後、二〇一八年五月二六日の土曜日、加藤厚労相が、羽田空港に隣接する、東京都大田区にある特別養護老人ホーム「フロース東糀谷」を視察した。私も、厚労省記者クラブの記者とともに同行取材した。

案内役は、施設長であり社会福祉法人善光会の最高執行責任者である宮本隆史さん。一九八五年生まれ、福祉の専門学校を卒業し、善光会に就職した後、立教大のビジネススクールでＭＢＡを取

図 1-6　加藤厚労相と宮本施設長（右）

出典：筆者撮影.

得している。「甘いマスクのスマートな青年」という印象で、年配の施設長を見慣れた私にとって驚きだった（図１‐６）。

善光会は投資会社の経営者の寄付などによって設立され、二〇〇五年に認可された比較的新しい法人だ。「業界を変革する先導者になる」という目標を掲げ、〇九年から介護ロボット活用の研究を開始。法人内の正式な組織として「介護ロボット・人工知能研究室」を設けており、システムエンジニア一〇人を配置しデータ解析や独自のアプリ開発なども手がけている。二〇一七年一〇月には、同研究室を含めた「サンタフェ総合研究所」を法人内に設立し、福祉事業者への経営支援と機器メーカーへの開発・販売支援の収益事業化にも乗り出している。「自分たちのナレッジ（知識）に価値をつけて、介護保険に頼らず法人運営ができるようにしたい。業界全体のリーダーシップをとる」と宮本施設長は意気込む。

本格的な効率化の歩みは二〇〇九年から始まった。まず、介護職の業務時間を二五％減らすことを目指し、トヨタ張りの「カイゼン」運動をスタートさせた。ストップウォッチを片手に、業務の発生回数や所要時間を細かく調べ、負荷の高い順にリスト化した。その結果、移乗、誘導、見守り、排泄介助の改善優先度が高いことが分かったとして、これまで七〇種類以上のロボットや機器を特定ユニットに集中投入して有効性を検証し、効果があれば他のフロアや施設にも広げてきた。

「介護ロボットを使った結果をメーカーにフィードバックし、今までにない介護サービスのオペレーションをつくっているという意識が、職員が働く動機づけになっている」と介護職の谷口尚洋さん。一九九〇年生まれ。大学では公共経済を勉強し、新卒で法人に入職した現場のリーダー格だ。地道な「カイゼン」とロボットの積極活用によって、介護・看護職員一人あたりの入居者数は、二〇一五年三月時点で一・八六人だったのに対して二〇一八年一月では二・六八人になったという。この数字が、厚労省の資料に引用されたのだ。

巡回は「立ち乗り電動二輪車」に乗って

二〇一八年の八月下旬、この特養四階にある「ロボット導入フロア」で、午後四時半から翌朝の午前九時半までのシフトに入っていた谷口さんの案内で実際の運用を見せてもらった。

「ロボット導入フロア」では四ユニット、計四〇人が暮らす。谷口さんは勤務に入る際、頭に骨伝導式のインカムヘッドセットをつけ、どの職員が休憩に入っているか確認した。グループ通話の機能で、同じフロアにいる職員とリアルタイムで情報共有できる。

夕食と片付けが終わる頃、谷口さんは立ち乗り電動二輪車に乗り、動き回り始めた（図1－7）。小走りよりもちょっと速いくらいのスピードでユニット間を移動し、汚物の処理や洗濯物の返却などをこなしていく。一七時間の夜勤をこなすと一五キロほど移動するが、電動二輪車の導入で歩く距離は半減したという。

日勤者が帰宅した後、午後八時半から翌朝午前七時半までは二ユニット二〇人を一人で見守る時間帯が始まる。職員が待機するスペースには大型モニターがあり、二〇人全員について「睡眠」「覚醒」「起き上がり」「離床」という状態が一覧で表示されている。ベッドのマットレスの下には、呼吸や心拍、体動で睡眠の状況を把握する体動センサーが敷いてあり、そこからデータが送られてくる（図1－8）。パラマウントベッド社が開発した「眠りSCAN《スキャン》」というシステムだ。

「これがなかった時は、一時間に一回実施する巡回の際に、一人ひとり息をしているかどうかを確認していたので、二ユニットで八分かかっていました。導入後はちょっと覗くだけで良いので、三分で済みます」と谷口さん。もちろん巡回も電動二輪車に乗って、だ。

サロンに一人だけ女性の入居者が残っている。時たま車椅子から降りようとするので、長い時間は目を離せない。「昼夜逆転で、夜もほとんど寝なかったのですが、朝に日光浴してもらうなどケアを工夫してずいぶん良くなりました」（谷口さん）。確かに、グラフ化された睡眠状態を時系列で閲覧すると、黄色で表示される「覚醒」が減り、青の「睡眠」が増えている。データに基づき打ち手を考え、ＰＤＣＡサイクルを回すのだという。

図 1-7　立ち乗り電動二輪車にのる谷口さん

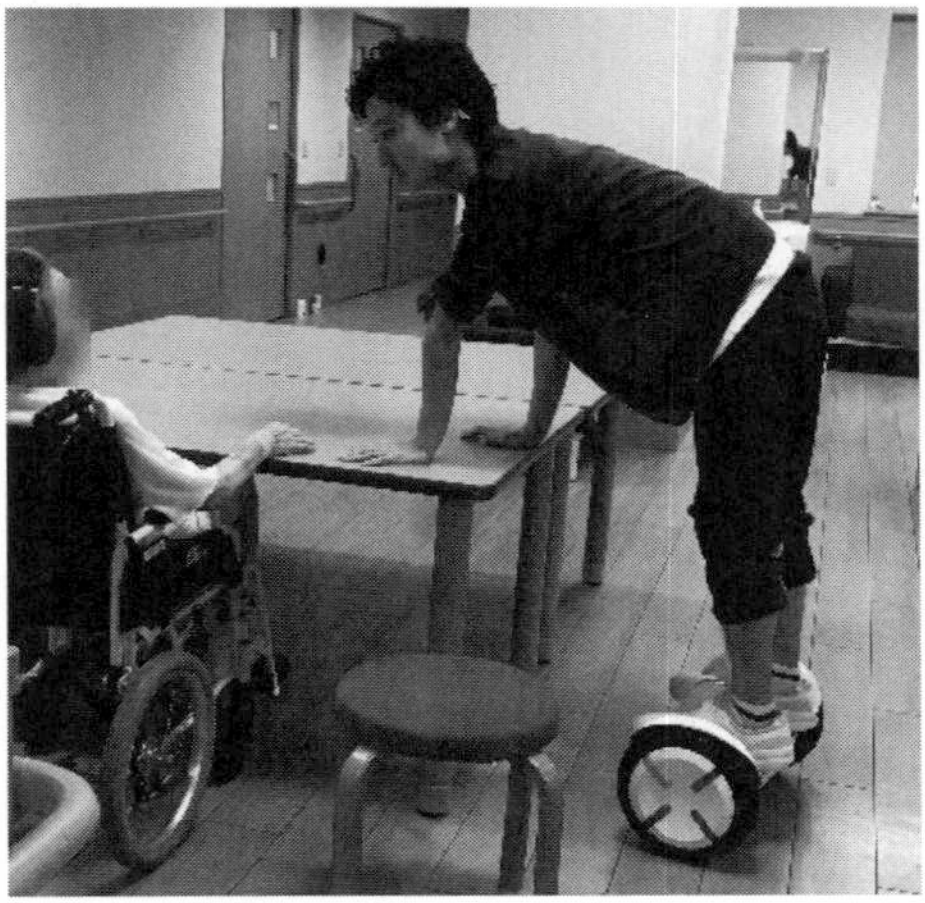

出典：筆者撮影.

図 1-8　眠り SCAN のアイコン

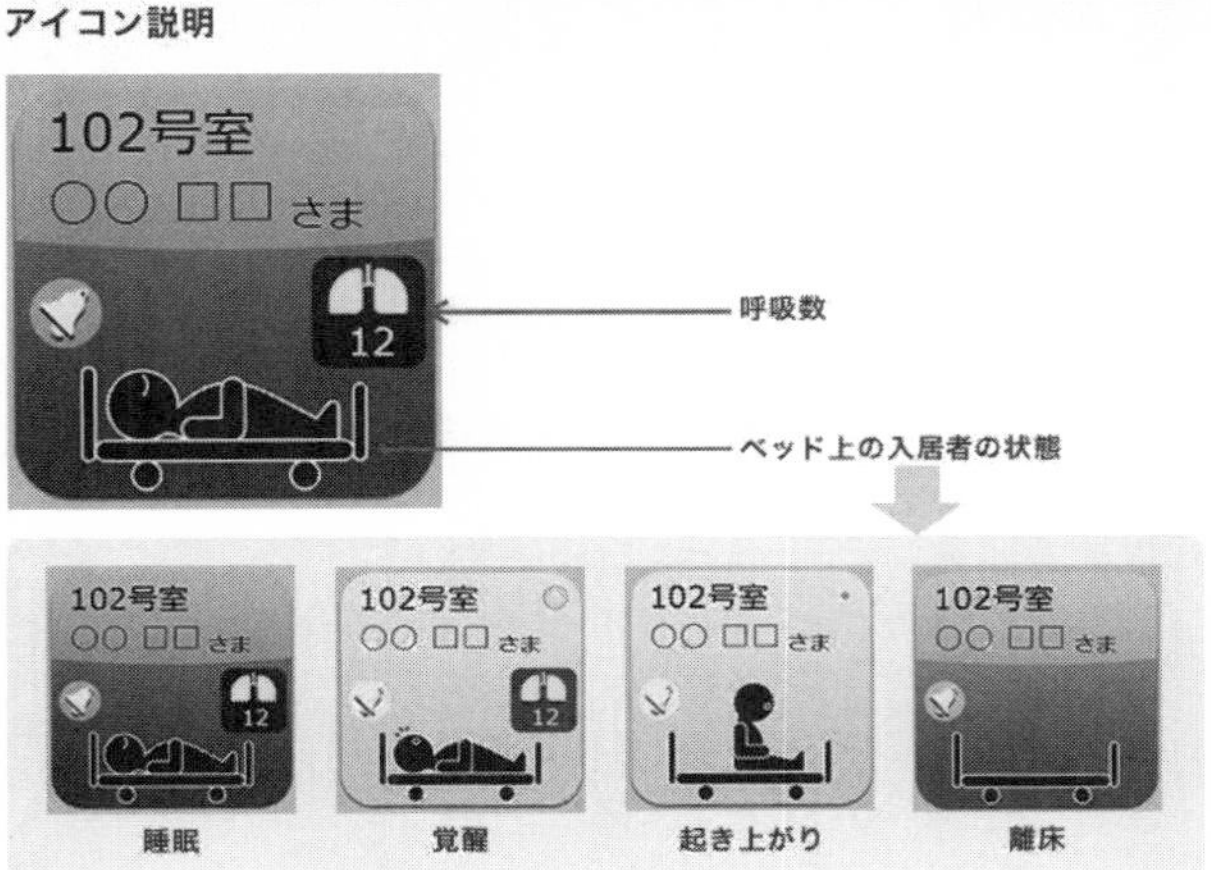

出典：パラマウントベッドのウェブサイトより.

「眠りＳＣＡＮ」との組み合わせで、効果を発揮しているのが、膀胱の大きさを測定して排尿のタイミングを予測する装着型の機器（DFree）だ。

一般的に特養などの施設では、職員が夜間も一定の頻度で入居者のオムツを開いて排泄の有無をチェックしている。ただ、入居者がぐっすり眠っている場合、睡眠を妨げることになるし、開けてみたら排泄がないということもある。

一方、尿がたまってきて、かつ覚醒状態にあるタイミングを見計らって排泄ケアを行えば、入居者の睡眠の質を改善できる。夜間の睡眠の質がよくなれば、日中も活動的になるので、生活リズムが改善される。また、失禁回数も抑えることができ、オムツや尿パッドの費用削減にもつながる、という。

赤外線による見守りセンサーも活用する。夜勤中に複数のナースコールや離床センサーが同時に発報した場合の対応は難しい。ベッドから落ちて骨折するリスクの高い人のところへ真っ先に駆けつけたいが、コールの音だけでは個々の状態がわからない。この機器は、赤外線距離センサーを使い、ベッドから単にはみ出しただけなのか、起き上がっているのか、離床しているのかなど、大まかな状況がシルエットで把握できる。細部まで映すカメラと違ってプライバシーに配慮できるとはいえ、善光会では、認知症などで行動に不安がある人に絞って活用している。

同会では様々なメーカーと提携し、臨床研究や販売を支援する事業の一環として機器を導入しており、使うことで利益を生んでいる。ただし、一般の施設はこうはいかない。顧客として導入すれば、たとえばベッドの上につける赤外線見守りセンサーだと、製品だけで四一万五千円（税抜き）。

さらに、施設内に無線ＬＡＮ（Ｗｉ－Ｆｉ）を整備し、職員にスマホを持たせる必要もある。(22)

「二千億円」の費用削減？

入居者の状態がリアルタイムに把握できる機器が現実化し、介護の現場で普及し始めている。大きな転機は二〇一五年度の補正予算。「介護ロボット等導入支援事業」として五二億円が計上され、しかも国が全額補助という破格の条件で事業者に利用を促した。背景には「活用できるかどうかじゃなくて、活用しなくちゃいけない」（厚労省幹部）という人手不足への危機感がある。

二〇一八年春の介護報酬改定では、「介護ロボットの活用の促進」をうたい「見守り機器の導入」を評価する項目が新設された。

これまでは夜勤の職員を最低基準より一人多くすると、入居者一人につき一日一三〇—四六〇円が基本料に加算されてきた。改定により、一五％以上の入居者の動きをセンサーが見守る施設は、〇・九人でも加算がとれる。すなわち、追加的に配置される職員の勤務時間が短くてもよいというわけだ。

善光会では、業務見直しと介護ロボット導入により三年で三割の生産性向上があり、人件費換算で約七八〇〇万円の費用が削減できたと試算。日本全国の特養で実行すれば約二千億円が削減できるとした資料を作成して、二〇一八年六月に自民党に示している。

こうした機器導入には当然、お金がかかる。事業者の背中を押すため国と都道府県は、各都道府県に設置されている「地域医療介護総合確保基金」を使って、介護事業者のロボット導入に補助金を出している。コロナ禍対策の二〇二〇年度補正予算では「職員体制の縮小や感染症対策への業務負荷が増えている現状を踏まえ、更なる職員の負担軽減や業務効率化を図る必要がある」として、大盤振る舞いになった。一機器あたりの上限額は、ベッドと車いすの間の移乗支援が三〇万円から一〇〇万円に、Ｗｉ－Ｆｉ工事など通信環境整備は一五〇万円から七五〇万円に引き上げられ、半分だった事業主負担も都道府県の裁量で引き下げが可能になった。このため、導入件数は、二〇一九年度の一六四五件（執行見込み額約七億九千万円、いずれも暫定値）から「大きく増えることが予想される」（厚労省老健局高齢者支援課介護ロボット開発・普及推進室）という。

経産省が所管する「ロボット介護機器開発・標準化事業」は、「ロボット介護機器の国内市場規模を、二〇一七年の四六億円から二〇二〇年に約五〇〇億円に拡大する」ことを目指し、二〇一八年度から三年間で三五・五億円の予算を投じている。

現場の受け止めは慎重

では、こうしたテクノロジー導入は急速に広がるだろうか。二〇一八年時点で、何人かの施設長に取材すると、思いのほか慎重で懐疑的な見方が強かった。

まず、ここまでの見守り機器の活用は、心理的な拘束に当たるのではないか、という懸念が強い。「ベッドに座った段階でナースコールが鳴って職員がやってくるわけですからね」。東京・渋谷の特養パール代官山で施設長を務める入江祐介さん（四四）は話した。最近、ベッド三五台を入れ替えた際、「眠りＳＣＡＮ」が導入可能なタイプを選んだが、使ってはいない。「新しい入居者の状態把握には使うかもしれない。それが済めばオフにする方向で考える」と話す。また、ハイテクに頼りすぎると、職員の「感覚」が鈍くなってしまうのではないかという心配もある。

九州・福岡にある特養「よりあいの森」施設長の村瀬孝生さん（五三）は、「うちの職員はセンサー化している」という。呼吸の深さ、歯ぎしりの強弱、おしっこのにおいから、何が必要か予測して行動できる。自らの感覚に頼って関心を寄せるからこそ「第六感」が育まれ、介護の質を上げている。機械のセンサーが導入されると、これまでの、感覚を総動員してお年寄りに関心を寄せ、ケアするという営みが失われてしまうのではないか。そんなおそれを抱いている。

一方で、どんなに関心を寄せていても、他人にはわからない世界がある。ケアする側とケアされる側、お互いやれることには限界があって、それを越えることはできない。「その領域あたりに尊厳らしきものがあるような気がするし、それを越えたら、もう相手を支配することになるのではないか」と村瀬さん。

職員がお年寄りの表情からおしっこが出そうだと感じて、声をかけるのは上質なケアだ。でも、お年寄りにとって「おしっこをするかどうか」は数少ない、自らの主体性が残った営みでもある。そこまで他人に指摘されてしまったとき、「気づいてもらってありがとう」と安堵する反面、「こんなことまで人様に気づかれてしまうのか」と思うことの切なさを、村瀬さんはさんざん見てきた。その領域に感覚を通じて関わり、押したり引いたりするケア。そこを機械化することが、本当に人を幸せにするのだろうか……。

この二つの懸念を前にして、村瀬さんは二六人のお年寄りが暮らす自らの施設の居室には「センサーを入れない」という選択をした。ただし、それは合理性や効率性の追求とは真逆の、苦しく、面倒くさく、ややこしい道を歩むということでもある。

機械のセンサーがあれば気づけたことを職員が気づけなかった、あるいは気づくのが遅れて、事故に近いことが起きてしまったとする。そのとき、家族や地域住民を含めて、「関わった人間がみんなで受け止めて、お互いをケアする」ことができるかどうか。そのためには、普段から、「よりあいの森」のケアについて言葉を尽くして説明し、家族や地域と信頼関係を築いておく必要がある（家族や地域社会との関係次第で、介護職の負担は大きく変わってくる。この点については第６節で取り上げる）。

村瀬さんが考える介護の質、それを支える周囲との信頼関係は、数値化できるものではない。こうした営みを、公的介護保険という準市場化した世界で貫くにはよほどの覚悟が必要だ。一方で、「見守り」などケアの本質に関わる部分を機械に頼れば、介護を支える人材の心がかえって弱くなってしまう懸念がある。絶対的な人手不足を背景に、機械による省力化は容赦なく進んでいく可能性が高いが、この懸念は常に頭の中に置いて参照すべきだと思う。

ＩＴで人材を育てる

「相手に関心を寄せる」ことはケアの基本である。ここに焦点を当てて、ＩＴを人材育成に活用しようとするプロジェクトがある。ＭＩＭＯＴＥ（ミモテ）というアプリ（図１‐９）を使って職員の「気づき」を可視化しようとする試みで、二〇一〇年から全国各地で実証実験が始まっている。

図 1-9　MIMOTE 端末画面イメージ

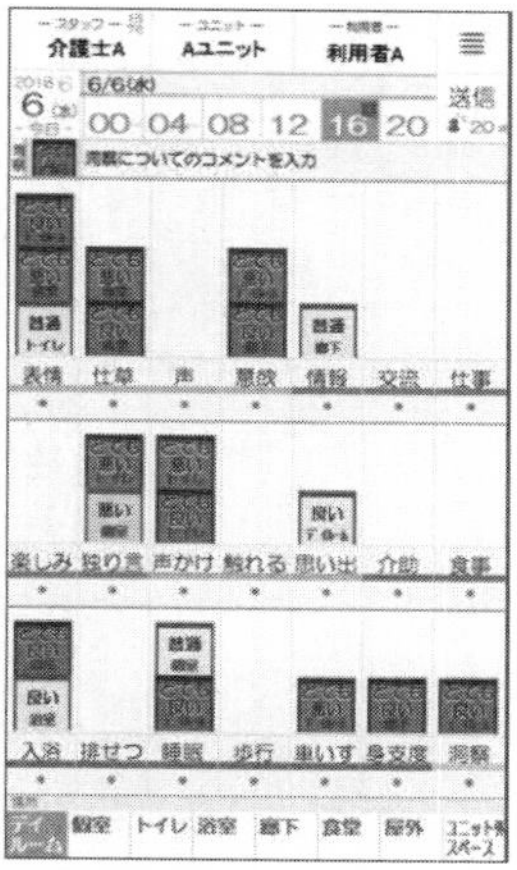

出典：一般社団法人気づきデータ解析研究所提供.

ＭＩＭＯＴＥの中では、「食事」や「睡眠」「他者との交流」など介護における場面が二一項目用意されている。職員は各項目について「とても良い」から「とても悪い」まで五段階で評価し、仕事の合間にスマホやタブレットから入力する。このデータが、利用者別、職員別にグラフで出力される。また、「利用者の状態をより深く考察し、何らかの判断に至った場合に記録する項目」として「洞察」があり、コメントを自由に音声入力できる機能も加えた。

台風一過で好天にめぐまれた二〇一八年七月一二日、沖縄・宮古島で、ＭＩＭＯＴＥを取り入れている施設を訪ねた（図１－10）。

まず、昨年から使い始めた「グループホームみなみ」。この日、職員が集まり「フィードバック会議」が開かれた。手元にあるのは、一一人の利用者について約一ヵ月間で四千件以上入力されたデータをグラフ化した資料。これをも

図 1-10　グループホームみなみのミーティング風景

出典：筆者撮影．

とに、利用者の状態を話し合う。

入職して一年の安斎純之《あやの》さん（三〇）は「ＭＩＭＯＴＥを使うようになって、利用者さんの表情をよく見るようになったし、行動の意味を考えるようになった」と話す。職員同士では、「これは『とても良い』だね」「テレビ見に部屋から出て来た！『洞察』だよ」など、利用者に関する日々の発見について「ＭＩＭＯＴＥ用語」で話すようになり、同僚とのコミュニケーションが活発になったという。

すでに三年の利用実績がある特別養護老人ホーム「宮古厚生園」では、ケアの改善に活かす実践を積み重ねていた。たとえば、入力件数の少ない利用者には意識して関わりを増やす。ある利用者についての入力が特定の職員に偏った場合には、他の職員も「介助が頼まれやすい雰囲気づくり」を心がける……。家族を亡くして気落ちしている利用者に集中して関わったこと

図1-11　MIMOTEに入力する宮古厚生園の職員

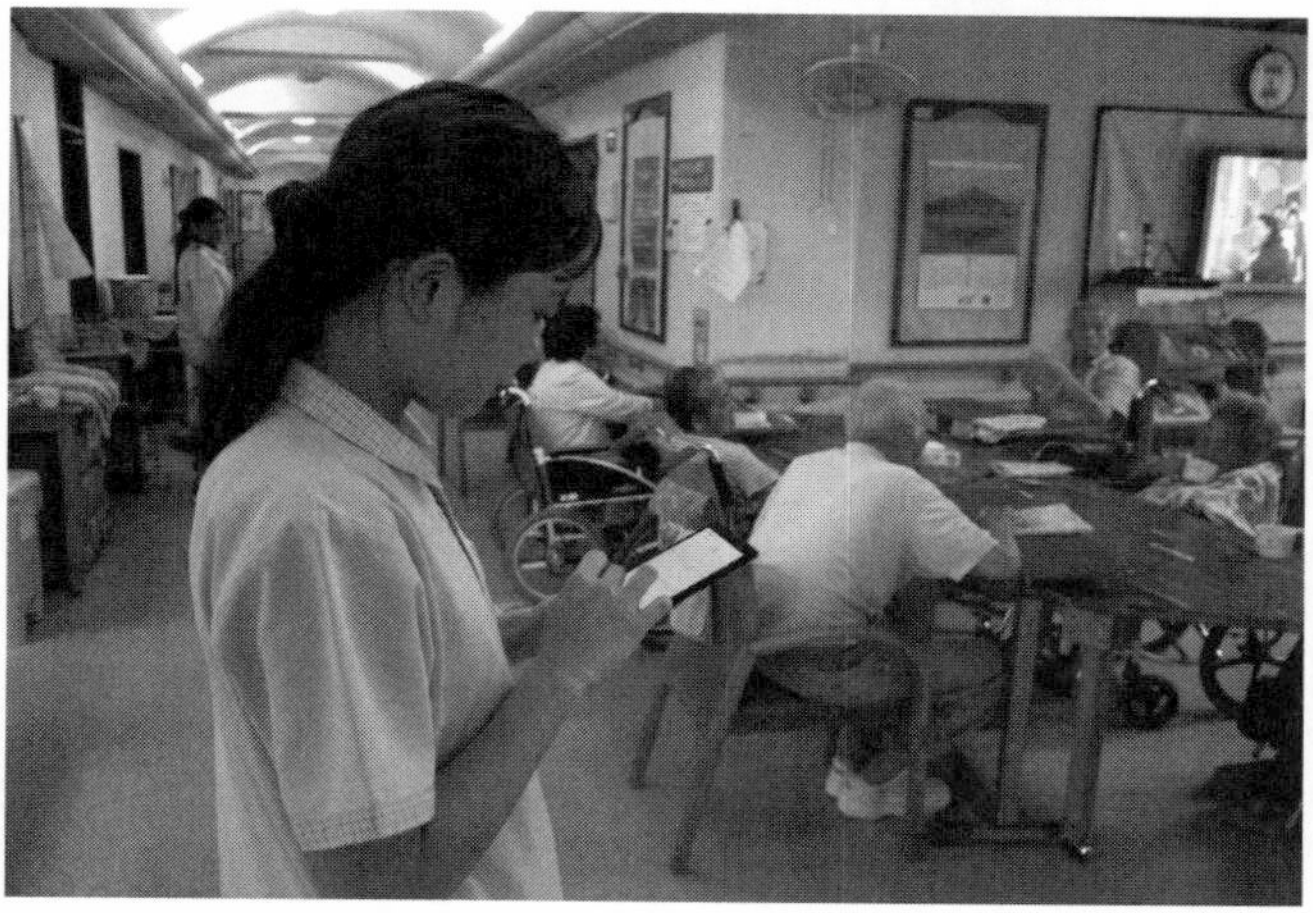

出典：筆者撮影.

で、「悪い」が減り「良い」が増えたといったデータが「見える化」するのでケアの成果を実感しやすいという。

「でもね、導入したときは理事長を恨みましたよ」とある女性職員が冗談めかして話した。「ただでさえ利用者と関わる時間が少ないのに、スマホいじりさせるのかって」（図1－11）。

ＭＩＭＯＴＥ導入をトップダウンで決めたのが、沖縄県社会福祉事業団理事長の金城敏彦さん（六三）。県内全域で一三の福祉施設を運営する組織のトップは「ベテラン職員がいる現場ほど変化を受け容れない。だから、園長には『これは理事長命令。オレを悪者にしていいからやれ』と伝えた」と振り返る。

この確信を持てたのは、金城さんが現場経験三五年の叩き上げだったことが大きい。「根拠のある介護と人材育成がしたい」というのが長年の願いだったからだ。データがあれば個々の職員の力量が判断しやすい。また、データ活用ができるかどうかで、管理職の力量も見えるという。

ＭＩＭＯＴＥを開発したのは、慶應義塾大の神成《しんじょう》淳司教授。内閣官房情報通信技術（ＩＴ）総合戦略室長代理を務める神成さんは「新人に早期に一人前になってもらうためだけでなく、経験者の熟練度や経験値を評価するためのツールとして育てていきたい」と話す。今後、ＥＰＡ（経済連携協定）や技能実習制度により増加が予想される外国からの人材にも、「データをもとに説明すればより納得してもらいやすいのでは」と期待している。

第５節　「いい加減」は「よい加減」？ 日本の介護職と一緒にスウェーデンで実習

機械やＩＴが日本の介護職場をどう変えるのか、「介護の質」をよくする方向に働くのか。明らかになるのは少し時間がかかるだろう。ただ、機械導入を云々する前に、なぜ日本で介護職場がきつくなってしまうのか、実体験を通して感じることがあった。

私は、二〇一六年一月と三月に計二三日間、社会福祉士の資格を取得するため、都内の高齢者施設で実習に取り組んだ。それは素晴らしい経験だった。「取材する側―される側」という関係にとどまっていては、永遠に分からなかった高齢者介護のリアルが眼前にあらわれた。

特別養護老人ホームのフロアに足を踏み入れてみて、まず圧倒されたのは、そこで働く職員たちの忙しさだった。毎日つけていた「相談援助実習ノート」にはこんな記述がある。

図1-12　毎日つけていた手書きの実習ノート

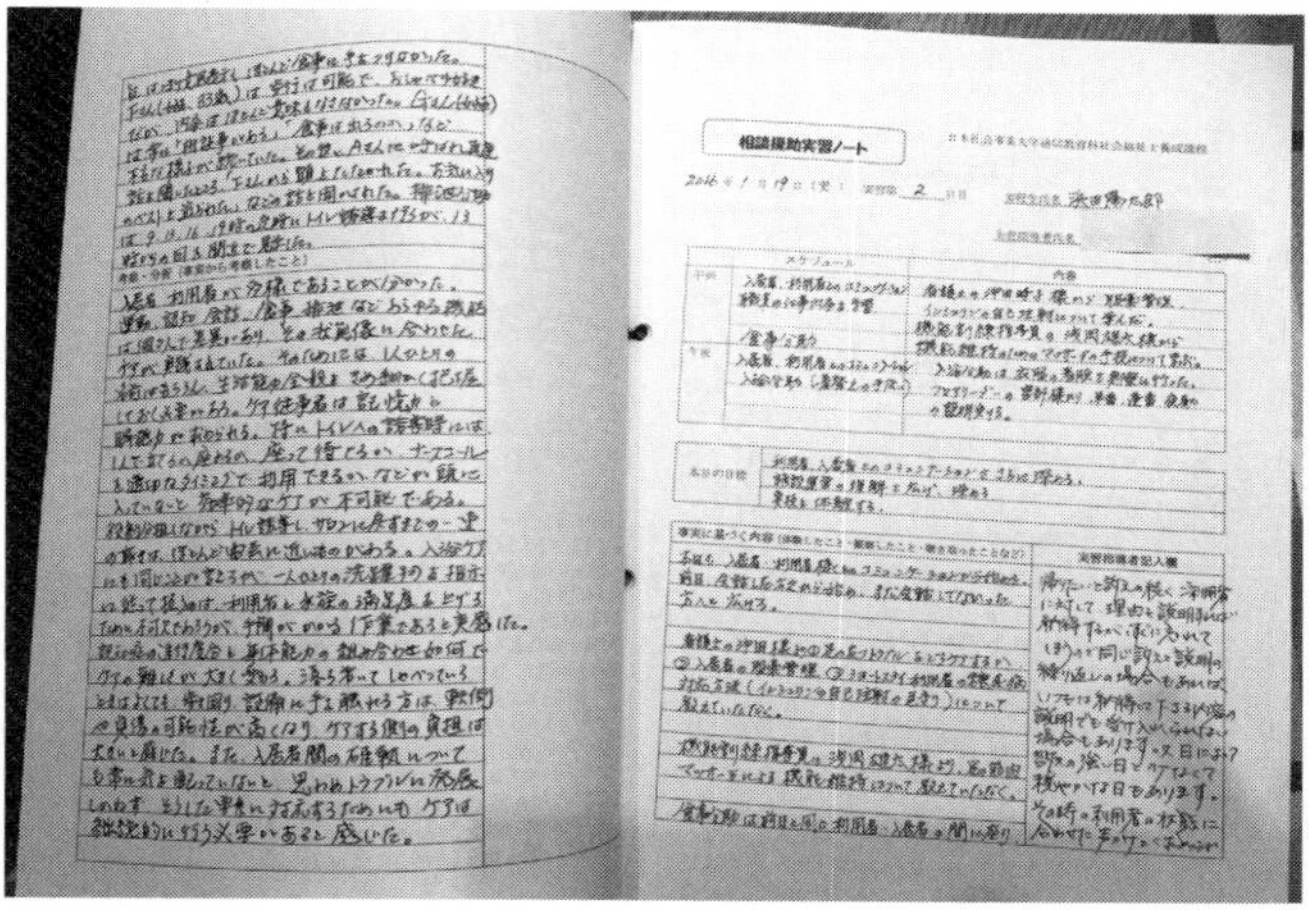

出典：筆者撮影.

「排泄と食事だけでも日勤者の作業量は膨大で目が回るような忙しさ。ぎりぎりの人数が高速回転していて、余裕がほとんどない。これに多動の入居者がいたずらをするのを防ぐ見守りが重なると、ストレスはぎりぎりまで高まるように見えた」（図1－12）

特養はいま、要介護度四―五の重度の入居者がほとんどを占める。そうでないと、職員の待遇改善のために十分な介護報酬が受け取れない、と施設長から説明された。そして、ほぼ全員が認知症である。生活のあらゆる動作に介助が必要となる。起床、排泄、食事、入浴、清拭といった基礎的な生活ニーズを満たすサービスに、職員はほとんどの時間を費やさざるをえない。「レクリエーション」は予定に組まれているが、仕事が押して時間はどんどん削られ、実施できる日の方が少なかった。

テレビから流れる音以外は静かなフロアで、

職員たちは黙々と入居者の食事を手伝い、トイレに誘導し、オムツを換え、歯を磨き、着替えさせ、ベッドと車椅子の間の移乗のため身体を抱え上げる。そのいずれも、実習生の私には一人前にこなせない。半人前以下。邪魔にならないようにするのが精一杯である。

「サロンで、入居者さんとコミュニケーションをとってください」。手伝える作業がなくなると、こんな声がかかる。でも、車椅子の上でじっとしているお年寄りを相手に、いったい何を話したらいいのやら……と、最初は戸惑うが、これが思いのほか、面白かった。

名前や家族、住んでいた場所を聞いた後は、「若いころは何をされていたんですか」という質問になる。そのとき、九五歳の女性の口から、「ＧＨＱに勤めてました」という言葉が、ポンと出たときには驚いた。しかも、「Civil Information and Education Section」と英語の部署の名前まではっきりと、覚えている。

スマホで検索してみると、ＣＩＥ、すなわち民間情報教育局は、連合国総司令部（ＧＨＱ）で教育・各種メディア・芸術・文化・宗教に関する広範囲な改革を指導・監督したとある。どんな仕事だったのか、少しでも当時の話を聞かせてもらえないかと、こちらは俄然はりきる。この方がまだ二〇歳代で、進駐してきた米国人に交じって働く姿を想像してみる。

また、ある女性に「ダンナさんは、どんなお仕事でしたか？」と聞いたら、「衆議院議員です」とはっきりと答えた。お名前をおうかがいすると、閣僚まで務めた政治家と判明。記者として選挙を取材した時の経験をネタにして、楽しく会話できた。認知症といっても、昔の苦労話は実感をこめてできるのだ。

身寄りのない女性は、一〇代のとき九州から上京。結婚歴はなく、ずっと一人暮らしだったとアセスメントシートにはあった。電話交換手をしていたという以外に手がかりはない。いったい、どんな人生を送ってきたのだろう。認知症が進んだ彼女の口から出る断片的な言葉を集めて、想像を膨らませてみる。

この話の流れ、どこかで聞いたと思う人は多いかもしれない。そう、六車由実さんの名著『驚きの介護民俗学』（医学書院、二〇一二年）が描く世界だ。気鋭の民俗学者が介護の世界に飛び込み、フィールドワークでもなかなか会えない明治・大正生まれのお年寄りから、生活史を聞き取ることが、著者に「驚きと興奮と、そしてひとときの幸せを与えてくれる」。

だが、六車さんは、あるときから急に驚けなくなる。「正確に言えば『驚けない』のではなく、『驚かない』ようにしている」。なぜなら、「業務を滞りなくこなすには、驚いている時間がなかったのである」(23)。

一方で、大量の排便があったオムツを手際よく交換できたときには、大きな満足感を得る。ただ、そこで感じる介護の喜びは、それまでの利用者との関係のなかで感じられるものとは異なっていた。技術は高まったかもしれないが、利用者と接しているのに、利用者の存在が希薄になっている。「ただ、自分の技術に酔っているだけなのだ」。六車さんは、自らを戒める。

私自身は、実習でそんな境地に達してはいないし、指導してくれた現場の介護職員がどう感じていたかを代弁する立場にはない。ただ新聞社に三〇年以上勤めた自らの経験からわかる。恒常的な忙しさというものは、考えたり、楽しんだりする余裕を奪うこと。忙しそうにすることが自己目的化しかねないこと。その過程では、仕事の本当の目的が、見失われてしまう危うさがあることも。

ＩＴ機器やロボットを活用して、効率的に介護報酬を得るために業務を組み立てる。それ自体は必要だとしても、「作業効率」を上げることが自己目的化し、何のためにケアをしているのかを見失いかねないリスクもはらむ。それを感じたのは、同じ時期にスウェーデンでの介護実習を体験したときのことだ。

これは手抜きなのか　スウェーデンでの体験

実習と実習の合間の二〇一六年二月という絶好のタイミングで、スウェーデンで「介護実習」をすることになったのは、日本の介護コンサルタント会社が企画したツアーがあったからだ。同国南部のクングスバッカ市にある公営の「高齢者特別住宅」で実習を体験するという内容だ。

外国取材の難しさは、そこで得た知見を、日本と比較対照しながら相対化する作業にある。陥りがちなのが、いわゆる「出羽守（でわのかみ）」で、短い日程のなかで案内された「良いところ」だけ見て、「スウェーデンではこうだ」など各国の事例を引き合いに日本の「後進性」を指摘する。そんなパターン化された記事だけは書くまいと思った。

幸いだったのは、今回は単独取材ではなく、同じツアーに参加する他の四人が、みな日本の介護現場で働くプロだったことだ。彼らなら、よりまともな日本とスウェーデンの比較ができるはずだ。そう期待した。

現場に入ってみて、ツアー参加者一同がまず驚いたのが、現地のスタッフたちのゆったりとした働き方だった。「忙しいはずの朝に、職員が座ってコーヒー飲んでる！」。日本なら、夜勤明けと早出の少ない職員でたくさんの業務をこなすので、もっとも忙しい時間帯だ。「入居者が鳴らす呼び出し音に急いで対応しようとしたら、『走らないで』と何度も注意された」。日本じゃ走るのが当たり前。転倒やケガでもされたら大変だ。

一方で、ある日本人の男性介護士は、こんなことが気になった。「オムツを開けたら結構ぐっしょりだった。排泄介助、飛ばしてないか？」。自分の職場なら、きっちり二―三時間ごとに排泄の有無をチェックする。オムツなどを入れた備品庫のドアが開きっぱなしなのにも、驚いた。入居者が入り込んで、ケガでもしたらご家族にどう説明するのだろう……。

食事は、日本なら朝から一汁三菜となるが、スウェーデンではコーヒーとパン、ヨーグルトくらいでシンプルだ。日本では最低でも週二回は入浴するところ、週一回のシャワーですます。入居者が嫌がれば、それさえ無理強いしない。

はっきり言えば、日本から来た介護のプロたちの目には、「手抜き」「非効率」「いい加減」に映る場面が多々あったのだ。

そのかわり、「お年寄りとゆったり過ごす、いい時間はたっぷりある」と、女性の参加者は見抜いた。確かに、時間に追われて時に悲壮感が漂うほど忙しい日本の介護現場と比べて、場の空気がやわらかい（図1－13）。

私の印象に残っているのは、スウェーデン人の女性職員が両手の指で、認知症の男性の白髪をゆっくりと梳いている光景だ。男性は今でも攻撃的になることがあるが、体に触れるケアで落ち着く

図 1-13　スウェーデンの高齢者特別住宅で入居者を介助する職員

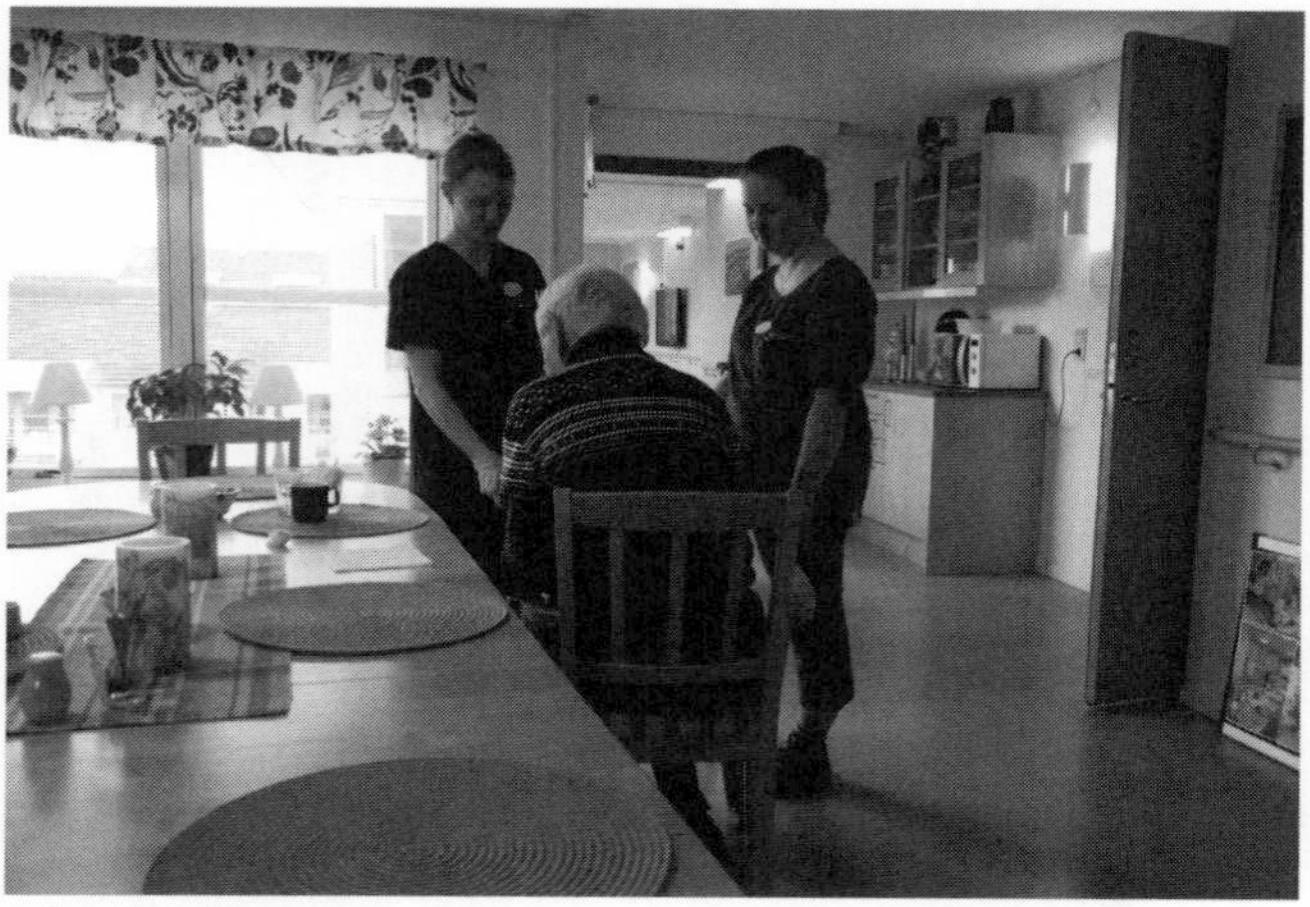

出典：筆者撮影.

という。朝、入居者がその日着たい服を選ぶのに、おしゃべりしながら二〇分くらいかけたのを見て驚いた。時間とエネルギーのかけどころが違うようなのだ。

生活という「場」の物語

もしかして、「いい加減」じゃなくて、「よい加減」なのか？

こんな思いを抱えて帰国し、三月に再び日本の実習現場に入った。「きっちり、はやく」が美徳の日本社会に、「いい加減に、ゆっくり」を持ち込むことはできるのか。そもそも、この問い自体が妥当なものか。記事にするには、まだ「支え」が足りなかった。

そこで私がコンタクトしたのは、前節でも紹介した九州・福岡にある特別養護老人ホーム「よりあいの森」、施設長の村瀬孝生さんだった。当時、村瀬さんたちの活動を第三者のライターが描いた本『へろへろ』がベストセラーになっていた。村瀬さん自身も、特養で働いた経験をベースにした著書が何冊もある。いずれも、現場の視点から、やわらかい言葉で深い洞察を語っている。この人なら、私の問題意識を受け止めてくれそうな気がした。特養での実習の昼休み、九州に電話をかけた。

その頃の村瀬さんは、取材は基本断っていたという。『へろへろ』が売れたおかげで取材や視察依頼が殺到し、本業に支障が出るのを心配していた。だが、お会いいただけたのは、「現場に入って社会福祉士の勉強をしているというし、話をしたら今後につながるかな」と考えてのことだったという。ただし、いまは記事に書いてはならない――。村瀬さんはそんな条件をつけた。

それでも私は、福岡に日帰り出張した。問題意識が熱いうちに、打っておきたかった。

三時間近くお話をして「いい加減」と「よい加減」の違いがまさに介護の深層に触れる話であることがうっすらと理解できた。

まず、なぜ日本の介護現場が「高速の流れ作業」になってしまうのか。食事、排泄、入浴の「三大介護」や、掃除・食器洗いなど家事労働的な定型業務を早く終わらせようという意識が優先しがちになるからだ。「次はあの人、次はこれ」と作業をこなすうちに、「ハツカネズミが輪の中をカラカラ回るように自分でペースを速めていってしまう」のだ。

そうしないために、「生活の場」を意識してつくる。朝、職員の一人は、「どーんと座ってお茶を入れてお年寄りを迎える」。おいしいお茶は、流れ作業では入れられない。お茶を飲みながら、「よく眠れましたか」と話をして、一緒に場をつくる。そこに、もう一人のお年寄りが参加して、「さあ、今日はどんな一日になるか」という生活を一緒につくっていく。

少し遅れて出てきた職員も、いきなり作業を始めるのではなく、その場に参加してから、自分が何をすべきか考える。そうでないと、お年寄りをほったらかしにして、「しなくちゃいけない定型業務」を探してしまうからだ。

場があることで、お年寄りの「生理的ニーズ」を満たすことだけに奔走しなくてすむようになる。「少しおしっこ漏れてもいいっていう発想ですよ。その人がそこで楽しんでいれば」と村瀬さん。「僕はいい加減なんです。そのいい加減さを維持するために努力しているんです」

どういうことだろうか。

お年寄りの、こういう状態を尊重したから今日はお風呂に入らなかった、食事をこれしか食べなかった――。そんな鷹揚《おうよう》さや現場の裁量がまかり通るためには、職員が「仕事の手抜き」と「本人を尊重したいい加減さ」をうまく整理できなければいけない。

入居者の家族から「部屋にほこりがたまっている」という文句が来たときに、家族に対しては「何を大事にしているのか、分かってください。僕がいま、職員にほこりを掃除しろと指示することはできます。でも、それをしたら、いま、あなたのお母さんの隣には誰も座りません。でも、いまあなたは、掃除もしろ、横にも座れと言っている。それはムリです」とおそれずに言わないといけない。なぜ、「いい加減さ」が大事なのかを、施設の管理者がおそれず家族に伝え、理解を得なければいけない。

契約で提供するとされたサービスがちゃんと提供されたか、という目でしか見られなくなれば、現場は追い詰められる。ただでさえ、介護報酬の加算をとるために記録と書類の作成ばかりが増えている現場から、そこで暮らすお年寄りの「生活」を考える余裕を奪う。

村瀬さんからは、こんなはっぱもかけられた。社会福祉は、資本主義における矛盾を修正していく役割を持っている。支援を通じて、お年寄りや社会からはじき出された人たちが失っていく権利性を感じ、社会の病理にアクションをかけろ——。学者が理念を振りかざすのと違い、現場で苦闘する人の口から出る言葉には、なんと重みがあることか。メディアも、「今いるお年寄りが本当に幸せだ」といえる社会をつくれるのか、という大きな目標を見失わず、表に出てくる「現象」だけではなく、社会の深みに潜む「病理」にこそリーチすべきだろう。そう背中を押された気がする。

第6節　家族と地域の責任とは

「いい加減」と「よい加減」の関係性は、私のなかで介護のあり方を考える軸になった。サービスの受け手としての日本人は一般的に「いい加減」なことに厳しい。消費者意識を国際比較した調査によれば「顧客サービスへの期待値が高く、シビアな感覚」があり、「礼儀正しさ」が最重要視される。[24] 一方で、「世界一厳しい消費者」がサービス提供者側を追い詰めるという指摘もある。[25]

介護がさらに難しいのは、サービスの評価者が、本人ではなく家族という場合が多いことだ。介護サービス事業者は、家族との関係にとても、とても気を使う。何かあった場合、サービスを受ける本人が納得していても、家族との間でトラブルになれば、大きなストレスを抱える。

私も実習先の特養で、入居者の横に座って話していた時、足を組んでいたのを職員から注意されたことがある。家族から「態度が悪い」と指摘されるおそれがあると説明された。

家族との間に存在するリスクが最悪の形で顕在化すると、裁判という対決の場に持ち込まれることになる。

長野県安曇野市の特養「あずみの里」で二〇一三年一二月、入居者がドーナツを食べた後に死亡した。二〇一九年三月、長野地裁松本支部は、介護をしていた准看護師に有罪判決を下した。おやつが固形からゼリー状のものに変更された記録を確認しなかったことが過失に認定された。

のみ込む力が衰えたお年寄りを介護する現場で、誤嚥など食事をめぐるトラブルは珍しくない。裁判例はいくつもあるが、「刑事責任が問われたのは、少なくとも公になっている限り、これが初めて」と介護をめぐる法律問題を研究する長沼建一郎・法政大教授はいう。罰金二〇万円の量刑とはいえ有罪が確定すれば「前科一犯」が、一生ついてまわる。

私も実習中、食事の介助をしていた相手がむせたことがあった。低栄養にならないよう食べて欲しいが、食事の時間は限られている。もしかしたら、私の焦りが「むせ」につながったのかも……。そう考えると、私だって刑事被告人になりえたかもしれない。

二〇二〇年二月、私は長野駐在だった頃のツテをたどって、この裁判の関係者を現地で取材した。「あずみの里」が、特定の政党と関係が深いことから「警察に狙い撃ちされた」という読み解きが、社会保障の識者らの間で広まっている。だが、弁護団や支援者らは、そのような位置づけで裁判を闘っているわけではない。

確かに資料を読み、話を聞くと、どの介護現場でもありうる様々な事情が重なって、通常は動かない司法の歯車がゴリッと回ってしまった。そんな印象を受けた。

「あずみの里」では事故後に「ふり返りのカンファレンス（会議）」が開かれ、「どうすれば防げたか」という反省が繰り返された。保険会社との交渉でも遺族への補償が実現するように動き、示談が成立している。警察の捜査にも全面的に協力した。それらは結果的に、ことごとく被告に不利に働いてしまった面があるという。

七月二八日に、東京高裁は控訴審判決で准看護師に「逆転無罪」を言いわたした。当日開かれた弁護団による記者会見は高揚感に包まれた。厳しい予想を覆して勝ち取った判決は、今回の事故が起きた経緯にきめ細かな検討を加えたうえで准看護師の過失を否定したからだ。判決要旨を読むと、「おやつはゼリーにしようという指示に反してドーナツを与えれば、利用者が死ぬかもしれないということまで予測できたとはいえない」「たまたまヘルプに入った准看護師が、介護職が決めたおやつの変更まで全部把握する義務まではない」として、ほぼすべての争点について弁護側の主張を認めている。東京高検は八月一一日、上告を断念したと発表、無罪が確定した。

だが、こうした争点とは別に、現地取材で強く印象に残ったのは、「ご家族との関係が築けなかったことに自責の念がある」と語る特養の施設長、細川陽子さん（五二）の悲しみと悔いに満ちた表情だった。

亡くなった入居者女性が「あずみの里」に住み始めてから事故が起きるまで、二ヵ月足らず。家族から施設側に向けられた怒りは大きかったようだ。

特養は、病院とは違って生活の場である。そこでは、「鷹揚さ」がなければ、息苦しくなってしまう。事故のリスクをゼロにしようとすれば、おやつは出さない方が安心。入居者全員が「胃ろう」になれば、誤嚥のリスクは下がる。だが、それが質の高いケアだとはとても思えない。

何かあったとき家族が「許されない、いい加減さがあったに違いない」と思うのか、「よい加減のケアを実現しようとするなかで起きた」と考えるかは、実に微妙な線引きとなる。そして家族の理解を後者に寄せることが、ケアの現場にとっては焦点だったのではないか。

肉親を施設に預けている家族の側から見て、納得いかない、理解できないことが多々あるのは、むしろ当然だと思う。ただ、一般的な商品やサービスと違い、公的介護サービスは一種の公共財であり、それを受ける私たちは単なる消費者とは違う振る舞いを求められるのではないか。少なくとも、相手（介護事業者）から事情や言い分をよく聞き、コミュニケーションの回路を保つよう努力することは、市民としての責任と考えたい。

「安心、安全が当たり前」であるはずの介護施設で事故が起きた場合、メディアが「被害者」である家族の声をしっかり取材するのは当然だ。ただ、絶対的な人手不足など厳しい制約条件のもとで運営されている施設側にも事情がある。「厳しい消費者」になりがちな家族との関係は難しい。そうした状況への理解がないまま、一方的な断罪をすれば、介護職たちの心を深く傷つけてしまう。

そして地域の「責任」とは

介護をはじめ社会保障のキーワードの一つに「地域」がある。「地域共生社会」「地域包括ケア」など、「地域」が繰り返して出てくる。

「地域で共に生きる」とはいったいどういうことか。私は二〇一九年一二月に、沖縄県立中部病院（うるま市）の内科医、高山義浩さん（四九）の案内で、「ソーシャルサポート」、すなわち地域住民相互の支え合いの現場を見せてもらった。余談だが、感染症の専門医でもある高山さんは新型コロナウイルス対策では地元・沖縄県だけでなく厚労省にも招聘され、またマスメディア、ソーシャルメディアを駆使して積極的に対策を発信するなど大活躍している。

その取材をもとに私はこんな記事㉖を書いた。

◇

（高山さんの案内で）まず訪ねたのは、金武町に住む六一歳の男性。がんの手術で三ヵ月入院した後、「たばこが吸えない病院はイヤ」と、覚悟の帰宅を果たした。歩くのも不自由ながら、一人で暮らす。

この男性のもとを週二回訪問する看護師、長田陽子さん（四三）は驚きを隠さない。「なんでこんなに尽くすんでしょうか」。近所の「ヒラノ」さんという人のことだ。家族でもないのに庭の掃除や、おかゆづくりまでやっている。男性とは「長年の友だち」という関係だ。

長田さんはヒラノさんとほぼ毎日連絡をとり合っている。男性が薬をちゃんと飲んでいるか、確認をお願いすると、「オー、いいよ」と二つ返事で引き受けてくれる。

図1-14　桑江ミツ子さん（前列中央）とサポーター。右端は高山さん

出典：筆者撮影.

取材当日、長田さんにヒラノさんと連絡をとってもらったが、姿を現さなかった。恥ずかしがりなのだと長田さんはみるが、信頼は厚い。「(男性の）具合が悪い時は、泊まり込んでもらえるか頼んでみようと思うんです」

次に向かったのは、うるま市で一人暮らしの桑江ミツ子さん（九〇)。米軍に接収されたこともあるという家の居間では、女性五人がミツ子さんを囲み「ゆんたく」の最中だった。沖縄の言葉で「おしゃべり」のことだ。

手作りのお菓子を持参したペルー出身の登川カロさん（五〇）は、ミツ子さんを車に乗せて一緒に買い物に行くという。ほかの人たちも毎日、さりげなく安否確認をしたり、食事を届けたり……。周りとの緩やかなつながりが、ミツ子さんの健康と長寿を支え続けていた（図1－14)。

驚いたのは、三年ほど前、ミツ子さんが認知

症を疑われたのがきっかけで入院したときの出来事だ。高山さんの知人の医師、犬尾仁さん（五〇）によると、彼女たちは「ミツ子さんは退院できる。自宅で暮らせる」と言って、病院に直談判に来たという。

一人当たり県民所得は全国で最低水準の沖縄県だが、七五歳の人の平均余命は女性が全都道府県で一位、男性は二位。お金がかかる社会保障や民間サービスばかりに頼るのではなく、ご近所づきあいも高齢者の暮らしを支えている姿が見えた。

高山さんは、皆保険のもと医療や介護が「必要かつ十分」かつ「最適」であるためには、「市場原理ではない別の仕組み」が必要と考えている。その一つは、お金で買えない人のネットワークだった。高山医師は言う。「大変なのは、団塊世代と団塊ジュニアが高齢期を過ごす二〇四〇年ごろまで。各地域が弱者を見殺しにせず、下り坂を下りていけるのか……。私たち日本人の力の見せどころですよ」

社内から「違和感」

この記事については、沖縄取材の経験が長い同僚記者からツイッターでこんな疑問を呈された。「『老後を家族ばかりに頼れない。政府も財政難で心もとない』という時代のあり方として紹介されるのが、『沖縄のゆいまーる』というのには正直、違和感がある。本土より地域のきずなは濃いが、ゆいまーる幻想が見えなくしている沖縄の実態は多いはず」。

「男性の平均寿命でみると、沖縄県内の市町村は上位五〇以内にひとつも入っていない」という指摘がされた。確かに、沖縄タイムスの社説（二〇一七年一二月一五日付）が「出生や死亡の統計データを基に五年ごとに作成される都道府県別平均寿命で、沖縄は男女とも順位を下げた。女性七位、男性三六位は共に過去最低だ」と憂える状態は私も仄聞していた。

高山さんがどう見るか聞いたところ、「沖縄の高齢者の平均余命は十分に長いです。死んでいるのは、経済的格差の影響をダイレクトに受けている壮年世代です」という答えが返ってきた。最新の都道府県別生命表（二〇一五年）によれば、確かに七五歳から「あと何年生きるか」の平均は、女性は一六・五一年で一位、男性は一二・六二年で長野に次いで僅差で二位だ。

今回の記事は「高齢者」に焦点を当てたものなので、「壮年世代の短命化」まで言及するのは難しかった。とはいえ、そもそも「地域づくり」などとうたった時点で、「地域のつながりは薄れるばかりなのに、それを強調することは日本全体の実態を見えなくしている」という批判はありえよう。

だが、医療・福祉関係者はそんなことは百も承知である。状況が厳しいことを認識したうえで、ではどうしたらいいかを考えている。ジャーナリズムが地域共生の機能不全を直視するのは大事だが、それだけで解決の方向性が見えるというわけではない。

「給付カット」に必要な美辞麗句？

とはいえ、同僚記者の指摘には思い当たる節があった。「地域」という美しい言葉によって、政府が「見据えるべき実態」から目をそらさせようとしたとしか言いようがない状況に出会ったことがあるからだ。

二〇一四年の介護保険法改正でつくられた「介護予防・日常生活支援総合事業」のことだ。この前年、私は論説委員として、この政策決定のプロセスを取材していた。

厚労省のホームページでは「総合事業」をこう説明している。[27]「市町村が中心となって、地域の実情に応じて、住民等の多様な主体が参画し、多様なサービスを充実することで、地域の支え合い体制づくりを推進し、要支援者等の方に対する効果的かつ効率的な支援等を可能とすることを目指すもの」。まさに「地域の支え合い」を促進しようとする美しい説明ぶりだ。

だが、内実はといえば、家事援助やデイサービス、リハビリなど、「要介護」より軽い「要支援」の人向けのサービスを介護保険の給付対象から外し、市町村の「事業」に移すことだ。

加入者側から見て、「保険」と「事業」では、サービスを受ける権利の強さに本質的な違いがある。介護保険では、保険料を払った加入者が認定を受ければサービスを受ける権利が生じる。お金が足りなければ、補正予算や基金から充当される。一方、市町村の事業は予算の範囲内で行われる。介護保険が原資になるが、上限に達するとサービスは終わり。だから、費用が節約できるということではないか。

介護保険の財政は苦しい。限られたお金を、より重度な人に寄せるため、軽度者の支援をやめるというのは一つの選択肢だ。本来厳しい話のはずだが、厚労省は当時、「実態はほとんど変わらない」と説明していた。かかる費用は、介護保険という「財布」から出す。要介護認定も変えず、いまサービスを受けている人を対象から外すことはない、という理由からだ。

ただし、正規の介護事業者だけでなく、ボランティア団体やＮＰＯが安い人件費でサービスを担う。全国一律だったサービスの種類や単価の決定に、市町村の裁量が働くようにする。これにより費用が抑えられる。自治体に任せれば、サービスが充実しつつ、コストを下げられる――。そんな説明をしていた。あまりに「バラ色」なので説明する側にも忸怩たる思いがあったのではないか。当時取材を受けてくれた厚労省の担当課長の口ぶりには自信がなく、目線が泳いでいた。

私はこうした点を批判する社説[28]を起案した。保険料負担とサービス給付とのバランスをとるのは、社会保険の根幹であり、そうした厳しい議論をすべきだという趣旨だ。

いまふり返ると、これも「批判しっぱなし」というそしりを受けかねない。なぜ政府はもっとストレートに「お金がないので給付をカットします」といえないのか、突っ込んで考察する手もあったろう。そこではメディアの役割も大いに関係してくる。

厚労省で介護保険の創設に深く関わり、初代の老健局長を務めた堤修三さんは、「財務省から言われたからかどうか分かりませんが、給付をカットしたい。それをストレートに言えない役所の辛さというべきか、そこで、給付カットの代わりに日常生活総合支援事業を行うといった〝おためごかし〟みたいなことをやるわけです[29]」と分析する。「財務省は本当に減らしたいだけなんです。素直に減らせればいいけど、これがまた役人のメンタリティの悲しいところで、メディアから福祉の後退と言われるのを恐れるあまり、単純なカットはとてもできない。そこで、美辞麗句の羅列とサービスの複雑化・規制強化による制度改正となるわけです[30]」。

これを「役所はだらしない」というのはたやすい。とはいえ官僚の中でも忸怩たる思いの人は多いはずだ。私の社説を含めたメディアの側も、「うまく批判できた」ことに満足して思考停止に陥ってこなかったか。「給付の削減や抑制を避けたいなら負担増が必要」と、国民に選択を迫る厳しさをどこまで引き受けてきただろうか。

「福祉の後退」とメディアが批判する政策をストレートに打ち出せばどうなるだろう。まず、次の選挙が心配な与党政治家の了承を得て国会に法案を提出するのはきわめて難しい。仮に国会に提出できたとしても、野党が徹底的に攻勢をかける。役所はそれをしのぐための答弁づくりに膨大なエネルギーを割くことになる。それでも与党が造反者を出すような「荷崩れ」を起こさず、成立までもっていく道はあまりに険しい。そして最後に、「苦い薬」を飲まされた有権者から選挙で厳しい審判を受けるのは政治家である。

そうした現実のなかで「美辞麗句」が生まれてくるのだが、苦さをごまかすこのオブラートには副作用がある。社会保障の制度の複雑化だ。それぞれの制度のなかで給付と負担の関係が見えにくくなり、ブラックボックス化して国民の理解から遠ざかり、不信の温床になる。不信が増すほど、率直で厳しい議論を有権者が受け入れにくくなる。そんな悪循環こそが、日本社会が陥った憂慮すべき自縄自縛の状況ではないか。

経産省は「旗本退屈男」か？

こうした状況に乗じてか、ここ数年、社会保障の政策決定において見過ごせない変化がある。経済産業省の台頭だ。

これまでの社会保障の施策は、国全体の財政バランスに責任をもつ財務省と、サービス供給に責任をもつ厚労省が綱引きするなかで決まってきた。双方に共通するのは、財政バランスが崩れたときに、増税や社会保険料の引き上げ、給付のカットという施策を行う責任があるということ。俗な言い方をすれば、最後尾に位置して、汚れ役、尻ぬぐいの責めを負う役所である。

ところが、「安倍一強」のもとで「政治主導」が強まるなか、経産省が社会保障分野でも発言力を強めている。

一九九六―七年に、前身の通産省を担当したことがある。当時は電力改革や通商問題など同省の本業の取材で忙しかった。この省の別の顔を見たのは、経産省と名前をかえた後の二〇〇三年、首相官邸の記者クラブで「公務員制度改革」を取材したときだ。内閣官房の行政改革事務局は経産省出身の幹部が取り仕切り、「改革」に反対する人事院と大立ち回りを演じていた。

当時、朝日新聞のコラムニストだった船橋洋一さん（現・一般財団法人アジア・パシフィック・イニシアティブ〈AP Initiative〉理事長）が書いたコラム[31]が記憶に残った。そのなかでは、ある政府高官が経産省を評して「彼らは日本全体のデザイン官庁を自任しているようだが、はた迷惑もいいとこだ。内閣府に陣取って、他省庁のことに首を突っ込んで何事かを画策している。まるで旗本退屈男だ。もっと、本業の方をしっかりやってほしいね。通商とエネルギーはボロボロじゃないか」という感想を漏らす。これに対して当時の経産事務次官は「他省にとっては迷惑かもしれないが、それではこの国、何も進まない。資源の選択と集中を進め、産業の国際競争力を向上させるのに、年金、福祉、教育などがガンとして動かない今の状況を改めなくてはならない。このまま座視できない。憎まれ役を買うしかない」と反論している。

経産省が、厚労省の本業である医療や介護に首を突っ込み、推進しようとしているのが医療や介護分野の「予防」だ。ある厚労省の課長は「経産省は以前ならピンポンダッシュのようなイヤミなことをしていただけだが、今はしがみついてくる。官邸から言ってくるから困るんですよ」と話す。ヘルスケア産業の振興をかかげていることに関して「どうやって企業に利益をあげさせるんでしょうか。公的保険とつなげるとしたら、どうするのか。彼らは責任とれませんから」と冷めた見方だ。

次章では、責任をとれない「憎まれ役」、経産省の動きを追う。

注

（1）二〇一八年六月五日公表の「骨太方針二〇一八（原案）」にも「社会保障は歳出改革の重点分野である。社会保障給付の増加を抑制することは個人や企業の保険料等の負担の増加を抑制し、こうした国民負担の増加の抑制は消費や投資の活性化を通じて経済成長にも寄与する」（五〇ページ）とあったが、同月一五日に閣議決定された最終文書では「社会保障は歳出改革の重点分野である。社会構造の変化に的確に対応し、持続可能な社会保障制度の確立を目指すことで、国民が将来にわたる生活に安心感と見通しを持って人生設計を行い、多様な形で社会参加できる、質の高い社会を実現する。こうした取組により、社会保障制度が経済成長を支える基盤となり、消費や投資の活性化にもつながる。同時に、社会保障制度の効率化を通じて、国民負担の増加の抑制と社会保障制度の安定の両立を図る」（五四ページ）となった。

（2）社会保険の強制加入が憲法違反であるかどうかが争われた裁判では最高裁が合憲性を認めている。判決は国民皆保険達成前の一九五八年に出されているが、「判決の射程は現行の国保制度にも及ぶと考えられる」（島崎謙治『日本の医療　制度と政策〔増補改訂版〕』東京大学出版会、二〇二〇年：二三二―二三六ページ）。この判決があるため、日本では米国のように強制加入違憲訴訟が出せない。

(3) 浜田陽太郎、「記者有論　介護を受けない自由？　Kさんの反省に学ぶこと」朝日新聞、二〇一八年七月一九日朝刊：一七ページ。
(4) 西井泰之、浜田陽太郎「進む年金空洞化（納税者革命　ゆがんだ負担）」朝日新聞、二〇〇一年二月一四日朝刊：一二ページ。
(5) 生活保護をめぐる国民感情の複雑さは以下の文献にくわしい。大山典宏『生活保護vsワーキングプア』PHP新書、二〇〇八年：四四―七六ページ。
(6) 全世代型社会保障検討会議（第6回）基礎資料、二〇二〇年二月一九日：九ページ。
(7) 堤修三『介護保険の意味論』中央法規、二〇一〇年：一二一ページ。
(8) 厚生労働省社会援護局「第七期介護保険事業計画に基づく介護人材の必要数について」平成三〇年五月二一日。
(9) 独立行政法人福祉医療機構「平成二九年度『介護人材』に関するアンケート調査」平成三〇年七月。
(10) 平成三〇年第六回経済財政諮問会議資料四―一「二〇四〇年を見据えた社会保障の将来見通し（議論の素材）」（加藤臨時議員提出資料）。
(11) 川口啓子「介護人材の不足――根底に横たわるネガティブイメージ」『国民医療』三四五号、二〇二〇年冬季号、四―一四ページ。
(12) 日本介護福祉士会「この度、骨太方針二〇一八（経済財政運営と改革の基本方針二〇一八）の中で、新たな在留資格が創設される方針が示されたことについて」二〇一八年六月一五日、同会ウェブサイトに掲出。
(13) 独立行政法人労働政策研究・研修機構（JILPT）の濱口桂一郎・労働政策研究所長「サービス価格は労働の値段である」『hamachan ブログ（EU労働法政策雑記帳）』二〇一四年五月三〇日。
(14) 酒井穣『ビジネスパーソンが介護離職してはいけないこれだけの理由』ディスカバートゥエンティワン、二〇一八年。
(15) 総務省「平成二九年就業行動基本調査」。
(16) 公益財団法人介護労働安定センター「平成三〇年度　事業所における介護労働実態調査結果報告書」

二四ページ。
(17) 独立行政法人福祉医療機構「二〇一九年度『特別養護老人ホームの入所状況に関する調査』の結果について」二〇一九年一二月一一日。
(18) 厚生労働省「平成三〇年度介護従事者処遇状況等調査」。
(19) 介護労働安定センター「図表解説　介護労働の現状について　平成三〇年度介護労働実態調査の結果と特徴」一八ページ。
(20) この節の初出は「テクノロジーは介護現場の人手不足を救うか」『社会福祉研究』一三三号、鉄道弘済会、二〇一八年一〇月：一〇七―一一一ページ。年齢などは取材時点のものだが、データ等は適宜、最新のものにアップデートしている。
(21) 同会議の資料四―二：三ページ。
(22) 「非接触・無拘束ベッド見守りシステム OWLSIGHT」の値段。福祉用アビリティーズ・ケアネット株式会社のウェブサイトを参照（https://www.abilities.jp/fukushi_kaigo_kiki/jyoutaku/630850 二〇二〇年六月二日最終閲覧）。
(23) 六車由実「驚きは利用者と対等に向き合うための始まりだ」『驚きの介護民俗学』医学書院、二〇一二年：二〇三―二一三ページ。
(24) アメリカン・エキスプレス・インターナショナル「顧客サービスに対する意識や考え方に関するインターネット調査」二〇一七年六月一四日発表。
(25) 深澤友紀「あなたも誰かを追い詰めている『過剰品質』大国ニッポンの死角」『アエラ』二〇一六年一一月二一日号：二六ページ。
(26) 浜田陽太郎「（ルポ2020　カナリアの歌：6）お金じゃない、健康長寿支える近所づきあい」朝日新聞、二〇二〇年一月六日朝刊：二ページ。
(27) 厚生労働省ウェブサイト「総合事業（介護予防・日常生活支援総合事業）」（https://www.mhlw.go.jp/stf/seisakunitsuite/bunya/0000192992.html　二〇二〇年四月二七日最終閲覧）。
(28) 「（社説）介護保険改革　市町村に丸投げか」朝日新聞、二〇一三年一一月七日朝刊：一四ページ。

(29)「堤修三先生インタビュー　介護保険制度の二〇年を考える②介護保険制度のサービス」『文化連情報』四九八号、二〇一九年九月号、三九ページ。
(30) 同右、三六ページ。
(31) 船橋洋一「@ｔｏｋｙｏ　経済産業省は旗本退屈男」朝日新聞、二〇〇三年一〇月九日朝刊：一三ページ。

第2章　予防は日本を救うのか？

この章では、安倍政権の社会保障政策の柱である、医療や介護の「予防」を取り上げる。官邸の「未来投資会議」を舞台に、経済産業省の主導で「予防すれば医療費が減らせる」というストーリーが勢いを得るプロセスを追い、そのモデルとされる広島県呉市の現地取材で得た感触とのズレを描く。予防自体は望ましくても、「生活習慣病は努力すれば予防できる。なるかどうかは自己責任」という空気がじわりと広がることで、社会保障が変質してしまうおそれはないだろうか。

第1節　テクノロジーと医療

新型コロナウイルスの世界的な流行（パンデミック）のなかで、私たちは様々な自由を制限されている。加えて、今後も感染の抑え込みのために、個人データの提供を求められる状況が生まれつつある。

日本を含め世界各国で、感染者と接触したかどうかを通知するアプリやシステムが導入されている。何らかの形で移動履歴などの個人データを保健所などに報告しなければならない状況も増えた。感染拡大を防ぐための個人データの活用をさらに高度化し、広げようという動きもある。感染症に対する免疫を獲得したかどうかを示す抗体検査の結果はどうだったのか、どんなワクチンを接種してきたのかという情報が、経済活動を復活させるために重みを持つだろう。英米では抗体を持つ人に「免疫証明書」を発行する案も出ている。(1) 国境を越えた人の行き来を安全に行うには、入国しようとする人間の検査結果やワクチン接種歴を本人が証明し、また受け入れ国側がその証明を真正かどうか確認できる「免疫パスポート」や「免疫ライセンス」のようなシステムを、生体認証の技術を使って構築する議論も進んでいる。(2)

いずれにせよ、今回のパンデミックで医療・健康に関する個人データの活用への心理的ハードルが一気に下がるかもしれない。(3)「どんな予防策をとっているか」「病気になった後、どう行動したか」を含めて開示しないことへの風当たりが強くなることも予想される。

コロナウイルス禍ではまた、感染した人が非難されたり、差別されたりする事例が起きている。病気が、差別や分断、格差の拡大のような社会的な副作用を伴うのは、感染症に限った話ではない。「生活習慣病」を含めた医療全体への姿勢にも影響を及ぼすのは想像に難くない。

「自粛警察」という言葉に象徴される「感染を広げないため正しい行動をとってきたのか」を相互監視する風潮は、「病気にならないために、どんな生活をしてきたのか」と問われる世界と地続きなのだろうか。

私たちが足を踏み入れている未来を、国際的なコンサルティング会社、「アクセンチュア」はこう描いている。

◇

小学校入学と同時に生命保険会社と契約し、シート状のウェアラブル端末を下着に貼り付ける。集められた生体情報は、政府のシステムで一元管理される。規則正しい健康的な生活を送れば、大人になったとき医療保険の保険料が格段に安くなる。このようなインセンティブによって、健康的な生活を推奨するのは、国による健康増進・医療費削減施策の一環だ。

集められた子どもたちのデータは、次世代の子どもたちの健康管理に活用される。また、本人が大人になった時の健康推進プログラムの提供や、将来病気になった時に効果的な治療のためのデータとして使われる（「ヘルスケア産業のデジタル経営革命」より抜粋(4)）。

この近未来予測を執筆したのは同社アジア・パシフィック医薬品・医療機器産業グループの永田満・統括マネジングディレクター。「こんな制度ができるのは、ちょっと先の話ですね。でも技術的にはすでに可能。国からすれば、国民が規則正しい生活を送って医療費も削減できれば望ましいでしょう」と取材に対して話した(5)。

◇

健康状態や病気・治療の履歴が記録されていれば、健康管理に役立てられるし、適切な医療を受けられる可能性は高まる。一方で、健康や病気に関する情報は究極のプライバシー。それをどこまで、誰に差し出し、どんな恩恵を得るのか……。

ウェアラブル端末などIoT（モノのインターネット）のデバイスを使ってデータを吸い上げ、対象者の健康を管理し、食事や運動などの日常生活に介入する……。これは、日本政府、特に経済産業省が大きな期待を寄せているヘルスケア産業の成長分野である。

最適な治療をAIの力で

東京都内のIT企業でシステム開発を担う森田孝之さんは二〇一八年から、スマートフォン上の七福神と「対話」するのが日課だ。「たくさん歩いておる。とてもうれしいぞ」。恵比寿様はこんなふうに褒めてくれる(6)（図2-1）。

二〇一六年ごろ突然、体調が悪化した。大量の汗をかく。集中力を失い、仕事のミスが続く。病院を受診すると糖尿病と診断された。

一九七八年生まれの森田さんが働き始めたころ、世はITバブルに沸いていた。「月三〇〇時間労働というのは普通だった。四〇〇時間を超えた月もありました」。森田さんは振り返る。今回、糖尿病になった原因は不明だが、「たまっていたものが出た」気がする。

森田さんは、ウェアラブル端末を常に携帯し、歩数など活動量を記録。体組成計などで毎日測る体重や血圧といったデータや、食事内容の情報もスマホに集約し、病院につながるコンピューターに送っている（図2-2）。

森田さんが参加したのは、政府が資金を出し、国立国際医療研究センターが主導する大規模な臨床研究(7)「PRISM-J」。一千人を超える糖尿病患者が一年かそれ以上にわたりデータを送り続ける。三年にわたる研究でデータを積み上げ、二〇二二年にIoT活用を糖尿病の標準的な治療法として位置づけるのが目標だ。

ウェアラブル端末を治療に活用する実験自体は世界でも珍しくないが、対象が数十人程度、期間も数ヵ月と短いものが多かった。ウェアラブル端末は「飽きられやすい」という欠点があり「半年で半分が使用をやめるのが相場」と、研究代表を務める同センターの植木浩二郎医師はいう。

そこでスマホのアプリを工夫。歩数は恵比寿様、体重は布袋尊など項目ごとに「担当」の七福神が登場し、患者を日々励ましたり、アドバイスしたりしてくれるようにした。こうした努力で、今回のPRISM-Jの参加者は一二ヵ月で二五％、二四ヵ月で三五％の中断率にとどまっている(8)。

集めた情報は主治医が見る。月一回程度の診療では把握しきれない患者の生活ぶりを知り、治療

図 2-1　血圧を測りながらスマホを操作する森田孝之さん

出典：筆者撮影.

図 2-2　AI と IT を使った介入の仕組み

出典：朝日新聞社.

に活用する。糖尿病は一度なっても、薬などで治療を受けながら食事や運動などの生活習慣を自己管理すれば重症化を防げる可能性が高い。カギを握るのは、日々の運動や食生活の管理だ。

この研究を踏まえ、日本糖尿病学会などが将来めざすのは、個々の患者ごとに精密な治療方法を示すこと。生活習慣の変化や治療の効果、遺伝子情報などをビッグデータ化し、ＡＩに学習させて診断のアルゴリズム（計算式）を開発する方針だ。

日本の糖尿病患者は一千万人。予備群を含めれば二千万人いると推計される。糖尿病が原因で腎臓の機能を失い、人工透析が必要になる人も年約一万六千人。人工透析は患者本人の生活に強い制限がかかるだけでなく、医療費も一人当たり年約五〇〇万円と高額になるため、政府は重症化予防に力を入れている。

森田さんの主治医で、研究への参加者を集めるため全国で一五〇回の説明会を開いた同センターの坊内良太郎医師は「将来、一千万人の患者に一千万通りの最適な治療を提供できるようにしたい」と意気込む。研究はデータの収集をすでに終え、学術論文の準備に入っている。

ヘルスケア商品の効果、解析

この臨床研究は医療分野でありながら、厚生労働省の所管ではない。経済産業省が三年で約二四億円の予算を投じて進める事業の一環だ。

めざすのは、ＡＩを活用して健康・医療情報を解析し、予防や健康関連といった「ヘルスケア産業」を育てること。それには、企業が提供するヘルスケア関連のモノやサービスが利用者の健康にどのように貢献しているかを評価するしくみが欠かせないという。同省の西川和見ヘルスケア産業課長は「あやしい商品やサービスが市場を壊さないように、費用対効果を検証する必要がある」と指摘する。

検討されているのが、ヘルスケア関連のサービスを受けた消費者が支払った金額や回数などの購買データと、健康や医療のデータをつなげて関係性をＡＩに解析させるアイデアだ。

「ＡＩにビッグデータを解析させることで、その関係性がたどれるようになる。ネットで広告を見たお客さんが、キャッシュレスで支払いをしたら、広告と売り上げとの関係性が見えやすくなるのと同じことです」

経産省の事業でデータ解析とアルゴリズム開発を担当する産業技術総合研究所の本村陽一・人工知能研究センター首席研究員はこう説明する。

ちょっとこわくないですか……。そんな質問に本村さんはこう答えた。「何がこわいかはっきりすれば、対応できます。落ちるからこわい飛行機は、落ちないようにすればいいのと同じです」

すでに生命保険各社は、顧客の健康情報を吸い上げるかわりに特典を与える商品を開発している。たとえば、契約者がウェアラブル端末を身につけ一日平均八千歩以上歩くと達成状況に応じて保険料の一部が還付される東京海上日動あんしん生命の「あるく保険」や、健康増進活動への取り組みをポイント化し、保険料を増減させる住友生命の「バイタリティー」だ。

米国では、こうした保険の仕組みが反発を招いたケースがあった。ウェストバージニア州の公立校教員たちが、職場で加入する健康保険料の急騰などをめぐり二〇一八年、ストライキを敢行した。

マイケル・ムーア監督の映画「華氏１１９」にも取り上げられたこのストライキ。教員たちの不満の一つが、ウェアラブル端末やアプリを使った健康プログラムについて「不参加なら一年で五〇〇ドルのペナルティー」という形で事実上、参加を強制したことだった。「センシティブな個人情報の提出を強いられるのはプライバシーの侵害だと感じた」。教員の一人は米ニューヨークタイムズ紙の取材に語っている。

「強制」の兆候

国民全体をカバーする公的医療保険がない米国と日本では事情は違う。ただし、「健康増進への取り組み」が強制色を帯びる兆候はある。

たとえば、自民党の小泉進次郎衆院議員らが二〇一六年一〇月にまとめた政策提言「人生一〇〇年時代の社会保障へ」では、「健康ゴールド免許」の導入が提唱された。医療保険は自己負担三割が原則だが、定期的に健康診断、保健指導を受けるなど、健康管理に取り組んだ履歴があれば、自己負担を例えば二割に下げるというものだ。

医療介護費用の多くは、生活習慣病、がん、認知症への対応である。こうした病気は、普段から健康管理をすれば予防や進行が抑えられるものも多い。だが、健康管理に取り組んだ人も、そうでない人も同じ負担で医療が受けられる今の制度では、自助を促すインセンティブがない。運転免許であれば優良運転者には「ゴールド免許」が与えられる。同様に、医療・介護でもＩＴ技術を活用して医療機関や保険者の間の情報連携の基盤を活用すれば、個人の検診履歴を把握し、健康管理に

しっかり取り組んできた方を「ゴールド区分」にできる――という主張である。(9)

麻生太郎財務相も二〇一八年一〇月、「『自分で飲み倒して、運動も全然しねえで、糖尿も全然無視している人の医療費を、健康に努力しているオレが払うのはあほらしい、やってられん』と言った先輩がいた。いいこと言うなと思って聞いていた」と他人の発言を引いて自らの思いを語っている。麻生氏の発言と、その背景にある永田町・霞が関の動きについては次節でくわしくとりあげる。

二〇一九年四月、都内で開かれた政策分析ネットワーク（代表：伊藤元重・学習院大教授）主催で「健康ビッグデータ解析による〝健康長寿社会〟の実現」をテーマにしたシンポジウムでも、そんな発言に出くわした。

同年一月まで経済財政諮問会議の民間議員を六年務めた高橋進・日本総研名誉理事長は「健康づくり、あるいは重症化予防を進めることで、そもそも医療費を抑制できるのではないかという議論が主流になっていて、いま政府の中ではその議論が進んでいる」と説明したうえで、こう提案した。「（健康増進に）お金を使った人が健康になり、出し惜しみした人が不健康になったとして、努力した人と努力しない人が同じ保険料でいいのかどうか。その議論はこれからしなくちゃいけない。健康寿命のインセンティブを与えるためにも、保険料に差をつけるとかという議論を、もっとまともにやっていった方がいいかなと思います」

入会金一五〇万円、究極の「人間ドック」

健康のためお金を使い、努力する。そんな人たちのための究極の「人間ドック」がある。

図 2-3　ガラス張りの点滴ルームでくつろぐ中野了さん。
眼下には列車が行き来している＝東京・丸の内

出典：朝日新聞社.

ガラス張りの「点滴ルーム」。眼下を新幹線が行き交い、日比谷や有楽町の街並みが望める。(10)

東京駅から徒歩数分の「パシフィックセンチュリープレイス丸の内」九階に、「ＳＢＩメディック」はある。ソフトバンクで孫正義氏の側近だった北尾吉孝氏率いるネット金融大手、ＳＢＩホールディングス傘下の会員制組織。富裕層に「健康管理支援サービス」を二〇〇九年から提供する。

二日間で一〇〇項目以上を検査する「総合人間ドック・スーパープレミアム」に加え、同じフロアのクリニックと提携し、しみとりや疲労回復の点滴なども受けられる。健康保険は適用されないサービスだ（図２－３）。

入会金は一五〇万円、さらに毎年の会費が五〇万円。どんな人が利用するのか。

二〇一九年末に取材で会った会員の中野了さん（八八）は、絵に描いたような品の良い老紳士だった。

父親が創業した化粧品会社のトップを長く務めた。経営の一線を退いた今も、ライオンズクラブなどの活動で忙しい。「今月は、クリスマスや忘年会と称する会合が九回あるんです。毎日、楽しいですよ」。健康の秘訣は、毎日やることがあり、生活のリズムを変えないことだという。「ここに入れて安心感があります。私は本当に恵まれている。経済的にも、人の縁にもね」

七五九人いる会員は、中小企業の経営者やその家族が多い。平均年齢は五八歳。「健康長寿になるだけでなく、SBIグループの金融サービスから知恵を吸収して資産長者も実現し、一〇〇歳を超えても充実した人生を送っていただきたい」と広報担当者は言う。

ここで会員の健康管理を担う「東京国際クリニック」の高橋通院長にも会った。循環器が専門の一九六八年生まれの医師は、こちらの頭の中を見透かしたかのようにこう話した。「楽だと思ったら大間違いですよ」

全会員が年一回受ける人間ドックでは、「三分の二の人に異常が見つかる」。会員は健康の知識が豊富で、質問も鋭い。

「金持ちの相手しかしていないイメージがあるでしょう」。高橋さんが切り出したのは意外な話だった。人間ドックの結果を伝える準備で連日夜遅くまで働きながら、週に一日、がん患者の訪問診療を手伝っているというのだ。

公営住宅や生活保護を受ける人も多い地域で、患者が家で過ごすのをサポートする。そんな現場で働くことは「医師としてバランス感覚を保つことにつながっている」という。

医療の世界では、遺伝子情報などを使い、病気の発症を予測し介入する技術の開発が進む。こうした最先端の医療は高額だが、ＳＢＩメディックの会員の関心は高い。「でも、これを公的な医療保険でカバーするのは難しい。健康格差が生まれやすい時代になった。一医療者としては危惧があります」

第2節　永田町・霞が関で経産省主導の「予防医療」

麻生太郎・副総理兼財務相。首相も経験したこの政治家は、メディアにとって魅力的な存在だ。何か記事になりそうなことを言ってくれそうだという期待感をこれほど抱かせる政治家は珍しい。人々が心のどこかで思っていそうなことを、ポロッと口に出す。二〇二〇年六月の国会では、コロナ禍でも日本の死亡率が低い理由を外国から聞かれて「お宅とうちの国とは国民の民度のレベルが違うんだ」と答えたというエピソードを披露したのが記憶に新しい。

この節でとりあげる発言もその一例だが、そこには重い意味が含まれていた。

◇

二〇一八年一〇月二三日、閣議後の記者会見。物議を呼んだ麻生氏の発言は、そのまま字に起こすと四〇〇字詰め原稿用紙三枚以上の分量がある。できるだけ忠実に該当部分を再現してみる。

（朝日新聞・笹井継夫記者の質問「前日の未来投資会議で、健康医療、予防医療の推進の議論が始まった。社会保障費の抑制が近々の課題だが、健康医療、予防医療の推進が与えるインパクトは？」）

まことに望ましい。望ましいと思うけど、それがどれくらいなのかは正直、わからない。

俺は、七八歳で病院の世話になったこと、ほとんどない。なりっぱなしの人はいる。生まれつきなら諦める。しかし、自分で飲み倒して、運動も全然しねえで、糖尿も全然無視したという人の医療費は健康に努力している俺が払ってると思ったら「あほらしい、やってられん」と言ったある先輩がいたんで「いいこと言うな」って思って聞いてましたよ。その人は、俺より年上で、予防をきちんとやってほとんど病気されずにやっておられた。その人が、隣にいたそうじゃない人を指さして、面と向かってその人に言ってたのがすごい印象に残っている。

（予防に）みんなで努力するには、やっぱり、きちんとやろうという意思を持っている人と持っていない人との差が全体の予算に与える影響がどれくらい出てくるのかは正直わかりません。そういった努力をしている人に対して、何がインセンティブになるかはわかりませんよ。お金もらったって、おれ、飲みたいだけ飲んだ方がええやっていう人もいるかもしらんからね、それは強制できるわけじゃないんだろうと思う。

強制的じゃなくて、みんながやる気になって、全体として予防医学が、きちんとやっていけるというような状況を国民が持てるか。日本人は、かなり意識は高いから、平均寿命がこれだけ高い。健康寿命と平均寿命のその差が短けりゃ短いほど、医療費が少なくてすむという計算でしょうから、それは同時に、財政の支出が減るということになりますから、大きな意味があると思います。

◇

ソーシャルメディアでこの発言は「自己責任論と弱者排除を振りかざす醜悪体質」と批判された一方、「切り貼りされてマスコミにたたかれたけど正論だと思った」と賛意の声も上がった。

会見の前日、麻生氏も出席し首相官邸で開かれた「未来投資会議」では、「疾病・介護予防」が話し合われていた。「寿命と健康寿命の差をできるだけ縮めていく」「このためのインセンティブ措置を大幅に強化し、行動変容につなげる」。未来投資会議で示された「論点」を、麻生氏の発言は平易に言い換えたものとも解釈できる。

この「未来投資会議」とは、いったいどんな存在なのか。

経産省主導の「明るい社会保障」

コロナ禍が起きる前、「モリカケ」や「桜を見る会」をめぐる疑惑の陰に隠れてあまり目立たなかったが、安倍政権は「全世代型社会保障への改革は安倍内閣の最大のチャレンジである」と言い続けてきた。

その社会保障政策には、際だった特徴がある。

「疾病や介護予防」「健康寿命の延伸」といった政策目標が、経産省が主導する「成長戦略」の枠組みのなかで議論されているのだ。

その表舞台が、安倍首相が議長を務める「未来投資会議」である。関係大臣に加え、民間議員として経団連会長ら財界人、小泉純一郎首相のもとで閣僚を務めた竹中平蔵・慶應義塾大名誉教授らが名を連ねる。コロナ禍以前は医療や介護関係者は一人も加わっていなかった。

図 2-4　経産省の新原浩朗氏

出典：筆者撮影.

事務方の中心にいるのが新原浩朗《ひろあき》・経産省経済産業政策局長（一九八四年入省）。安倍首相の秘書官兼補佐官で経産省出身の今井尚哉氏に評価され、「次官待機ポスト」と言われる現職に就いた。いわゆる「官邸官僚」だ。最近では、タレントの菊池桃子さんと結婚したことでも話題を呼んだ（図２－４）。

内閣官房の幹部ポストを兼務する新原氏が取り仕切る「未来投資会議」は、経済政策のとりまとめで、今や経済財政諮問会議をしのぐ存在感を見せる。

未来投資会議にあがるテーマは、経産省の審議会で着々と地ならしがされてきた。

舞台の一つが「次世代ヘルスケア産業協議会」だ。「健康寿命延伸分野の市場創出及び産業育成に向けて、官民一体となって具体的な対応策の検討を行う場」[11]として二〇一三年に発足した会議は、形式的には首相官邸の「健康・医

図2-5　予防・健康管理への重点化

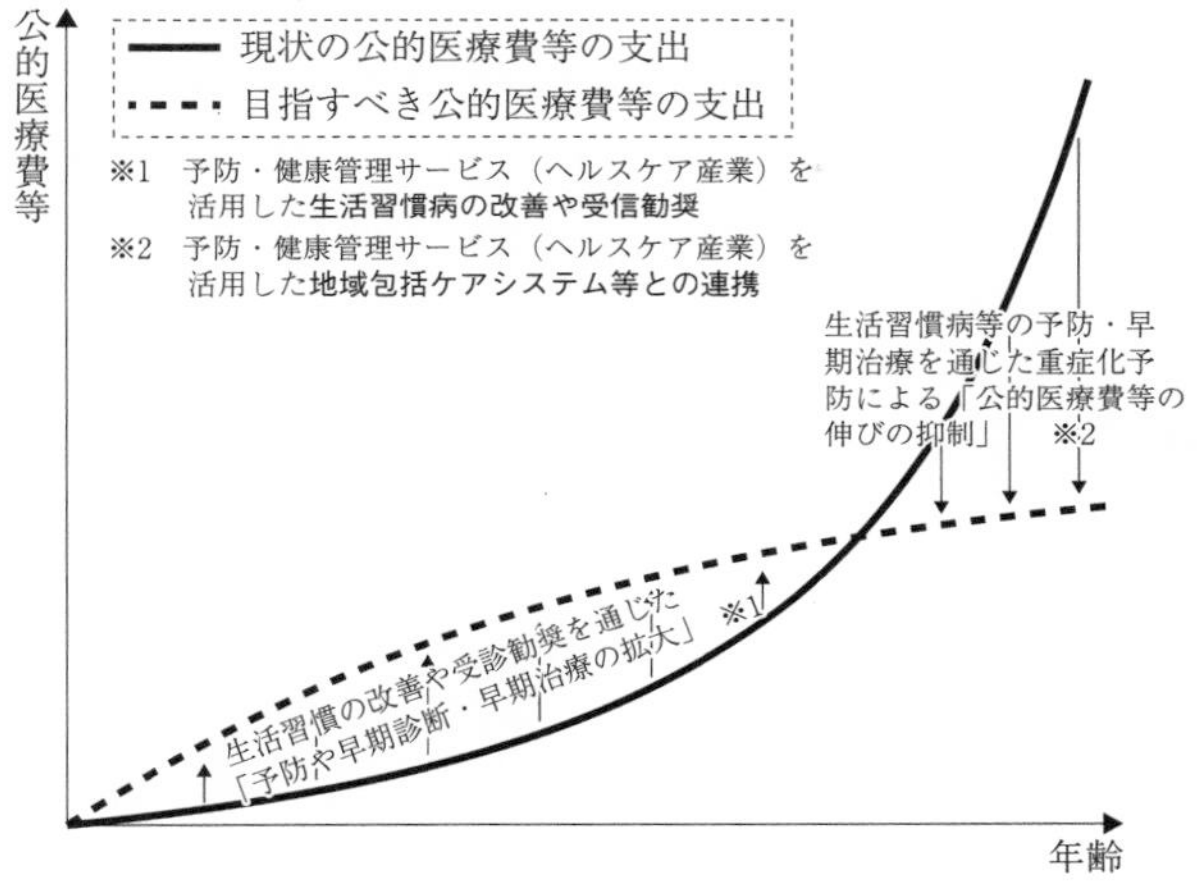

出典：「次世代ヘルスケア産業協議会」資料.

療戦略推進本部」の下に置かれているが、事務局は経産省が握る。二〇一八年四月一八日に開かれた会議では「今後の方向性」という資料の中で、「公的保険外の予防・健康管理サービスの活用を通じて、生活習慣の改善や受診勧奨等を促すことにより、『国民の健康寿命の延伸』と『新産業の創出』を同時に達成し、『あるべき医療費・介護費の実現』につなげる」という壮大な構想を描いた。

目を引くのは同じスライドに描かれたグラフである（図2－5）。現役世代に対する予防や健康管理にお金をかければ、高齢期の公的医療費を抑制できるとしたイメージをはっきりと打ち出した。

同じ年の九月二一日に経産省内で開かれたのが「第一回産業構造審議会二〇五〇年経済社会構造部会」。二ヵ月前に会議を所管する産業政策局長に就任した新原氏は冒頭、「未来投資会議でこの議論の中間的な状況なども報告しながら、政府全体の方針にこの部会での議論をつなげていきたい」とあいさつした。

会議のなかで世耕弘成《ひろしげ》経産相は、次のように述べている。

「予防健康づくりサービスなどは、民間活力を活用するという視点が非常に重要でありまして、逆に経産省が主導することで、この分野を将来の成長産業としていくことができるのではないか」「私は明るい社会保障改革と呼んでいますけれども、今こそカットするとか制度をいじるというつらくて難しい議論ではなくて、明るい社会保障改革の議論が求められているのではないか[12]」

この会議に、世耕氏は自身も「有志議員」として参加する「新しい社会保障改革に関する勉強会」がまとめた報告書を提出。従来は「増え続ける社会保障負担を『誰が負担するか』の議論になりがち」だが、「ダイナミックに経済社会の構造を改革」して「経済の拡大と社会保障の需要適正化を同時に実現し、『成長と分配の好循環』」を目指すとした。そして「明るい社会保障改革の方向性」として、行動経済学の理論でさりげなく働きかけることを意味する「ナッジ」の活用と「健康インセンティブの強化」を掲げた。

首相側近とされる世耕氏の考え方は、首相の発言とも共鳴している。この会議の前日九月二〇日、自民党総裁選直後に出演したNHKニュースウオッチ9で、安倍首相は「医療保険においても、しっかりと予防にインセンティブをおいていく。健康にインセンティブをおいていくことによって、医療費が削減されていくという方向もあります」と話している。

新規の「財源確保」策は方向性なく

麻生発言が出た前日二〇一八年一〇月二二日の未来投資会議は、経産省の「明るい社会保障」をめぐる議論を引き継ぐ形で「疾病・介護予防」を議題とした。事務局が用意した「論点メモ」では、「寿命と健康寿命の差をできるだけ縮める」「保険者・事業者・個人へのインセンティブ措置を大幅に強化し、行動変容につなげる」「AI・IT等の最新技術の活用、データの利活用、早期発見・早期治療につながる医療技術の研究開発を推進」という三つの政策目標を掲げた。

二〇一九年三月には再び、「疾病・介護の予防・健康インセンティブ」を議論。全社員が腕時計型端末で健康管理をしているという三菱ケミカルホールディングスの小林喜光会長（経済同友会代表幹事）が「人生一〇〇年時代を迎えた今、いかに病気にならないか、あるいは要介護にならないか。これに対して保険制度は注力すべきである」とし、「治療費や介護費の支給から事前予防や健康づくりに予算をシフト」すべきだと主張した。

また、「ワタミの介護」などを買収して介護分野に参入しているSOMPOホールディングスの櫻田謙悟社長は「本来の目標は、社会保障制度の持続性というところが非常に大きいはず」とした上で「健康寿命の延伸だけではなくて、健康寿命と、その方の本来の寿命との差をいかに短くするかがポイントで政策としてどう打ち出すかは大事。これがないと社会保障の負担は変わらない」と話した。医療や介護の費用がかかる「不健康な期間」を短くして社会保障費を抑えるというのが「本来の目標」というかなりきわどい発言で、本人も「ちょっと言い方に気をつけなければいけない」と認めている。

こうした考え方については、二〇一三年に「社会保障制度改革国民会議」で中心的なメンバーだった慶應義塾大の権丈善一教授が「人々の『不健康な期間』を政策対象として操作したいと考える者もいるようだが、どうやって操作するのか、健康に戻れない人たちをどのように見ているのかを考えると、ゾッとするものがある」[13]と指摘している。

ただ、二〇一九年六月に閣議決定された「骨太方針2019」では、未来投資会議にあった前のめり感は薄れ、次のような穏当な表現に落ち着いている。「予防・健康づくりには、①個人の健康を改善することで、個人のQOLを向上し、将来不安を解消する、②健康寿命を延ばし、健康に働く方を増やすことで、社会保障の『担い手』を増やす、③高齢者が重要な地域社会の基盤を支え、健康格差の拡大を防止する、といった多面的な意義が存在している」（一五ページ）といった具合だ。一方、翌月に参院選を控えたタイミングということもあり、「給付と負担」の財政バランスに関する議論は先送りされた。

与党が大勝した同年七月の参院選を経て、九月に中西宏明・経団連会長、清家篤・前慶應義塾長ら有識者九人が参加する「全世代型社会保障検討会議」が発足した。この会議が、一二月にまとめた「中間報告」では、七五歳以上の医療費窓口負担の引き上げなどを盛り込んだが、社会保障給付費の財源確保の具体的な方策はもとより、方向性さえ示されなかった[14]。

議論に影を落としているのが、安倍首相が増税について「今後一〇年間ぐらいの間は必要ない」と発言したことだった。二〇一九年七月の参院選公示前日、首相は日本記者クラブ主催の党首討論会で「安倍政権で（消費税率を）これ以上引き上げるとはまったく考えていない」と明言。「責任を持てるのは安倍政権（の間）だが、例えば今後一〇年間ぐらいの間は上げる必要はないと思う」と続けた。会議は、消費増税を含む財源論に踏み込まない前提で議論を進めざるをえない。

この点は、二〇一三年八月に報告書をとりまとめた「社会保障制度改革国民会議」との決定的な違いだ。民主、自民、公明の三党が協議し、消費税率の五％から一〇％への引き上げで生まれる財源が前提にあったからだ。

「国民会議」の事務局長を務めた元厚労官僚、中村秀一・国際医療福祉大教授は、二〇一二年に民自公の間で成立した「三党合意」を「日本の政治のなかでも珍しい非常にダイナミックな流れがあるなかで、社会保障改革は断絶から継承にしよう、社会保障を政争の具にするのはやめようという合意ができた」と評価する。ただし、会議が路線を敷いた「社会保障・税一体改革」はすでに「燃料を使い果たした状況」であり、「次のロケットを打ち上げるためには、新しい燃料をどうするのか、つまり、財源をどう確保するのかを考えなければなりません」と危機感を示している(15)。

一方、「全世代型社会保障改革」は、「安倍政権の政策」という色彩が非常に強く、一体改革にはあった「社会保障を政争の具にせず与野党で進める」という雰囲気は感じられない。

そこで進められる「インセンティブの強化」のツールの一つが、二〇一八年度に創設済みの国民健康保険の「保険者努力支援制度」。年間の予算は約一千億円で国保の総費用約一一兆円の一％弱にあたる。二〇一九、二〇年度に増額されたわけではない。ただ、どの市町村・都道府県にいくら配分するかを決める評価指標で、糖尿病などの重症化予防への取り組みへの配点が底上げされている。取り組みの「お手本」となった広島県呉市については、次節で取り上げる。

もう一つは、介護予防や自立支援に対する交付金（保険者機能強化推進交付金・介護保険者努力支援交付金）だ。「取り組みの達成状況」などを評価して配分額を決めるもので、積極的に取り組めば手厚くし、消極的な場合は減らす。二〇二〇年度の予算では前年度から倍増の四〇〇億円へと拡充している。

また、「全世代型社会保障検討会議」では、介護予防で自立支援に取り組む事業者へのインセンティブを強化することを提言する方針だ。現状では、介護事業者の自立支援により利用者の要介護度が改善しても、受け取る介護報酬は下がってしまうため、事業者が自立支援に取り組むインセンティブが十分ではないという問題意識がある。この方針は二〇二一年度の介護報酬改定に反映するとみられる。

「クリームスキミング」への懸念

ただし、こうした「頑張って結果を出したところにお金を配る」という金銭的なインセンティブを使うことには懸念がある。

厚労省の介護保険担当の課長経験者は「自立できたかどうかというアウトカム（結果）で評価する傾向が強まればクリームスキミング（いいとこ取り）が起きるのではないか」と話す。お金をもらいたい事業者が、短期間で「自立度が上がった」と評価されそうな人を集めるインセンティブが働くからだ。容易に改善が見込めない人はサービスを受けにくくなりかねない。

この厚労官僚は「社会規範が現場を支える『つっかえ棒』になっているところに、市場規範を持ち込むことで、棒が外れてしまうこと」を心配する。その根拠として、行動経済学研究の第一人者、ダン・アリエリー・米デューク大教授の議論を引用した(16)。

一般に人は給料のために働くがその他にも仕事から無形の利益を得ている。警察官、消防士、兵士といった職業が命や体を張るのは、社会規範――職業への誇りや義務感――のためであり、市場規範で決まる給料に殉ずるわけではない。

おそらく、新型コロナウイルスの感染拡大のなかで体を張っている医療や介護の職員たちも同じだろう。

アリエリー教授は「人をやる気にさせる方法としては、お金に頼るのがもっとも高くつく」と説く。社会規範が市場規範と衝突すると、社会規範が長いあいだどこかへ消えてしまう。お金は人のふれあいのもっともいいところをだいなしにしてしまう場合があるからだ。そして、人々が職場で感じる誇りや意義も市場規範によって損なわれかねない例として、学校の先生に、生徒の標準テストの成績に応じて手当を支給することをあげている。

「行動経済学」は経産省がお気に入りで、世耕経産相も自ら作成した資料で引用している。ただ、医療・介護の分野に「経済的なインセンティブ」を持ち込むリスクに目配りするより、前のめりの姿勢ばかり目立つ。

「クビを覚悟」で本書いた「明るい社会保障」の震源地

経産省の掲げる「明るい社会保障」というスローガンの背景を理解するのに役立つ一冊の本があ

図 2-6　厚労省内で開かれた会議に出席する経産官僚の江崎氏（右）

出典：筆者撮影.

る。二〇一八年に出版された『社会は変えられる　世界が憧れる日本へ[17]』。帯には「数々の不可能を可能にしてきた現役官僚が示す超高齢社会の『処方箋』」とうたう。

著者は、経産省のキャリア官僚、江崎《えさき》禎英《よしひで》・商務・サービス政策統括調整官（一九八九年入省）。私は江崎氏の本を熟読したうえで、同僚の笹井継夫記者とともに、二〇一八年一一月と一九年二月の二回、江崎氏にインタビューし、発言内容の確認などで何度もメールのやりとりをした[18]（図２－６）。

彼が「クビを覚悟で書いた」という本の説明に、加藤勝信厚労相のもとを訪れたのは、二〇一八年六月のこと。紙幅の大半を費やし、社会保障制度を論じている。職場のお墨付きを得たものではなく、近く出版されれば波紋を呼ぶと考えていたためだ。出版前に加藤氏にも内容を伝えておく必要があると考えた。

面談は予定の時間を超え、三〇分間に及んだ。そして、最後に加藤氏から「君を採用しようと思う」と告げられた。間もなく厚労省のポスト（医政局統括調整官）との併任が発令された。加藤氏は、江崎氏の「プレゼン能力」を高く評価していた。

私も、初めて江崎氏の講演を聞いたとき、その「プレゼン能力」の高さに驚いた一人だ。二〇一八年一〇月二五日、都内のホテルで開かれた、医療フォーラム・ジャパン主催の「第一七回公開シンポジウム」。基調講演した江崎氏は、よく通る低音の声で、立て板に水のごとくしゃべり、途中で巧みに笑いもとった。講演の最後に流したのは、「ダニー・ボーイ」の美しい旋律に乗せた六〇秒のＹｏｕＴｕｂｅ動画「生涯現役社会の実現へ」……。

「一番大事なメッセージは、八〇歳になっても一〇〇歳になっても今が一番楽しい。そのような社会をつくったときに、結果的に医療費は増えるんですか？」

最後のスライドには、日本医師会、厚労省、経産省のロゴマークが三角形に配され、江崎氏はこれを「奇跡のトライアングル」と呼んだ。厚労省のポストを兼務し、医師会にも足しげく通って人間関係をつくってきた自負がにじんだ。

沈没寸前の「豪華客船」を救う？

江崎氏の主張はおおむね以下のようなものだ。

改革の核は、医療費の約三割を占める糖尿病などの生活習慣病対策だ。こうした病気は「本来予防が可能」で、「主として患者自身の自己管理に原因がある」。

ところが今の医療保険制度だと、健康管理に努めていようが、不摂生な生活をしていようが、病気になれば全く同じ負担で治療を受けることができる。透析治療を受ける糖尿病（二型）の患者に手厚い支援があることについては「不摂生は得？　生活習慣病を容認する制度」と批判する。

そうした患者の行動を容認している公的な医療・介護制度を、沈没寸前の「豪華客船」にたとえた。そして、これに乗るより「魅力的な選択肢」を示せば、人々は自ら健康になるモチベーションを高めると主張。そのためには民間保険を活用し、「健康は楽しい・おいしい」と感じさせるサービスを、ヘルスケア産業が提供すればいい……。

このストーリーはまさに、安倍政権の「社会保障」の底流をなしている。

江崎氏は講演で、「食べ過ぎ（偏食）、運動不足、ストレスによる生活習慣病。これに対応できたとたんに答えは変わりますよ。この部分にアプローチできれば医療経済の常識をひっくり返すことができる」と、自信たっぷりに話した。

長生きすれば多くの人が慢性疾患にかかり、いずれ医療介護費は確実にかかる。予防はそのタイミングを先送りしているだけで、健康寿命は延びる可能性はあっても、医療費は削減できない――。そんな「医療経済学の常識」に真っ向から挑戦しているのだ。

「若い頃から健康であり続けるための努力をし、高齢者が元気に楽しく生きることは、現在、大きな社会課題となっている医療費の問題を解決する可能性がある、というメッセージを伝えるには、リスクを冒してでも予防と医療費の関連性を示さなければならないと思っています」（江崎氏）。

「犬猿の仲」はいま

江崎氏が所属する経産省と、社会保障の主務官庁である厚労省は長く犬猿の仲だった。局長経験者の厚労省ＯＢは経産省について「社会保障は企業の負担としか考えず、保険料の引き上げにはいつも反対。医療は給付をカットしろ、混合診療を解禁しろと制度を弱めるようなことばかり主張してきた。それで何か国民のためになったことがあったか？　本業でまともな成長戦略の結果が出せない連中に、他人の仕事に口出しする資格も能力もない」と、嫌悪感をあらわにする。

ところが最近の雰囲気は、少なくとも表向きは、違う。ある厚労省の審議官級の幹部は「江崎さんは国士だ。彼みたいな破壊者がいないと一ミリも動かないんだよ。僕もその一味だから」とやや自嘲気味に話した。別の厚労官僚は「経産省と手を組むことで新たな政策に取り組める」と背景を説明する。厚労省の予算は膨大だが、年金や医療、介護の給付といった「義務的経費」がほとんどで、新たな政策に使える金額は少ないからだ。一方で、ある医系技官は「ペテン師と言われてもしかたがない情報発信をする。江崎氏を評価するかどうかは、医療関係者の見識をはかるリトマス試験紙だ」と顔をしかめた。

経産・厚労の「蜜月」を象徴するような会議が二〇一九年一月二五日、厚労省の大きな会議室で開かれた。

テクノロジーを医療福祉分野に活用するための作業部会（未来イノベーションワーキンググループ）。厚労省と経産省が共同で立ち上げた。趣旨説明には「バックキャスト（浜田による注：未来の目標を設定し、そこから振り返って必要な施策を考える）して中長期的な戦略を構築」「ムーンショット型プロジェクト（これまでの延長線では出て来ない大胆な発想に基づく挑戦的な事業）の立ち上げ」といった華やかなカタカナ言葉が並んだ。[19]「厚労省はいつもは地道にぺたぺた歩いているが、今回はジャンプしようかとチャレンジしています。どうか見守っていただければ」。記者向けの説明会で厚労省幹部はやや自虐的にも聞こえる口ぶりでこう話した。

ＷＧ委員には、筑波大の落合陽一准教授、ＡＩ（人工知能）研究で知られる松尾豊・東京大特任准教授といった著名人、ベンチャー起業家、投資家が名を連ねる。江崎氏も事務方の一人として参加した。

この作業部会の直後、一月二九日の閣議後記者会見で、世耕経産相に会議での議論と医療費との関係について質問したところ、「ウェアラブル端末を使った健康管理は有望な分野になってくる。端末で運動量や血圧や血糖値の数値を取れるようになれば、生活習慣病の予防につながり、ひいては医療費抑制につながる可能性があると思っている」という答えが返ってきた。

この「未来イノベーションＷＧ」は会合を三回開いて同年三月に「中間とりまとめ」を公表した後は、もう一年以上活動していない（二〇二〇年六月現在）。

苦々しい思いの財務省

病気を予防すれば、医療費を削減できる……。こんなメッセージを発する経産省。それに乗っかる形で、予防医療に取り組む姿勢を見せる厚労省。

これを苦々しい思いで見ているのが、財務省だ。

図 2-7　2025 年度の医療給付費等の将来見通し

国民医療費（改革実施前）　65 兆円

医療給付費（改革実施前）　56 兆円

↓ ８兆円

医療給付費（改革後）　48 兆円

中長期的対策
- 生活習慣病対策　2 兆円
- 平均在院日数短縮　4 兆円

短期的対策
- 患者負担の引上げ等　1 兆円
- 平成 18 年度診療報酬改定　2 兆円

※端数処理の関係で合計が一致しない

出典：『医療保険の構造改革』54 ページ（章末注 20 参照）（下線は筆者が挿入）.

ある財務官僚は、病気を予防する価値は認めつつ「予防医療が医療費を抑制するという厚労省の主張にエビデンス（証拠）がないことは分かっているのに総括されていない。エビデンスのない政策を進めるのはいかがなものか」と批判する。

小泉政権だった二〇〇六年、歳出カットのプレッシャーを受け、厚労省はメタボ健診の普及などの「生活習慣病対策」で「二〇二五年度時点で二兆円の医療費を抑制する」と大見えを切った[20]（図2-7）。

その後、事態はどう進んだか。

「メタボ健診」など生活習慣病対策（特定健診・特定保健指導）の医療費抑制効果額は二〇〇億円という試算がある[21]。一方、対策に投じる国費だけで毎年度で二三〇億円近くにのぼっている[22]。つまり、医療費抑制額は目標額二兆円のたかだか一％程度に過ぎず、かつ対策のための費用は抑制額を上回っているのだ。

だが、こうしたデータは、財務省が二〇一八年一〇月の財政制度等審議会で公表した社会保障関係の資料からは省かれた。直前で「幹部からストップがかかった」（財務省関係者）という。

この時、財務省が作成した公表資料は、個人の生活や社会の活力のため「予防医療は重要な課題」としつつも「一部にはむしろ（医療費や介護費を）増大させるとの指摘もある」とクギを刺し、東京大の康永秀生教授が日経新聞に書いたコラムから[23]「（医療費や介護費を）予防医療によって抑制することはほぼ不可能」という文章を引用した。[24]

これに対して反発したのが、安倍首相や麻生財務相とも近い横倉義武・日本医師会長だ。審議会翌日の会見で、財務省の主張は「地域での健康づくりの活動に水を差すものであり、強い怒りを感じる」と不満をぶちまけた。

さらに、一一月に財政審が麻生財務相に提出した「意見書」では、予防医療を推進する委員の反対を受けて、急きょ修正を余儀なくされた。意見書の脚注に記されていた「予防医療による医療費削減効果には限界があり、むしろ増大させる可能性がある」という文言と、その支えとなる康永教授の見解が、まるごと削除されたのだ。「委員の中から、予防医療にやや水を差すような表現に聞こえるという指摘があった」。元総務相で審議会の中心メンバーである増田寛也・東京大客員教授（現日本郵政社長）はこう説明した。その後、公表された議事録[25]によると、臨時委員で読売新聞グループ本社の老川祥一最高顧問から強い反発があったことが記録されている。

「私としてはどうしても賛成しかねる部分がありますので、意見を申し上げたいと思います」と切り出した老川氏は、予防には社会保障費削減効果がないという「医療経済の常識」というのは「要するに、早く死んだら金はかからないのだと、長く生かしたらむしろ金がかかってしようがないということになる」と言い換えたうえで、「こんなことがエビデンスといえるのか。予防医学だけではなく、医学そのものがなくていいということになってしまう」という論理を展開し、「予防医学の費用削減効果を否定するために、早く死んだほうが金はかからないというのは適切でない」と主張。他の委員も同調した。

この議論がされていた時期、すでに財務省の影響力低下は明らかだった。安倍政権で二回、消費増税を先送りされ、二〇一九年一〇月の消費増税を「人質」にとられて、表だって身動きが取れない。予算では消費増税による税収を上回る増税対策を講じることを余儀なくされた。財務省内には不満が充満し、ある幹部は「霞が関もポスト真実の時代」と嘆いた。

東京大教授「医療費減らない」

財政審で議論されていた当時、康永秀生・東京大教授は「学務多忙」で取材できなかったが、半年後にインタビューすることができた。予防医療の位置づけから、医療の将来像まで幅広く語ってもらい、長文のインタビュー記事を紙面に掲載した(26)。

学者の中には、自分の研究や主張が政治の場で話題になり反発を招いたりすると一転してもの言いがあいまいになったり、後退したりする人もいる。だが、康永教授の主張は首尾一貫し、歯切れの良さも変わらなかった。概要は以下の通りである。

まず、「病気を予防しても、医療費は減らせないのか?」という問いに対しては「大前提として、予防医療は絶対に推進すべきです。健康というかけがえのない価値を得られるのですから。しかし、それによって医療費を減らすことはできません。長期的には、むしろ増える可能性が高いといえます」と明確に答えてくれた。

理由の説明もわかりやすい。「長生きすると、誰しもいずれは病気にかかります。その結果、生涯にかかる医療費は減りません。つまり予防医療は、医療費がかかるタイミングを先送りしているだけで、医療費を減らす効果はないのです。たとえば禁煙対策により肺がんになる人が減れば、短期的な医療費は減ります。でも寿命も長くなるので、一生にかかる医療費の総額はむしろ増えます。メタボ健診、がん検診なども同じことがいえます。これは専門家の間ではほぼ共通認識です」

財政審の議事録では、委員の佐藤主光《もとひろ》・一橋大教授（財政学）は、予防医療による医療費削減効果に言及するなかで「予防医療が役に立たないというのは、別に医療経済学のコンセンサスではない」[27]という認識を示した。一方、康永教授は医療費削減効果がないことは「専門家の間ではほぼ共通認識」としている。

この点については「たとえば、日本のある地域に住む住民の健康状態を長期間にわたり追跡し、歩行などの運動をした人の方が、しなかった人よりも長生きして生涯の医療費も低かったという論文があります。大変、貴重なデータですが、学問の世界では、世界中の論文を総合的に評価して『予防には医療費を下げる効果はない』という結論が出ています。一つの論文だけで、その結論を覆すことはできません」と話した。

予防が医療費を節減するかどうかは、世界中で膨大な研究が行われている。その結果全体を見わたして判断すべきであり、自分の主張に都合が良い論文の結論だけを見るのは適切ではないということだ。

では、前出の財政審における老川委員の発言のように、「予防しないで早死にした方が、医療費は減ると言っているようにも聞こえる」という点はどうか。

「喫煙した方が早く死ぬから医療費がかからない。だから、医療費を減らすためにみんなでたばこを吸おう――というのは、まったく本末転倒な議論です。予防医療は健康寿命を延ばすためのものので、医療費を削減するためにやるものではありません。健康という価値を得るための『投資』であり、お金がかかるのです」

こう話す康永教授が力を入れるのは「本当に効果があり、投資すべき医療は何か」を、実際の医療現場で蓄積されたデータ（リアルワールドデータ）を活用し解明する研究だ。逆にいえば、何が医療の無駄なのかは明らかで「薬の使いすぎ、検査のやりすぎ、多すぎる病院」などを省けば医療費を節約できるとしている(28)。

こうしたエビデンスがある無駄に手をつける地道な努力よりも、根拠の薄い「予防医療による医療費削減」という期待が語られる。そんな状況への戸惑いが、康永教授の取材から感じられた。

「二〇〇％間違い」の終末期医療費

経産省主導の「予防医療」。この動きに危うさを感じ発信を続けてきたのが、医師で二木立・日本福祉大名誉教授だった。医療経済学の専門性をバックに、四五年以上にわたって医療や介護、福祉政策に関する文書や記録を丹念に読み込みタイムリーに論評している。

二木氏が、経産省主導の「予防医療の焦点化」への批判に本格的に取り組むきっかけになったのは、先に紹介した二〇一八年一〇月の公開シンポジウムで、経産省の江崎禎英氏がその「プレゼン能力」をいかんなく発揮した講演だった。

問題の発言は江崎氏が、終末期医療に言及したとき飛び出した。「医療費は死ぬときが一番高い。死ぬ人が多いほど医療費が高くなる。ある健保組合だと、人生最後の一ヵ月で、生涯医療費の五〇％以上を使っているというのが、この国の実態です」

この一節に二木氏が反応した。質疑応答に立って、「江崎さんは人生最後の一ヵ月で生涯医療費の五〇％を使うとおっしゃった。これは二〇〇％間違いです。死亡前一ヵ月の医療費が国民医療費ベースで三％強というのは確固たるデータとして確立している(29)」と強い調子で指摘した。さらに、江崎氏が著書で「大学病院クラスの医療機関では『人生最期の三日間で生涯医療費の三〇％を使っている』という話も聞こえてきます」と書いていることもあわせて「こういうのは明らかにデマです」と断じた。

これに対して、江崎氏は「私は大学病院の医師から話を聞いている。全体をまとめると、どこに問題があるとわからなくなる」と返した。

このやりとりを機に、二木氏は、経産省主導の「社会保障」の成り立ちと、「予防医療で医療・介護費が抑制できる」という主張について分析してきた(30)。

二木氏自身も「予防医療を重視して健康寿命を延ばすことには、国民への強制やペナルティーを伴わない限り、賛成」という立場だ。ただし、予防医療で医療・介護費を抑制できるとの主張には、前述の東京大の康永教授と同じく強い疑問を持っている。

図 2-8　予防を行った場合の医療費・介護費への影響

	試算結果
生活習慣病（一次予防）	130 億円↓（医療費）
生活習慣病（二次・三次予防）	620 億円↓（医療費）
がん（一次予防）	360 億円↑（医療費）
フレイル・認知症（一次予防）	320 億円↓（医療費） ＋ 3.2 兆円↓（介護費）

出典：第七回次世代ヘルスケア産業協議会資料.

「試算」を検証

経産省は予防が将来の医療と介護の費用に与える影響の試算結果を示している(31)（図２－８）。

この試算に関して、二木氏は「予防が医療費全体に与える効果は『米粒』程度の話」と評する。確かに、予防による医療費抑制効果を単純に加減算しても最大七一〇億円で、二〇三四年の推計医療費（六〇歳以上）二一・五兆円のわずか〇・三三％に過ぎないからだ。くわえて、保健指導や、「高齢者も出歩けるまちづくり」などの対策の費用が計算されていない。

一方、介護費用は三・二兆円抑制と試算されている。二〇三四年の介護費は推計約一四・五兆円なので効果は大きいようにも見えるが、二木氏は二つ問題を指摘する。

第一は、医療と同じく介入費用が算定されていないことだ。試算のベースになったのは愛知県の武豊町で行った介護予防事業。ここで要介護認定率や認知症発症率が下がった実績から介護費用削減額を推計し、そのまま全国規模に拡大している。ただし、こちらもコストが考慮されていない。地域の高齢者が交流できるようコミュニティーサロンをつくり、多くの自治体職員やボランティアが参加するお金やマンパワーを確保するのは容易ではない。

一見、医療や介護の費用が抑えられたように見えた事例でも、人数×時間で金銭表示した場合のコストを加えると総費用が高くなったり、抑制額が大幅に減ったりすることは広く見られるという。

第二の問題は、理想的条件で得られる「効能」と、現実世界の様々な制約のもとで得られる「効果」の違いが考えられていないことだ。小さな町の先進的な取り組みから、全国レベルの効果を単純に推計している。大都市と比べて人口移動が少ない小自治体での事業の結果は、「効能」に近い。一方、人口が流動的で近所付き合いも少ない都市部で、ボランティアを募ってサロンを運営するのはずっと難しい。「全国展開した場合のマクロの『効果』は相当程度下がる」とみる。

効果的な予防医療は、国民の健康を増進すると同時に総医療費（治療と予防をあわせた費用）を増やす。予防であっても医療や介護のサービスは人間により提供される。「そんなに安くはできません。『良かろう高かろう』なんですよ」と二木氏はいう。

間接的インパクトのトンデモ推計

経産省は、予防で高齢者が健康になって働き、消費するようになることの間接的なインパクトも示している。「二〇二五年の労働力は、現状のまま推移した場合と比べて約八四〇万人増加し、一・八兆円の消費の押し上げ効果が期待される」という試算結果を出している。

これに対して二木氏は「トンデモ推計」と断じる。なぜなら、試算の前提が「六五―七四歳の高齢者が現役世代並みに働け、七五歳以上の高齢者が六五―七四歳並みに働けると仮定した場合」だからだ。経産省の「仮定」は、六五―七四歳の労働力率を現在の三七・五％から七七・六％へと

図 2-9　「健康状態４段階ごとの労働力人口の割合」の仮定

		労働力人口比率		労働力人口比率
15 歳以上全体		60%	→	68%
15 歳以上 64 歳以下	全く不安を感じない	60%		60%
	あまり不安を感じない	75%		75%
	多少不安を感じる	80%		80%
	とても不安を感じる	74%		74%
65 歳以上 74 歳以下	全く不安を感じない	52%		60%
	あまり不安を感じない	43%	→	75%
	多少不安を感じる	42%		80%
	とても不安を感じる	33%		33%
75 歳以上	全く不安を感じない	25%		52%
	あまり不安を感じない	27%	→	43%
	多少不安を感じる	18%		42%
	とても不安を感じる	12%		12%

出典：野村総合研究所作成資料.

二・〇倍化、七五歳以上のそれを現在の九・〇%から三七・五%へと四・二倍化できるとの「超・浮世離れしたもの」と評する。[32]

野村総合研究所の作成した元資料[33]を見ると、さらに不自然な点があった。健康状態に「多少不安を感じる」人の労働力人口比率が、「不安を感じない」人のそれより高くなっているのだ（図2-9）。たとえば、六五―七四歳の層で、「全く不安を感じない」人の労働力人口比率が六〇%にとどまるのに対して、「多少不安を感じる」人が八〇%となり、二〇ポイント上回っている。

一五―六四歳なら健康に多少不安があっても、働く人の割合が多い（あるいは、ハードに働いているからこそ健康に不安がある）という理解は可能だろう。しかし、年金受給を始める標準的な年齢である六五歳を越えても、同じ傾向になるというのは不自然だ。事実、現状で六五歳以上では、健康に不安がない人の労働力人口比率の方が、不安を感じる人のそれより高い。

この点について、野村総研に問い合わせたところ「弊社で保有しているデータなどが限定的であったことも踏まえ、お問い合わせいただいている調査の際には、記載の通りのシナリオを仮定として置いた、とご理解いただければと思います。仮定の置き方が、現実と乖離があると感じる点もあるかと思いますが、あくまでも、調査の推計を行うにあたってのシナリオとご理解いただけますと幸いです」という回答だった。

第3節　予防医療の「聖地」、広島・呉を訪ねる

ここまで安倍政権下の「全世代型社会保障」では予防が大きくクローズアップされ、市町村などの保険者への「インセンティブ」が強化されていくプロセスを見てきた。議論が進むなかで、何度も「お手本」として参照されるのが広島県呉市だ。ここでの「糖尿病重症化予防」など「医療費適正化」の取り組みを全国へ横展開するべきだというストーリーが、国の政策に発言力を持つ政治家や有識者の後押しで形成されてきた。

「広島県呉市では民間のベンチャー企業が入って、レセプトデータを分析し、人工透析に到る可能性のある人をピックアップして健康指導することによって、市の医療費の負担を減らしました」（世耕弘成経産相）(34)。

「広島県呉市などは（糖尿病）重症化予防に力を入れ、国保の医療費を大幅に減らした」（新浪剛

史・サントリーホールディングス社長）[35]。

「糖尿病性腎症の重症化予防のための受診勧奨や特定健診の受診率引き上げ、重複服薬対象者への指導、ジェネリックの使用促進などの取り組みにより、健康増進と医療費の適正化に成果を上げた」（翁百合・日本総合研究所理事長）[36]。

一自治体の事例が、ここまでクローズアップされるのは異例で、かつて地域医療のお手本とされた岩手県沢内村の現代版ともいえる。

極めつけは、安倍首相自身が議長を務める未来投資会議で二〇一九年三月二〇日に配布された「データを活用した生活習慣病予防の可能性」という資料だ。「地元のベンチャー企業（データホライゾン社）は、広島県呉市において、レセプトデータから国民健康保険加入者の健康状態を推計し、糖尿病性腎症の重症度合いの高い患者に対し、保健指導の介入を実施。これにより、六年間で新規透析導入患者を六割減少することに成功」と記述している。

こうした言説に触れると、直感的に「民間企業のサービスを活用して予防に力を入れたから、呉市の医療費は低い」というイメージを抱きがちだろう（私自身がそうだった）。だが、呉市での取材はまず、その「誤解」を正すところから始まった。二〇一九年四月と五月、二回にわたり当地を訪れて取材すると、東京では分からなかった事情もさらに見えてきた。

結論から先に書いておく。呉市の取り組みで「データの活用」は重要であり、どの地域でも進めるべきだろう。だが、本当に必要不可欠なのは、強い危機感をもってリーダーシップをとる人材と、関係者が協力しあう地域の文化のようなものだ。ある場所で成功した手法を全国へと「横展開」すれば同じ結果が生まれるという単純な話ではない。

もう一つ重要な気づきは、東京で流布していた「糖尿病の重症化予防により医療費が削減できた」という理解自体が誤りということだ。呉市では後発医薬品（ジェネリック薬）への切り替え、多剤投与や重複受診の是正により医療費を削減した。だが、予防による医療費への効果は算出していないのだ。

高い呉市の医療費、苦しかった過去

呉市の医療は大変充実している。戦前は軍港や海軍工廠があり、戦後は造船業で発展したという歴史的な経緯から、今でもベッド数四〇〇以上の病院が三つ存在する。人口一〇万人あたりのベッド数は全国平均の一・五倍になる。この結果、ほぼすべての医療は市内で完結するという。

医療費は高い。国民健康保険の被保険者一人あたりの医療費は四五万九千円（二〇一七年度）で全国比一・二八倍という水準だ。高齢化率は三四％で、中核市の中でも一、二を争う高さである。

こうした事情を背景に、一九八〇年代に呉市の国保財政は危機的な状況に陥る。

国保の担当課で二〇年を過ごし、福祉保健部長などを経て、副市長にのぼりつめた中本克州《かつくに》さんによると当時、保険料の徴収率は低く、料率を十分に引き上げることもできなかった。当年度の赤字穴埋めに次年度の予算をあてる「繰り上げ充用」にも手を染めた。

「自転車を立ち漕ぎして何とか倒れないでいる状態」（中本さん）を続け、一九八六年度には累積赤字が一六億八千万円に膨れ上がる。同じ年度に住民から保険料として集められたお金（約三一億八千万円）の半分を上回る規模だ。財政健全化の計画を立て、保険料引き上げや徴収の努力をしながら、一般会計からの一時的な繰入や、国の支援も受けて一九九一年度に赤字を解消した。保険料の一人あたり収納額は一〇万円超、収納率は九割で、ともに中核市のなかでは最も高い（二〇一六年度）。「財政が豊かで法定外繰入で保険料を安く抑えられる首都圏の大都市部にはない危機感がある」と福祉保健課の担当者はいう。

始まりは「ジェネリック使用促進通知」

呉市は、保険料収入の確保と同時に、一九九〇年代から支出面での節約や保健指導に力を入れ始めた。レセプト点検を独自に始め、一つの病気で複数の医療機関にかかる「重複受診」や「重複服薬」を洗い出し、保健師を派遣する事業を始めた。

転機になったのは、二〇〇五年ごろ中本さんと、データホライゾン（DH）社の内海良夫社長が出会ったことだった。DH社は広島市に本社を置く中堅のシステム開発会社で、健康保険組合など医療保険者向けのビジネスのため、当時まだ紙ベースだったレセプトを電子化し、データベースをつくる技術を開発していた。

年間約一〇万件のレセプトを手作業で点検する仕事を効率化したいと考えた中本さんは、自治体としては初めて、DH社のサービスの導入を目指す。コストが高いため難航したが、二〇〇八年度にようやく満額の予算（約四三〇〇万円）がついた。

追い風になったのは、二〇〇七年に国が値段の安いジェネリック薬使用の促進に本腰を入れ始めたことだった。従来は、後発品への切り替えには処方箋に医師の署名が必要だった。厚労省がこの様式を変更して「後発品の調剤が不可の時のみその旨を記す」という方式にした影響は大きかったという。

値段の高い先発薬からジェネリック薬に切り替えれば、国保を運営する市の支出だけでなく、患者本人の自己負担も減らすことができる。DH社はすでに、企業の健康保険組合の被保険者向けに差額を通知、切り替えを促すサービスを実施していた。ただ、学校医や地域での住民健診の実施に地元医師会の協力が必要な自治体が実施するとなると話は別だ。

当時、ジェネリック薬の品質に対する医師の不信感は強かったことに加え、保険者が切り替えを促すことが「医師の処方権の侵害になる」という見方が強かった。

そこで中本さんは、呉市の豊田秀三医師会長（当時）に直談判。「国保が健全でないと医師も困ることをよく理解してもらえた。医師会の協力が得られたことが予算を獲得できた大きな理由」と振り返る。一方、現在は広島県医師会の副会長を務める豊田医師は「中本さんが、ジェネリックの通知をさせてもらえないかと泣きを入れてきた。当時、財政破綻が話題になっていた夕張市のようになってしまいますと。医師としては問題のある薬を患者に推薦することはできないが、一市民として財政破綻は困ると思った」と振り返る。

呉市医師会は、薬剤師会や歯科医師会とともに研究会を立ち上げ、そこに中本さんも参加するようになった。そして最終的にジェネリックと先発品との差額通知を容認する。

反響は大きかった。二〇〇八年二月一四日の中国新聞が一面トップで「呉市が、新薬と有効成分

図2-10　呉が国保加入者に向けてジェネリック情報の通知に乗り出すことを報じた中国新聞の記事

出典：中国新聞2008年2月14日掲載.

は同じで安価な後発医薬品情報を国保加入者に通知する」と報じたところ、呉市以外の医師から強い反発があったという。「なんで認めるんだと医学部の同級生から電話がかかってくるし、広島の他市の医師会長からも白い目で見られた」と豊田さんは話す（図2－10）。

二人に直接取材して、地方公務員としては型破りで突破力のある中本さん、地域に根ざした開業医としての温かみと豪快さを併せ持つ豊田医師の間には、強い信頼関係があると感じた。携帯電話ですぐに連絡がとりあえる仲なのだ。

だが、そうした人間関係の機微は、表には出にくい。二〇一一年六月に放映されたNHK「クローズアップ現代」は、レセプトのデータベースを活用して「節約」に取り組む呉市をとりあげた。そのなかで、豊田さんはインタビューのカメラを前に「医師の方は患者に実際あたってみて、この人はこうするという処方をやっているわけですから。それをレセプトだけ見て、そんなに治療しなくてもいいじゃないかというのは、言われる筋合いではない。処方権と、我々医師としての方針がありますからですね」と答える場面が報じられた。「あれで、抵抗勢力、悪役として知られるようになっちゃってね」と豊田さんは苦笑する。

メディアは、医師会を「既得権益」として描きがちである。「改革者ｖｓ既得権益」という対立の構図にあてはめた方が記事や番組が「わかりやすい」という発想があると思う。だが、地域医療の現場では地元医師会の理解と協力なしに物事を進めることは難しい。個々の地域で、どうやって医師のプロ意識に訴えて「やる気」を引き出しているのか。対立の構図を見せるだけでなく、課題解決への道筋を見せる報道ができないか、考えさせられる一件だった。

糖尿病性腎症の重症化予防へ

中本さんが二〇一〇年度から取り組んだのが、生活習慣病への対応だ。レセプトを分析すると、一人あたりの医療費で飛び抜けて高いのが人工透析で、年間四〇〇万円前後（保険への請求点数ベース）がかかっていた。透析導入の原因で一番多いのは糖尿病性腎症で、約四割を占める。糖尿病を悪化させて腎臓の機能が失われる手前で食い止めるには、どうしたらいいか……。

ここで、もう一人のキーパーソンが登場する。広島大の森山美知子教授だ[37]。費用をコントロールしながら質の高い医療を提供する「疾病管理」を実践する自治体を探すなかで、呉市副市長の中本さんと出会った。そして二〇一〇年には、大学発ベンチャー起業の疾病管理専門のＤＰＰヘルスケアパートナーズ（以下DPP社）を設立し、翌年度から会社として呉市の「糖尿病性腎症等重症化予防事業」の受託を始める（現在はDH社が一〇〇％子会社化）。

糖尿病性腎症の進行度でわけた五つのステージで、透析導入の瀬戸際である「第四期」や腎症が進行した状態である「第三期」の患者に対して集中的に生活指導を行うため、森山教授ら広島大が作成した六ヵ月間の予防プログラムを用いて、看護師が、参加者の通院する医療機関と連携しながら、面談と電話で、一対一で指導するという手厚い内容だ（二〇一〇年度は二クール、一二ヵ月間実施。DPP社に移行してからは、六ヵ月間で面談三回、電話九回が基本形）。

ただし、いくら良いプログラムがあっても、それへの参加を市が勝手に呼びかけるわけにはいかない。当該の患者を治療している主治医に許可を得る必要があった。

不文律「治療中の患者には手を出さない」

呉市での複数の取材先が口にしたのが、「保険者である市町村が保健指導するのは、病気になる前の人たち。一度、医師の管理下に入った患者に対しては手を出さない」という不文律の存在だ。保険者（市町村）は、この壁を越えて医師と手を結ばなければ、治療中の患者に保健指導をすることはできない。

森山教授らは、抽出した患者にプログラムへの参加を呼びかけることへの同意をとるため、主治医のもとを回った。本人の同意ももちろん必要だ。最終的に初年度（二〇一〇年度）には五〇人が参加した。

中本さんは、プログラムは医師にとっても利益になることを強調したという。「患者が透析になったら専門クリニックに移ってしまいます。でも、四期のままなら、先生のところに残ります。患者さんの日常生活の指導にはマンパワーがいるでしょ。疾病管理会社（DPP社）に頼みましょうよ」というわけだ。

ここで「医師と保険者の壁」を越えるのに不可欠なのは主治医が関与できる機会をしっかり確保すること、すなわち医師側に「仁義を切ってもらった」と感じてもらうことだ。

具体的には、主治医は、事前にプログラムの内容をチェックし、当該患者の治療方針と食い違っていないかを確認する。プログラムを運営する看護師からは月一回のペースで報告書を受け取る。

呉市医師会の西垣内啓二副会長は「僕ら医師に話さないことでも、看護師や保健師には話すことがある。こちらも『ああ、そうなんか』と気づくことがあってメリットがある」と話す。腎機能改善の「成果」を医療機関側からフィードバックすることもあるという。こうした連携協力の費用として、呉市は医師、歯科医、薬剤師に対して約五八万円を支出している（二〇一七年度決算）。

予防の「医療費削減」効果は出さない

全国のお手本である呉市はレセプトのデータ活用によって、どのくらいの医療費を削減したのだろうか。

圧倒的に大きいのは、ジェネリックへの切り替えだ。二〇〇八年度のスタートから約一〇年、これまで市から通知を受けた人の八割が、先発薬から値段の安い後発薬に切り替え、累積で一六億円の薬剤費を削減できたという。二〇一七年度の一年間では二億八千万円あまり。

レセプトから一定の基準で抽出した「重複受診者」「頻回受診者」「重複服薬受診者」への指導は、訪問の前と後で年間の医療費がどう変化したのかを見て、その差額を効果としている。呉市提供の資料にある数値を集計すると、三つの事業の合計額は平均で年一五〇〇万円というところだ。

こうした受診を「抑制」する指導をする一方で、生活習慣病の治療が中断している人をレセプト分析で抽出して受診を「勧奨」する事業も行っている。こちらは、医療費を増やす効果がある。

重症化予防の効果は？

では、肝心の「糖尿病性腎症の重症化予防」はどんな効果があったのだろうか。冒頭で紹介した閣僚や経営者がいうように「市の医療費負担を大幅に減らした」のだろうか。

実は、呉市は「予防事業」については金銭的な効果額を算出していない。公にされているのは検査値の改善度や人工透析の導入者数の推移だ。

プログラム参加者から透析に移行した人数は、事業が始まった二〇一〇年度から一二年度まではゼロ。これが、「予防で透析を食い止めた」と受け止められ、全国的な注目を集めるきっかけになったようだ。

ただ、その後はプログラムを受けた人の中からポツポツと透析に移る人が出始める。二〇一八年度までの参加者（計四四〇人）のうち、透析移行者は計一〇人となっている。

全体の傾向に目を転じると、呉市の国保被保険者のうち、事業が始まった二〇一〇年度の人工透析者は一五六人（うち新規導入は二六人）だった。その後、数年間は漸減し、二〇一八年度では八三人（うち新規導入一八人）となっている。呉市作成の資料には、被保険者全体に占める割合も明記されており、一〇年度の〇・二七三％から一八年度は〇・一八八％で、約三二％減少している（図2－11）。

ただし、呉市の担当者は「人工透析者の減少がプログラムの成果と言い切るのはこわい」と話す。医療の進歩など他の要因も影響しているからだ。健康保険組合や協会けんぽの被保険者だった人が、透析が始まると退職して、国保に移ってくるという例もある。また、七五歳からは後期高齢者医療制度に移るので、その後に透析導入になってもカウントされない。「成果」として認められるには、対照群をとった厳密な学術研究が必要だが、現時点では存在しない。

一方、二〇一九年三月開催の「未来投資会議」の資料では、「ベンチャー企業が保健指導の介入を実施したことで、新規透析導入患者が六年間で六割減少」とし、企業の介入で透析が減ったという因果関係を認定している。[38] そしてなぜか、当時すでに公表されていた最新の一七年度の数字（新規導入が前年度より四人増）は省いている（図2－12）。

この書きぶりについては、呉市の担当者は「事前に何の連絡もなかった。なぜ、主語が企業なんですかね。呉の事例が一人歩きしている」と当惑気味だ。

現地を取材するとこの感覚はよく理解できる。呉市国保の取り組みが市民の健康増進に役立っているとすれば、その最大の要因は、信頼に裏打ちされた関係者間のネットワークだからだ。

国保の現場を知り尽くした呉市の中本さん、レセプト分析を担うＤＨ社の内海社長、現場に根ざ

図 2-11　呉市作成の人工透析者数のグラフ

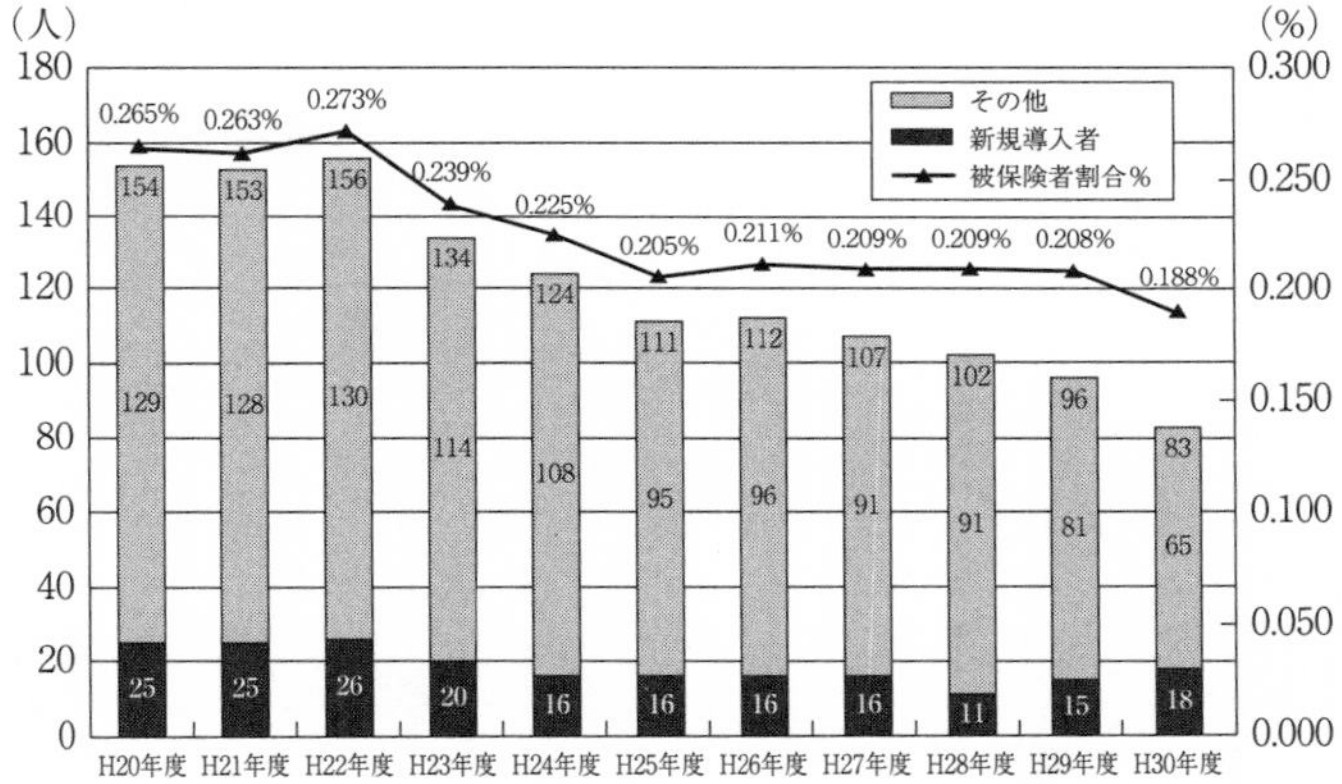

※集計条件：人工透析を２か月以上継続し、集計年度末に資格を有する者.
　新規導入者は、糖尿病傷病名がある者.

出典：呉市.

図 2-12　未来投資会議の資料に載ったグラフ

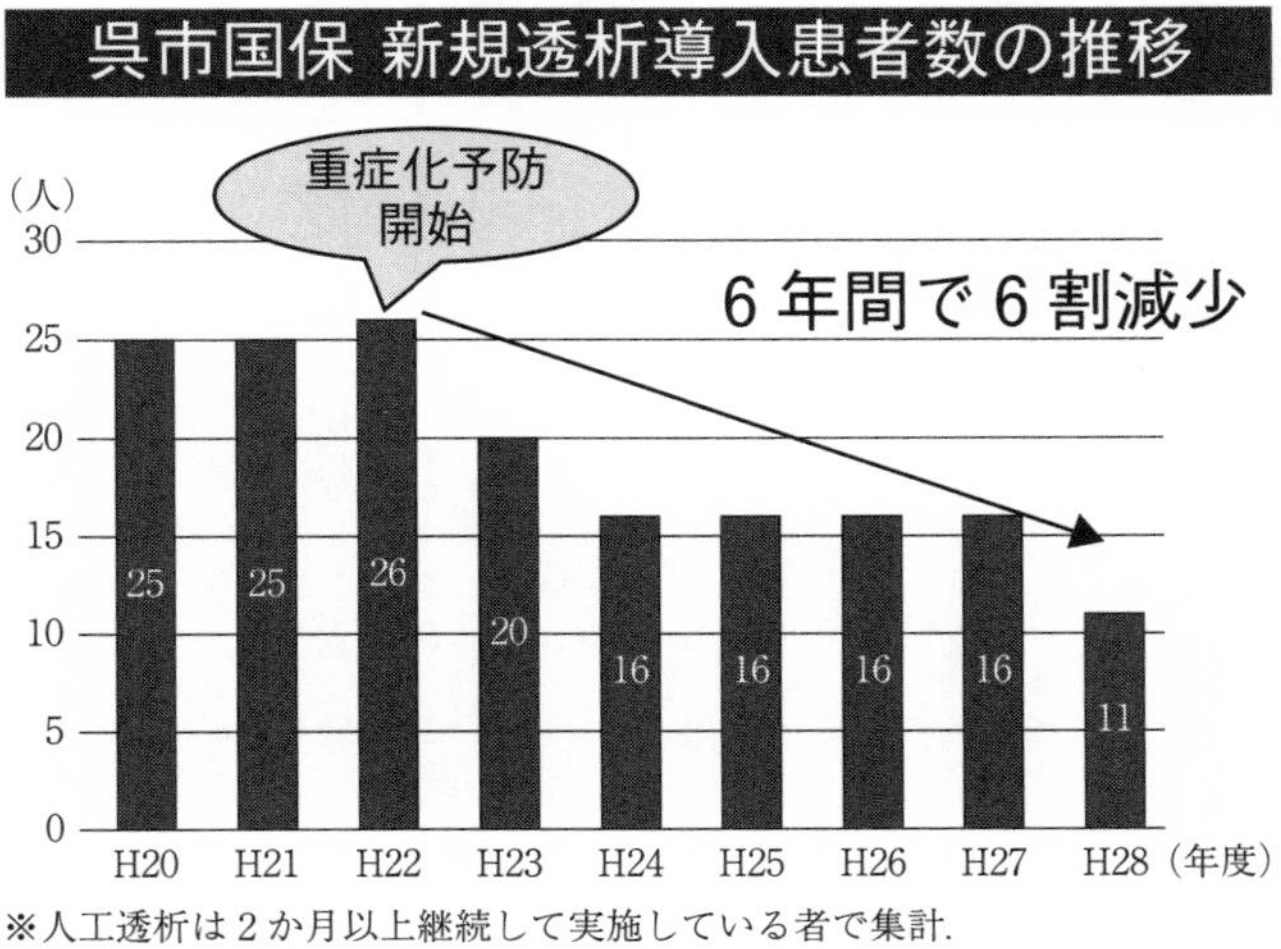

※人工透析は２か月以上継続して実施している者で集計.

出典：未来投資会議.

した研究に取り組んできた広島大の森山教授が出会ったこと。そして、医師会長という立場を超えて地域全体のことを考えられる豊田医師ら職能団体の長と、中本さんら行政側が気脈を通じられたこと。「惑星直列」のように人材が配されなければ、地域医療という重層的で複雑な現場を変えるエネルギーは生まれなかったろう。変化を一過性のものにしないためには、危機感をもって仕事をする市役所職員の地道な努力が欠かせない。

この「物語」は他の地域にそのままコピーできない。ある関係者は「講演など表では言いませんが、呉をベストプラクティスとして他の自治体に同じことをやらせようというのは、無理です」と言い切った。

かかるコストをどう賄うか

こうした呉市の取り組みには、どれだけお金がかかるか。呉市から詳細な資料の提供が受けられた二〇一七年度を例に見てみよう。

データベースの運営を担うDH社への約五千万円[39]、「糖尿病性腎症等重症化予防事業」や他のプログラムを運営するDPP社への約一五六九万円を中心に、約七千万円が委託費として支出されている。さらに、重複受診者への訪問や生活習慣病放置者へのフォローなどの保健事業を行うため、嘱託保健師二人と看護師三人の人件費に約八二二万円をかけている。ただ、呉市の場合、こうした事業のほとんどは、県や国からの特別調整交付金で賄えるという。

予防事業にはお金がかかる。たとえば、DH社の内海社長によれば、「糖尿病性腎症重症化予防」

のプログラムのコストは参加者一人あたり二五万円前後という。呉市自身は予防事業による医療費削減効果を算出していない。いまはＤＨ社の顧問も務める元副市長の中本さんも取材に対して「市民が透析に入らず、ＱＯＬ（生活の質）を維持できるというのが一番の目的。医療費の結果ばかり求めるとおかしなことになる」と話す。「透析の人から『迷惑かけてるのかな』と言われちゃうこともある。でも、そうじゃない。ムダや不正はあっちゃいけないけど、要るものは要るんです」

呉市医師会の取材では「ここは、行政と医療の関係が他の地域と少し違う。言葉にしにくいが、長年培った何かがある」という話を聞いた。玉木正治会長は「昔から話し合いをしているので意思疎通ができている」と評価する。

保険者である市町村が「医療費削減」を前面に押し立てれば、地元医師会との関係はこじれる。「呉市の取り組みが評価に値するとすれば、市民の健康増進という共通目標のもと、関係者が連携できたことに尽きます」と、呉市福祉保健課の管理栄養士、前野尚子さんは話した。

「ベンチャー企業が介入して医療費を減らした」は、首相官邸に強い影響力を持つ経産省がつくろうとする「物語」だが、地域医療の本質とはズレがある――。これが現場を取材した実感である。

第４節　「葉っぱビジネス」の町で　高齢者が活躍でも医療費減らない？

お年寄りが健康で長く働ける社会をつくる――。高齢化する日本が進むべき道であることに異論は少ないだろう。ただ、それが実現したからといって、医療や介護の費用が削減できるわけではない。そんな現実を再確認できたのが、「葉っぱビジネス」の成功で知られる徳島県上勝町だ。二〇一九年の九月に取材で訪れた。

徳島阿波おどり空港から車で約一時間。山深くに抱かれた集落にある農家の一室。西蔭幸代さん（八二）がパソコンをにらんでいる。時計が、午前七時五九分を回ると、その目が真剣さを増した。「ハスをねろうとる」。そうつぶやきながら、トラックボールに置いた手に自然と力が入った。画面には、全国各地から発注された「青もみじ」「ささ」など、日本料理に添えられる「つまもの」アイテムがずらりと並ぶ。

午前八時、画面が更新され、「注文取り」が始まった。西蔭さんは、お目当ての「はすいも葉（小）三〇枚」のボタンにポインターをあてて、必死にクリックし続けた。だが、画面には無情にも「ざんねん！」の文字が――。町内の誰かが、一足早くこの注文を取ってしまったのだ。悔しそうな表情の西蔭さん。

気を取り直して注文一覧を更新すると、また「はすの葉」の注文が新規に出ているのを見つけた。今度は、無事に受注に成功。画面に表示された「受注おめでとう！」の文字に、西蔭さんは満面の笑みを浮かべた（図2-13）。

収穫のため外に出る。「注文とれたら、雨でも雪でもとりにいく！」と西蔭さん。小雨の降るなか、雨ガッパと長靴に身を固め、徒歩数分の畑に急いだ。生い茂るハスのなかを分け入り、首にかけた定規で葉を測って一六―一八センチのものだけを手早く三〇枚集めた。

この葉は、一枚一〇〇円。一ケース三〇枚入りで三千円の売り上げになる。汚れのないことを確

図 2-13　パソコンを操作する西蔭幸代さん

出典：筆者撮影.

かめながら、きれいに箱詰めしていく。午後三時には農協に持ち込まなければならない。

上勝町から「彩（いろどり）」というブランド名で出荷された商品は首都圏にも空輸されている。当日午前に注文した商品は夜一一時ごろには市場に届く。「つまもの界のアマゾン」とでも言うべきシステムで市場を席巻し、上勝町のシェアは全国七割にのぼるという。

お年寄りのＩＴ活用を実現

年間二億六千万円を売り上げるビジネスを支えているのは、一五八世帯の農協の「彩（いろどり）部会員」だ。なかには、売り上げが一千万円を超える農家も四―五戸ある。平均年齢七〇歳。主力は女性だ。

過疎化と高齢化で活気を失った町が、一九八六年から始めた「葉っぱビジネス」で大成功を収めた――。その物語は、メディアでも繰り返し報じられ、映画化もされた。

進化し続ける「葉っぱビジネス」。その中心にいるのが、横石知二さん（六一）だ。農協職員として三〇年前に町に赴任した。「つまもの」がどう使われているのか研究するため、身銭を切って料亭を回り、周囲の冷たい視線を浴びながらもゼロから産業を立ち上げた。現在は、町の第三セクターの株式会社「いろどり」の社長として、情報システムの運営、商品企画や宣伝などで全国を飛び回る。私が上勝町と横石さんの活動を知ってから五年以上。著書を読んで大いに感動し、自分が世話人を務めていた集まりに講師として招いたこともある。

私の現地取材と同じ日に視察に訪れていた他県の農協職員は「おばあちゃんの欲を引き出す仕組みがすごいんですよ」と感嘆していた。カギを握るのが、高齢者向けのパソコンと情報システムだ。「つまもの」を生産する農家は、パソコンを操作しなければ「注文取り」に参加できない。タブレットには全国から入る注文内容がリアルタイムで表示されるため、把握しておかないと計画的に仕事ができない。横石さんの会社がきめ細かにサポートし、お年寄りの「稼ぎたい」という欲をテコに、ＩＴ機器を使う意欲を引き出している。

高齢者に真の意味で活躍の場を与えた横石さんの功績は偉大だ。心からの敬意を抱きつつ、しかし、私には気になる点があった。

医療費は安くない

横石さんは著書などで「高齢者が元気で活躍する上勝町では町営の老人ホームが廃止された」

「上勝町の老人医療費が減ってきたのは、高齢者が働く機会が増えたから」と発信してきた。そして、「生涯現役で活躍できる元気な高齢者が増えれば、膨らむ一方の医療費は必ず抑えられます」と言い切っている(40)。その根拠は、二〇〇六年度の老人医療費が上勝町では約六三万円で全国平均より二〇万円少なく、全国の七五歳以上の高齢者は一三〇〇万人いるから「単純計算で約二兆六千億円の医療費が抑えられる」という試算もしている。

では、上勝町の「いま」はどうなのか。町役場を訪ねてデータをもらった。

後期高齢者（七五歳以上）の一人あたり医療費は、最新の二〇一七年度で九四万円。徳島県全体より一〇万円低いが、全国平均とはほぼ同じである。県内二四市町村のなかでは低い方から数えて五番目。最近一〇年間をみると、最低だった年が四回ある一方で、一〇位の年が二回、一三位だった年もある。

町の清井信子住民課長は「元気な高齢者ほど高度な治療を受けて医療費がかかるんです」と解説してくれた。小さな町で一人でもそうしたケースが出ると平均値を目に見えて押し上げるというのだ。高齢者が長生きして高度な医療を受ける。これはけっして悪いことではない。もし年齢を理由に治療を受けられないとしたら重大な差別だ。年をとっても手術などの治療にも耐えられるなら、そのチャンスは奪うべきではない。体力の弱った高齢者に本人の意思とは無関係に負担の重い「延命治療」を行うのとはまったく別の話である。

生き生きと働くことなどで病気が予防でき、元気で長生きする高齢者が増えるのは喜ばしい。ただし、それで医療費を減らせるわけではないのだ。

老人ホームは民間委託

介護はどうか。厚労省が運営するデータベース（地域包括ケア「見える化」システム）で調べてみた。まず、六五歳以上の高齢者に占める「介護が必要な人」の割合、すなわち要介護認定率をみると、県内市町村のなかで最も高かった（二〇一九年八月末時点）。六五歳以上一人一月あたりの介護費用額も九番目と低くはない（同六月末時点）。高齢化率が五四％で県内一番、全国八番目に高いことを考えれば、介護が必要な人がそれなりにサービスを使っているのは全く不思議ではない。

しかし、上勝町では「町営の老人ホームが閉鎖」されたのではなかったか。確かに二〇〇六年をもって町直営の「養護老人ホーム」はなくなっていた。だが、その機能は社会福祉法人に民間委託されていた。同じ法人は、上勝町では他に特別養護老人ホームと軽費老人ホームを二〇〇〇年に開所しており、デイサービスも指定管理者として運営している。

「葉っぱビジネス」で多くの高齢者が生き生きと働くことを、横石さんは「産業福祉」という言葉で表現している。働けば本人の生きがいが得られ、収入にもなる。そこまでは全く問題ない。だが、介護サービスを使わないですむかというと、そう単純な話ではないのだ。確かに、短期的・一時的には医療・介護費も抑制されるかもしれないが、生涯かかる費用が下がるかどうかは、学術的に証明されているわけではない。

取材に基づくこうした話を横石さんに率直に伝えると、理解してくれたようだった。

デイサービスを使いながら働く

図 2-14　自宅で出荷準備をする田村さんご夫妻

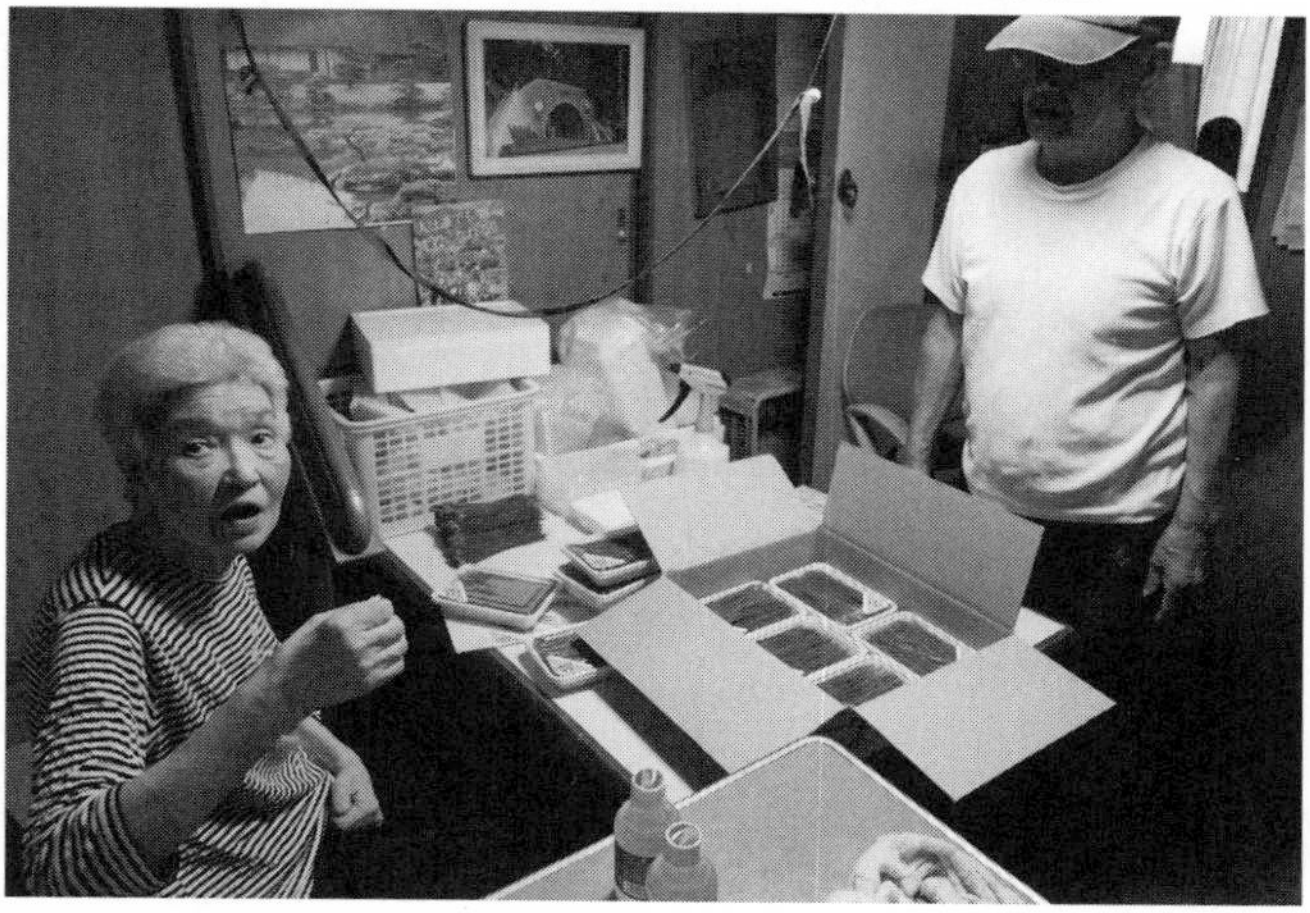

出典：筆者撮影.

ただ、費用が安くすむかどうかは別にして、介護サービスの使い方を考えるにあたり、とても参考になるご夫妻に出会った。

田村利一さん（八八）とトモエさん（八〇）。お邪魔したときは二人で、一箱四五〇円の松葉を箱詰めしている最中だった。この日は三〇箱を出荷するという。「彩（いろどり）」の仕事で年間四〇〇万円近くの収入がある。「パソコンは命がけで覚えた。習わなんだら金もうけにならんのよ」と利一さんは明るく笑った（図2－14）。

奥さんのトモエさんは二〇〇六年ごろ、脳梗《こう》塞《そく》で倒れて半身不随となった。利一さんの献身的な介護に支えられ在宅で暮らし、仕事も続けてきた。

デイサービス、ショートステイなどの介護サービスを使い始めたのは二〇一九年九月から。トモエさんは「あまり行きたくない」というが、利一さんは率直に「家できついのは、お風呂に妻を入れること。デイサービスでは風呂に入れてくれるし、泊まりがけでショートステイに行くときは、自分が一晩一人でゆっくり寝られるのは助かる」と話した。

外部のサービスを上手に使いながら家族の介護者が疲弊しきるのを避け、住み慣れた我が家で、生きがいの仕事を続ける。ご夫婦の介護サービスの利用は、節度があり「お手本」のように見えた。「この仕事がなかったら、もっと早く死んでいたかもしれんな」。利一さんのポツリと漏らした言葉が印象に残った。

金勘定ではない価値

上勝町の「彩（いろどり）」は、お年寄りに、生きがいをもたらした。そこには、医療費や介護費が抑えられるかどうかという金銭的な評価を超えた価値が生まれているように見えた。

横石さんが、いまの医療や介護のあり方に批判的な目線を向けるのは、「行きたがっていないお年寄りまで、介護サービスや病院に引っ張り込む動きがあるのではないか」という疑いが出発点になっている。「必要もないのにサービスが使われているのではないか」ということだ。

長く社会保障を取材してきた私がみても、そうした動きは一部にあると思う。日本の医療や介護サービスの担い手は民間が主体で、一定の患者、利用者を確保しなければ経営が成り立たないという事情が背景にある。

ただ、サービスを提供する側が「金もうけ」に走り、利用する側が「楽だから、得だから」とサービスを使えば、持続可能性は揺らぎ、システムは立ち行かなくなる。事業者と利用者がともに節度ある行動を求められるのが、支え合いを旨とする社会保障の難しいところだ。

第5節　生活習慣病は「自己責任」なのか

この章では、安倍政権が「全世代型社会保障」の柱に位置づける「予防による健康寿命の延伸」について見てきた。それ自体は望ましい政策目標であるものの、背後に透ける「予防の効果で健康寿命が延び、平均寿命との差が縮めば、医療や介護費を減らせる」という考え方に根拠は薄く、むしろ難しい現実から目をそらし、課題を先送りするおそれがある。

もう一つ、注意したいのは「病気を防ぐために行動変容できない人」に対する「自己責任論」が強まることだ。

そもそも、予防の主なターゲットである「生活習慣病」という名前自体に危うさが潜む。二〇一七年に一〇五歳で亡くなった医師の日野原重明さんが「成人病」に代わる名前として提唱したことで知られるようになった。この呼び名の背景には、個々人の生活習慣が原因でなる病気なのだから、個々人の努力で予防できるはず、という考え方がある。(41)

「生活習慣病って冷たい言葉だよね。自己責任を過大に評価している。このニュアンスが独り歩きすると、麻生さんみたいな発言になっちゃう」。そう話すのは、千葉県市川市で人工透析専門のクリニックを開業する田島知行医師だ。日本医師会の常任理事を務めていたころから一五年以上取

図 2-15　老廃物や余分な水分を取り除くため、人工腎臓をめぐる血液＝人工透析専門クリニックで

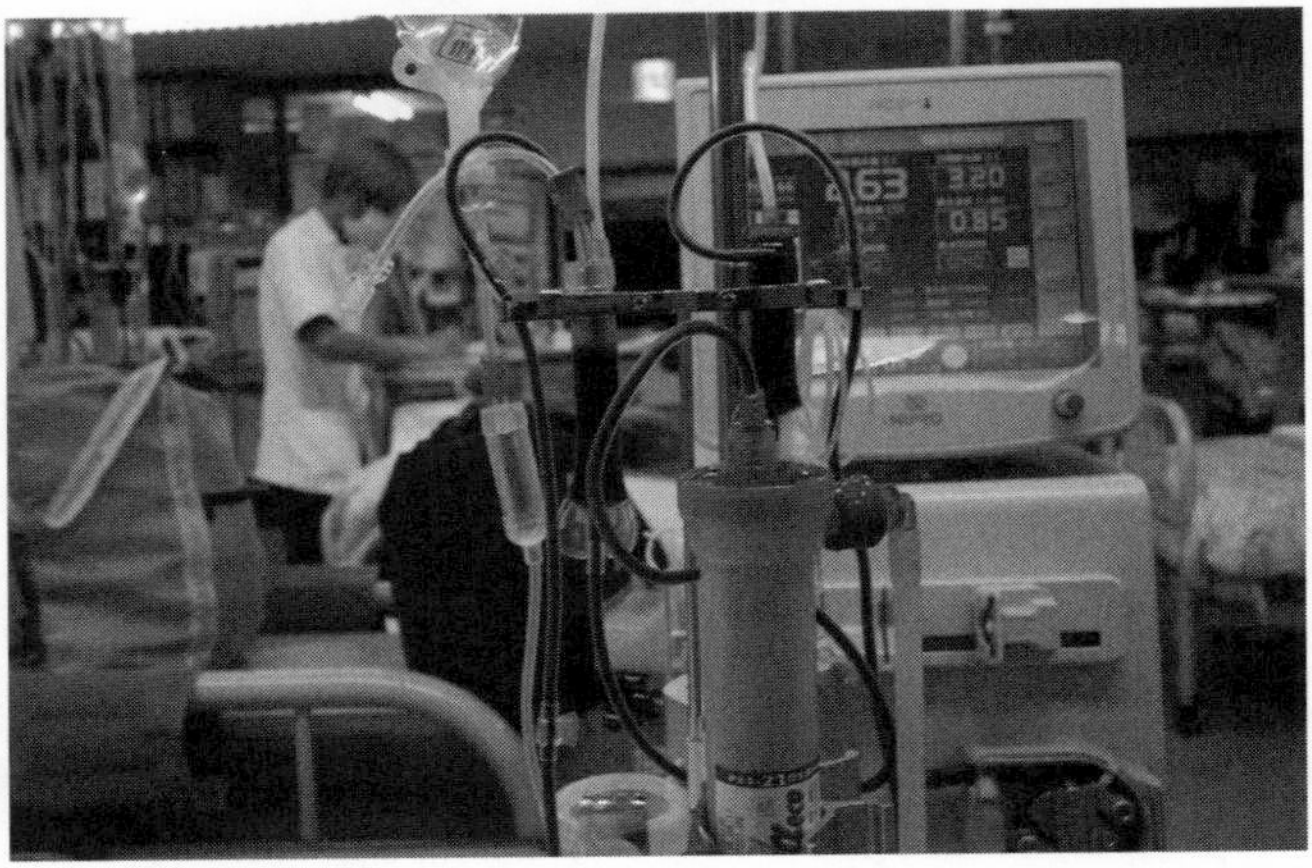

出典：筆者撮影.

材でお世話になっている。

「生活習慣病」とされる病気の一つが糖尿病（二型）。これが原因で腎臓が働かなくなると、血液から老廃物を取り除くため透析治療を受けなければならない（図2-15）。

糖尿病を悪化させるのは、長時間労働しながら、安い外食に頼る人が目立つ。「目の前のことに精いっぱい、ギリギリの暮らしで健康のことなど考えられない人が多い。貧困病という側面がある」と田島さんは話す。

体中の血液をきれいにする透析治療の標準は一回四時間を週三回。心身ともに負担の大きい治療を生涯受け続ける必要がある。生活全般にも厳しい制約がかかる。その大変さは、健康な人間の想像を超えるものだろう。

健康管理や予防に個人が自助努力するのは素晴らしいことだ。でも、世の中には、希望を失い努力する気持ちにすらなれない人もいる。自

助努力を強調していくと、何らかの理由で努力してこなかったり、できなかったりした人が病気になったとき、「自己責任だから」と社会保障から排除してしまうおそれはないだろうか。

「自己責任じゃなくて、不可抗力で病気になったなら、それはちゃんと公的な医療で面倒をみるよ」という反論があるだろう。でも、病気になった原因のどこまでが「不可抗力」「生まれつき」で、どこからが「自己責任」なのだろうか。

社会の仕組みが健康に与える影響を研究している東京大の近藤《こんどう》尚己《なおき》准教授は、麻生氏が会見で述べた「（不健康が）生まれつきなら諦める」という言葉が気になったという。「不健康が生まれつきかどうかの線引きは難しい」からだ。

「子どもの頃に置かれた厳しい環境が積み重なると、大人になってから不健康になるリスクが上がる。自分の努力ではどうしようもない事情は様々あるのに、今の状態だけで自己責任かどうか判断するのはよくないし、事実上不可能です」と近藤さんは話している。

注

（1）“The Ethics of COVID-19 Immunity-Based Licenses”（“Immunity Passports”）, *JAMA* Published online May 6, 2020.

（2）Kate Proctor and Hannah Devlin, “Coronavirus UK: health passports ‘possible in months’”, *The Guardian*, First published on Sun 3 May 2020 22.30 BST.

（3）“Privacy in a pandemic”, *The Economist*, April 23rd, 2020.

（4）ジェフ・エルトン、アン・オリオーダン、永田満（監訳）『ヘルスケア産業のデジタル経営革命』日経ＢＰ、二〇一七年：七一―七二ページ。

（５）取材は、二〇一八年一一月三〇日。
（６）取材は、二〇一九年四月一五日。
（７）「２型糖尿病におけるＩｏＴ活用の行動変容を介する血糖改善効果の検証　多施設共同無作為化非盲検群間比較試験（PRISM-J）」（http://prism-j.umin.jp/index.html　最終閲覧二〇二〇年八月一六日）。
（８）国立研究開発法人日本医療研究開発機構のウェブサイト内「令和元年度　ＩｏＴ等活用行動変容研究事業 成果報告会 概要」（https://www.amed.go.jp/news/event/Iot20200212_report.html　最終閲覧二〇二〇年八月一六日）に掲載された「ＩｏＴ活用による健康情報等の取得及び介入を通じた生活習慣病の行動変容に関するエビデンス及びビジネスモデルの創出に関する研究」の資料のうち、坊内良太郎（国立国際医療研究センター 糖尿病研究センター 臨床情報研究室 室長）使用の「資料１‐１．２型糖尿病におけるＩｏＴの行動変容を介する血糖改善効果の検証：PRISM-J」から引用。
（９）「『人生一〇〇年時代の社会保障へ』を発表しました」小泉進次郎、Official Blog by Ameba, 二〇一六年一〇月二六日（https://ameblo.jp/koizumi-shinjiro/entry-12213460616.html　最終閲覧二〇二〇年五月八日）。
（10）取材は、二〇一九年一二月に複数回行った。
（11）第一回次世代ヘルスケア産業協議会（二〇一三年一二月二四日開催）配布資料２。
（12）「第一回産業構造審議会二〇五〇年経済社会構造部会議事要旨」（二〇一八年九月二一日開催）：二四ページ。
（13）権丈善一「喫緊の課題『医療介護の一体改革』とは」『中央公論』二〇一九年一月号：一四一ページ。
（14）二木立「『全世代型社会保障検討会議中間報告』を複眼的に読む――『社会保障制度改革国民会議報告書』との異同を中心に」『文化連情報』二〇二〇年二月号（五〇三号）：二〇―二五ページ。
（15）「インタビュー　ポスト消費税一〇％の社会保障について議論を　中村秀一（国際医療福祉大学大学院教授）に聞く」『週刊社会保障』二〇二〇年五月四―一一日：二二―二六ページ。
（16）ダン・アリエリー「社会規範のコスト」『予想通りに不合理』早川書房、二〇一三年：一二一―一五七ページ。

注

(17) 江崎禎英『社会は変えられる　世界が憧れる日本へ』国書刊行会、二〇一八年。

(18) インタビューの詳細は以下の記事を参照。笹井継夫、浜田陽太郎「『生活習慣病は自己責任、うやむやはダメ』経産官僚語る」朝日新聞デジタル、二〇一九年三月三日。

(19) 第一回未来イノベーションワーキンググループ開催資料二「次世代ヘルスケア産業協議会・次世代医療機器開発推進協議会・次世代医療ＩＣＴ協議会 未来イノベーションＷＧの設置について（案）」平成三一年一月二五日。

(20) 栄畑潤『医療保険の構造改革　平成一八年改革の軌跡とポイント』法研、二〇一九年：五四ページ。

(21) 内閣官房『医療・介護情報の活用による改革の推進に関する専門調査会第二次報告』二〇一七年：一二ページ（https://www.kantei.go.jp/jp/singi/shakaihoshoukaikaku/pdf/houkokusyo2.pdf　最終閲覧二〇二〇年五月二日）。

(22) 特定健診・特定保健指導に関して国から出している補助の額としては、平成三〇年度予算（https://www.bb.mof.go.jp/server/2018/dlpdf/DL201811001.pdf　最終閲覧二〇二〇年八月一七日）の六五〇ページ右段中ほどにある

「全国健康保険協会特定健康診査・保健指導補助金」

「健康保険組合特定健康診査・保健指導補助金」

「国民健康保険組合特定健康診査・保健指導補助金」

「国民健康保険特定健康診査・保健指導負担金」

という保険者ごとに四本に分かれたものの合計額で約二二六億円。

(23) 康永秀生「（やさしい経済学）予防医療で医療費を減らせるか」日本経済新聞、二〇一七年一月四日―一三日朝刊。

(24) 財政制度等審議会財政制度分科会（平成三〇年一〇月九日開催）配布資料「社会保障について」：一七ページ。

(25) 財政制度等審議会財政制度分科会（平成三〇年一一月二〇日開催）議事録。

(26) 康永秀生インタビュー「医療費削減の幻想」朝日新聞、二〇一九年六月一二日朝刊：一三ページ。

(27) 財政制度等審議会財政制度分科会（平成三〇年一一月二〇日開催）議事録の佐藤主光・一橋大教授の発言。
(28) 康永秀生『健康の経済学』中央経済社、二〇一八年：iiiページ。
(29) 二木立『医療経済・政策学の探求』勁草書房、二〇一八年：四六一―四七六ページ。
(30) 二木立「経済産業省主導の『全世代型社会保障改革』の予防医療への焦点化――その背景と危険性」『文化連情報』二〇一九年一月号（四九〇号）。
(31) 二〇一八年四月一八日開催「第七回次世代ヘルスケア産業協議会」資料二：八ページ。
(32) 二木立「予防医療の推進で『ヘルスケア産業』の育成・成長産業化は可能か？」『文化連情報』二〇一九年二月号（四九一号）：一六―二二ページ。
(33) 野村総合研究所「平成二七年度政策評価調査事業（日本経済の中期的な変革とリスクに関する調査）最終報告書」平成二八年三月：一五ページ。
(34) 「単刀直言　世耕弘成経産相『安倍政権で日露平和条約締結を』」産経ニュース、二〇一八年一〇月二〇日配信（https://www.sankei.com/politics/news/181020/plt1810200001-n1.html　二〇二〇年五月五日最終閲覧）。
(35) 新浪剛史「私の視点　医療費の抑制　調整交付金、改革を急げ」朝日新聞、二〇一七年一二月一三日朝刊：一七ページ。
(36) 翁百合「効果大きい医療へのデータ利活用　広島県呉市や北欧、米国などで成果」『週刊エコノミスト』二〇一八年一一月六日号：六六―六七ページ。
(37) 森山美知子「生活習慣病重症化予防の理論と実践例：データヘルスで国が保険者にもとめているもの」『Monthly IHEP』第二四五号、医療経済研究機構、二〇一五年九月：二〇―二九ページ。
(38) 内閣官房日本経済再生総合事務局「全世代型社会保障における疾病・介護の予防・健康インセンティブに関する参考資料」、二〇一九年三月二〇日の「未来投資会議」に提出：五ページ（http://www.kantei.go.jp/jp/singi/keizaisaisei/miraitoshikaigi/dai25/index.html　最終閲覧二〇二〇年五月六日）。
(39) ただし、当該年度は、一部の費目について二年分を会計処理しており、例年より約一千万円増えている。

（40）　横石知二『生涯現役社会のつくり方』ソフトバンク新書、二〇〇九年：四ページ。

（41）　二木立「『厚生（労働）白書』の「生活習慣病」と「社会保障と経済」の記述の変遷」『地域包括ケアと医療・ソーシャルワーク』勁草書房、二〇一九年：一五〇ページ。

第3章　公的年金保険はどこが大切なのか

社会保障制度のなかで年金は「不信」や「不安」などのネガティブな形容詞で語られることが多い。ただ、高齢者にとって死ぬまで受け取れる年金はあまりに重要だ。社会保険に参加した記録に裏打ちされた権利性の強いお金は、生活保護と決定的に違う。この章では、その安定を支えるはずの記録をめぐり年金が大揺れに揺れ、その渦中に二〇〇四年の年金改革が行われた経緯をふりかえりつつ、「将来世代の年金」を守るために残された課題を読み解く。最後に、年金をめぐる沈鬱を払うために必要な「長く働く」社会を展望する。

第1節　お金としての「安定感」

若者を中心に年金制度への不信が強いという状況は、もはや誰も驚かないデフォルト（初期値）だ。

「長寿時代のお金意識」をテーマに、朝日新聞社が二〇一九年一一―一二月にかけて実施した郵送方式の世論調査では、現役世代（六〇歳まで）に対して年金に加入するかどうか選べるとしたら「加入したい」か「加入したくない」かを聞いたところ、「加入したくない」と答えた人が、一八―三〇歳の年齢層で四割を占めた（全体では二一％）[1]。

もし「加入したくない」という若者に、たった一つだけ、公的年金加入のメリットを伝えられるチャンスがあったら、私は障害年金の存在をあげる。国民年金加入者だと、万一の事故や病気で障害が残った時に、月に約六万七千円から八万四千円までの障害基礎年金が受けられる。厚生年金加入者だとさらに額が上乗せされる。

年金は高齢者だけを守っているわけではない。若い人でも、何かあったときに国による保障があることの意義は大きい。ところが、公的年金がこうした保険の機能を持つことを知らない人がいる。二〇一七年の調査[2]では、国民年金加入者の三割以上が知らないと答えた。その三年前の調査より、知らない人の割合が若干増えているのが気になるところだ。

問題は、年金の保険料を二年間全く払わず滞納している人たちの存在だ。その数は二六五万人。

公的年金の全加入者からすれば四％ほどだが、国民年金の加入者（一号被保険者）を分母にすると二割近くにのぼる。

障害年金を受給するには「加入期間の三分の二以上保険料を納めている」「直近一年間に滞納期間がない」という要件のいずれかを満たす必要がある。(3)

「保険料を納めている」と書いたが、収入が一定基準を下回る場合は免除が受けられる。また、学生の場合は「納付特例」といって、申請すれば納付が猶予される。ただし、申請が絶対に必要という点には注意が必要だ。

この「学生納付特例」ができたのは二〇〇〇年からだ。背景には、学生時代に年金に未加入だった人たちを見舞った「悲劇」があった。そして、今はエラそうに年金の記事を書いている私も、無知が原因でその悲劇に名を連ねる可能性が十分にあったのだ。

あらためて自分の「ねんきん定期便」を確認すると、一九八六年に二〇歳になってから九〇年に就職して厚生年金に加入するまで、私は国民年金に未加入だったことが分かった。この間、私は二五〇ccのオートバイに乗っていた。事故で障害を負っていたら、どうなっていたか。ふり返ると背筋が寒くなる。

年金と福祉のお金の違いとは

この「学生無年金障害者」と呼ばれる問題は、どのような経緯で起きたのか。

現在は、二〇歳以上の全国民が強制加入の公的年金だが、一九九一年以前、学生は「任意加入」、つまり入ってても入らなくてもよかった。加入すれば原則、毎月の国民年金保険料（私が学生だった当時は七四〇〇—七七〇〇円）を払うことになる。学生の加入率は二％に満たなかった。私も残り九八％の中にいたのである。

学生でも二〇歳未満の時に障害の原因となるけがや病気で病院に行っていれば、障害年金は受けられる。問題は二〇歳になった時点から就職して勤め先で公的年金に入るまでの間で、この間に年金に未加入で病気やけがにあうと、障害年金が受け取れない。そんな「制度の谷間」に落ちた人が国などを相手に年金支給と損害賠償を求めて二〇〇一年、全国で裁判を起こした。いくつかの地裁では違憲判決が出たが、最終的には二〇〇八年に最高裁が元学生の上告を棄却する判決を言いわたして原告の敗訴が確定した。

当時、学生無年金障害者は全国に約四千人いて、二〇〇四年に救済措置として給付金（障害の程度によって月額四万円か五万円）を支給する法律ができた。ただ、障害基礎年金に比べて額は六割程度だ。年金制度の枠内での決着は、厚生労働省や自民党議員の一部が「保険料負担なしで給付すれば、年金制度の根幹を揺るがす」との原則論から強く反対。「福祉的措置」として位置づけられた「給付金」となったため、年間約一三〇億円の費用は年金保険料ではなく、すべて税金でまかなわれることになった。

「年金制度の枠内」なのか、「福祉的措置」なのか。これは、金額の多寡を超えた大きな違いがある。社会保険という制度に参加し、応分の負担をして獲得した年金は権利性が強い。それに比べて、世の中が「気の毒」「かわいそう」「こんな貧しさはあってはならない」と認めた結果として受け取る「福祉のお金」は、ずっと不安定なのだ。

「年金がなくても生活保護を受ければいい」といわれることがある。だが、年金と生活保護のお金は、「安定感」が決定的に違う。

私は都内の社会福祉協議会に生活支援員として登録し、一人暮らしのお年寄りの金銭管理のお手伝いをしている。通帳を預かって現金を引き出し、生活に必要な支払いをする。なかには生活保護を受けている人もいる。支出が少ないと保護費を使い切らず、結果的に貯金が増えることがある。そうなると本人は、保護費を減らされる心配をしなければならない。金額が約束された年金に比べ、生活保護費の「頼りなさ」が皮膚感覚で理解できた。

第一章の冒頭に登場した小西雅昭さんは、月額四万円弱の年金を受け取っている。非正規の仕事を転々とし、なるべく社会保険料の負担から逃れようと行動してきた。それでも、勤め先で厚生年金に加入していた期間が細切れであり、それを足し合わせると一三六ヵ月と、年金をもらえるのに最低必要な一〇年分に届いていた。

もちろん、年金だけでは生活できないので、貯金を取り崩し、いまは生活保護も受けている。それでも、生きている限り、受け取る権利が保障されたお金の存在は、いかに頼もしいことか。

この安定感、「頼もしさ」はどこからくるのだろうか。

生活保護バッシング

人気お笑い芸人の母親が生活保護を受給――。この話題が世の中を席巻したのは二〇一二年のこと。女性週刊誌が四月に匿名で報じたのが発端で、その後、インターネットのサイトがお笑い芸人の名前を報じ、自民党の片山さつき参院議員が「不正受給の疑いがある」と厚労省に調査を求めたことをブログで明かして政治問題化した。

各メディアがこぞってこの問題を報じ、生活保護バッシングの機運が高まった。

このとき、生活保護を受給した経験のある女性を取材させてもらったが、「スーパーで買い物するにも、周りの目を気にする。もっと安い店に行けよと言われそうで」と話していた。この女性は、子どもを連れて夫の暴力から逃れ、かつ健康を害するという不運も重なった。わかりやすく気の毒なケースではあるが、生活保護を受けるためには「子どもの貯金箱まで調べられる資産調査」は受けなければならず、くわえて偏見や差別にさらされてきた。

生活保護をめぐる世間の目は厳しい。テレビのワイドショーをはじめ、メディアはそれを増幅する。

一連の出来事をめぐり、「不正受給の横行」などと一斉に制度批判に走ったテレビの報道のあり方について、弁護士や貧困者の支援団体らが、放送倫理・番組向上機構（ＢＰＯ）に「偏見・誤解を助長する内容だ」として審議を要請した。しかし、機構は「編集の自由の範囲内と考えられる」として、要は門前払いにした。

私も報道に問題を感じていた。特に見過ごせないのが、「働けるのに保護を受けたと聞いた」「ブランド物を身につけている」等々、視聴者や街頭の声を、裏取りもせずそのまま流すやり方だった。「保護にただ乗りする人間が大勢いる」という直感が醸す世間の「空気」。それを冷静な検証もないまま報道が裏打ちし、雪だるま式に膨らむことの危険性――。当時、論説委員だった私は、こうした点に警鐘を鳴らす社説を書こうと提案したが、論説委員室内で賛同を得られなかった。

まずBPO同様、「編集の自由」をしばりかねないという強い反論が出た。「世の中の見方が揺れ動くのは、ある程度仕方がない」との指摘もあった。保護を受けられず事件が起きれば、逆方向の「空気」が盛り返してバランスするという理屈だ。

確かに、生活保護をめぐる社会の雰囲気は、特定の出来事をきっかけに大きく揺れる。二〇〇七年に北九州市で生活保護が打ち切りになった男性が「おにぎり食べたい」と書き残して餓死した。この時は、行政のあり方が指弾されている。保護を受ける要件を満たしているのに、自治体が、あれこれ理由をつけて受けさせないようにする「水際作戦」はよく批判の的になる。

生活保護をめぐる世論はうつろいやすい。私もメディアで働く一員としてそれを経験してきた。だからこそ、生活保護と年金とでは同じお金でも「安定感」が違うと感じたのだろう。生活を支えるお金として、年金は生活保護より「強い」のだ。

脅しめいて嫌な言い方だが、今後、日本の財政難がより深刻になった場合、生活保護にさらに厳しい目が向けられる可能性がある。生活保護にまとわりつく「スティグマ」(烙印)を消し去るのは難しいのが現実だ。自分が年をとったとき、どんなに自助努力をしていても想定外の事態が起きる。世間の目を意識しながら暮らす老後にならないためにも、公的年金はしっかり活用した方がいい。

第2節 「主婦の年金」が導火線　二〇〇〇年代初頭の記録問題

年金の「強さ」を支えているのは過去の記録である。つまり、制度に参加して義務を果たしてきたという証拠に他ならない。日本国内に住む二〇—六〇歳未満の人は、外国人も含めて年金に加入し、保険料を払う義務がある。六〇歳以上でも会社で働いていれば、七〇歳になるまでは加入し、保険料を払い、その総額は約三九兆円。加入者は六七〇〇万人余り。月々いくら保険料を納付しているのか、一人ずつ、すべて記録されている。

その記録にもとづいて、私たちが年金を受け取る権利は保障されている。年金の受給権を持っている人は約四千万人で、五五兆円余りが支給されている。日本の名目ＧＤＰの約一割にあたるお金が、国民の老後を支えている。年金は高齢者世帯の平均所得の約六割を占め、五割を超える高齢者世帯が年金収入のみで暮らしている。

この巨大なシステムを運用する組織、社会保険庁（当時）が抱える深い闇が明らかになるきっかけが、二〇〇〇年代に起きた「年金記録問題」だ。この時期は、ちょうど私は三〇代から四〇代で第一線の記者として活動していた。自分の記者人生で最も脂の乗ったときを、この問題の取材に費やしたといってもよい。

その後、「宙に浮いた年金記録五千万件」の存在が二〇〇七年の国会審議中に明らかになったのを契機に、社会保険事務所が企業の保険料逃れを指南して社員の年金記録を改ざんする「消された年金」などの問題が芋づる式に明らかになった。この間の国民の怒りが、「年金抜本改革」を掲げる民主党政権の誕生の追い風になったのも間違いないだろう。二〇一〇年には年金制度を運用していた社会保険庁は廃止されて、非公務員型の特殊法人「日本年金機構」が設立された。

いまふり返ってみると、年金制度にとっていかに「正確な記録」が大切か、その信頼が裏切られたときの国民の怒りがどれほど大きかったのか、よくわかる。この怒りがあればこそ、年金の安定性が守られているともいえる。そんな視点で、年金制度が運営面で「炎上」し、大きなニュースになった時をふり返り、今後の教訓、今も残る制度や課題を考えてみたい。

いま、すべての年金加入者に「ねんきん定期便」が年に一回届いている。そこには、保険料をいつ、いくら払ったかの実績や、将来受け取る年金の予測額などが記載されている。

この仕組みが始まったのは二〇〇九年。ずいぶんと親切に教えてくれるように見えるが、それ以前の状況はまったく違っていた。社会保険事務所のある地域によっては、本人の記録であっても教えないという対応さえとられていた。

年金を運営する側がその姿勢を大きく変えたのは、女性からの異議申立てが大きな役割を果たしたのではないかと私は考えている。

「主婦の年金、空白問題」の発掘

私にとって記録問題の入り口は、二〇〇〇年に取材した「専業主婦の年金」だった。

サラリーマンの妻は保険料を払わなくても国民年金に加入し、将来年金が受け取れる。ただし、

図 3-1　夫の転職で妻の「空白」が生まれるケース

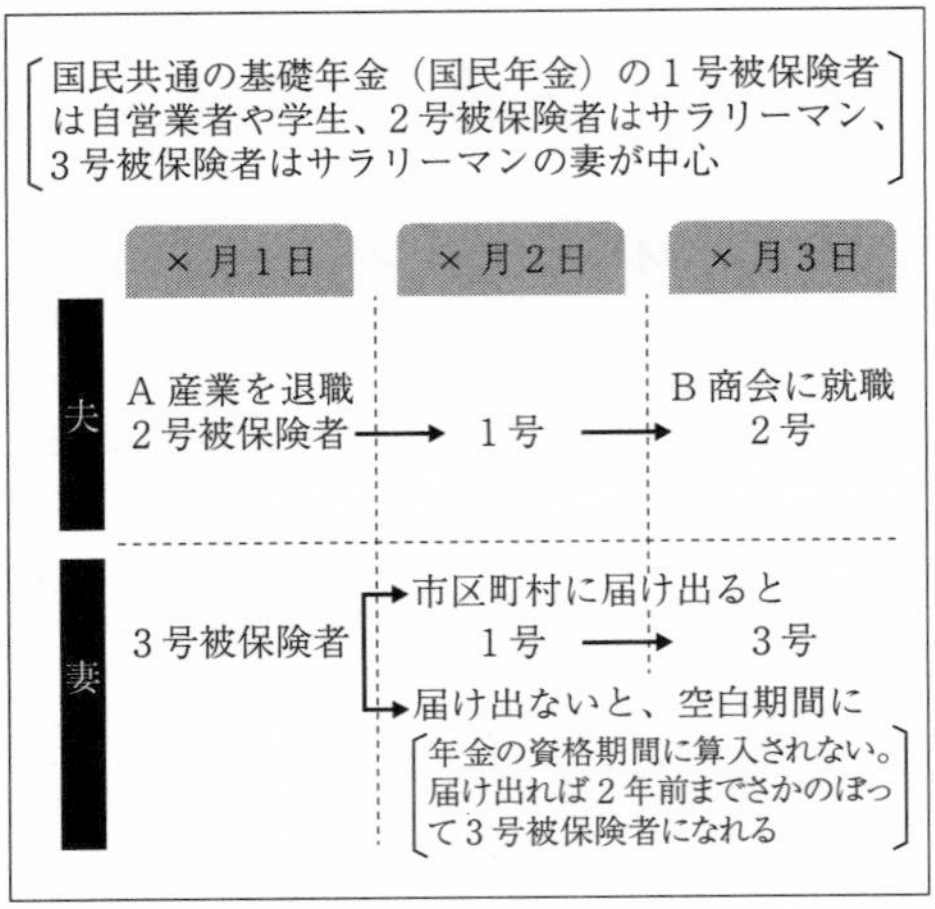

出典：朝日新聞社.

この「第三号被保険者」になるためには市区町村に届け出ないといけないというのが、当時の決まりだった。一九八六年に、全国民に共通の「基礎年金」が導入されるなど年金制度は大きく変わった。その際、サラリーマン本人の年金を減らす一方で、配偶者の専業主婦も年金が受け取れるようにしたのだが、「保険料を払わないかわりに届け出を義務づける」ことになった。これが「第三号被保険者制度」である。

もし一円でも保険料を納める義務があれば、払ったかどうかは本人が意識しやすい。だが、「お金を払う」という重い行為を、形式的な「届け出」で代替しようとしたところに、そもそもの無理があった。保険料を滞納すれば督促されるが、紙一枚の「届け出」を忘れても何のおとがめもない——となりがちなところに、ぽっかりと落とし穴が開いていたのだ。

サラリーマンの夫が転職する際、一日でも間

図 3-2　生保勤務で「空白」が生じた典型例

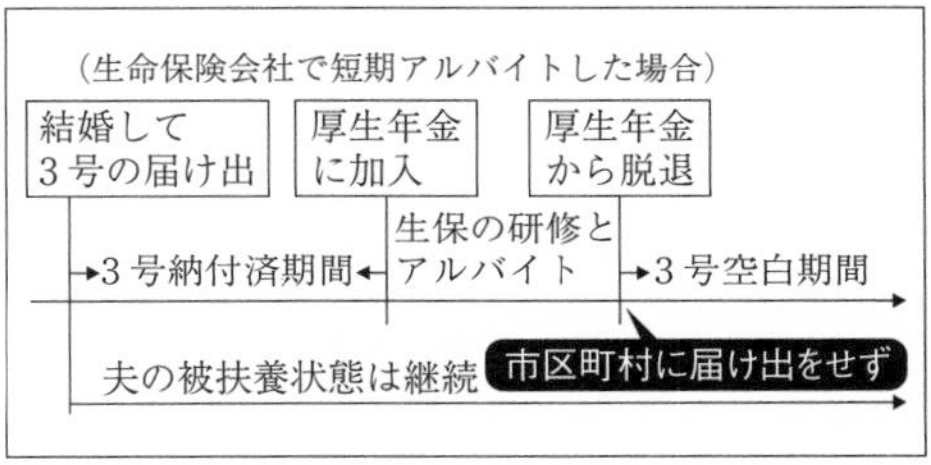

出典：朝日新聞社.

が空くと、妻はいったん「第三号」でなくなる。このため、夫が再就職した後に届け出をし直さないといけない。これを忘れると、それ以降、妻の年金記録に「空白期間」が生じてしまい、最悪の場合、将来受け取る年金が減ってしまうのだ（図３－１）。

この「落とし穴」について注意喚起する記事[4]を書いたところ、当時私が所属していた「くらし編集部」に続々と投書が届き始めた。

驚いたのは、夫が転職しなくても、主婦側の行動が原因で「空白」が生じうることだった。短期のアルバイトで本人が知らない間に厚生年金に入ると、「二号被保険者」になる。「二号」と「三号」は重複できないため、「三号」の地位を自動的に失ってしまう。アルバイトをやめても、もう一度「三号」に戻るには届け出が必要だが、そもそもアルバイト先で「二号」になっていたことすら知らされないことが多かった（図３－２）。

こうしたケースが大量に発生していたのが、生命保険の外交員だった。生保業界では、女性の外交員を大量に雇い入れ、その人脈で契約を獲得することが重視されてきた。年間十数万人が入れ替わるとされ、形だけの外交員でも厚生年金に加入することが多かったのだ。

「空白」が生じ始めてから二年間はさかのぼって「三号」の資格を

回復できる。だが、それを超えた期間は「未納」と同じ扱いになる。国民年金に四〇年加入すると、六五歳以降で毎年約八〇万円の年金が受け取れるので、一年の「未納」で約二万円の年金が減ってしまう計算になる。投書してきた中には空白期間が一二年ある人もいた。もし亡くなるまで二〇年受け取ったとして、二万円×一二年×二〇年＝総額四八〇万円の減額という計算になる。

「温情救済」から「全員救済」へ

報道を続けていると、今度は「空白を帳消しにする救済を受けた」という投書がいくつも舞い込み始めた。救済を実施したという地方の社会保険事務所を訪ねると取材に応じてくれた。生保などの勤め先から年金手帳や健康保険証を受け取っていないなど、本人が「三号」に加入したことを知りようがない場合には救済しているという。

二〇〇〇年秋までに、「空白が生じた」との投書を寄せた五六人のうち、「特別な救済を受けた」としたのは七人。社会保険事務所の裁量で救済された人がいることを大きく報じたが(5)、その際、「法律違反」の救済をしていた社会保険事務所側を非難することはせず、むしろ「わかりにくい届け出の仕組みの方がおかしい」というトーンにした。現場が温情で救済する判断はやむをえないと考えたからだ。

もちろん、救済されるかどうかが、住む場所で左右されるような事態は長続きさせてはいけない。この「空白問題」は最終的に、二〇〇五年に施行の法律改正ですべての人が救済されることになった。これまで届け出をしても空白が解消するのは二年だけだったが、法改正ですべての期間が「保

図3-3　「運用3号」の仕組み

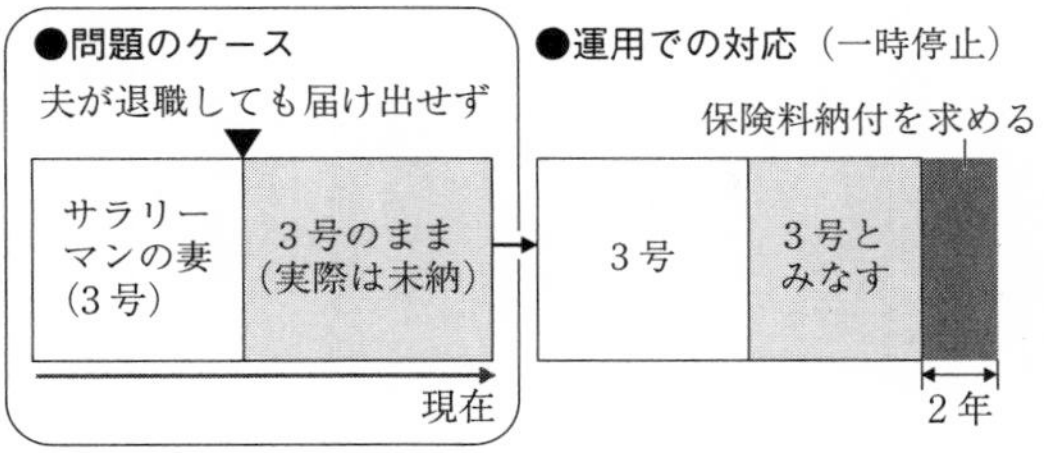

出典：朝日新聞社.

険料納付済み期間」となった。社会保険庁が届け出を済ませた人を集計した結果、救済の対象は約四一万人にのぼった。今は、空白が発生しても、時期を問わず届け出をすれば、すべて解消される。

いまふり返ると、年金の制度運営の現場で何が起きているかを、制度をつくる厚労省側が把握していないという構造的で根深い問題があった。それが最終的に「記録問題」となって政府全体をゆるがし、第一次安倍政権が退陣に追い込まれる一因となった。さらに、「第三号被保険者」という不自然な制度と記録問題は、ブーメランのように民主党政権も痛撃したのだ。

再燃した「主婦の年金問題」、不公平な救済で炎上

同じ専業主婦でも、会社員や公務員（二号被保険者）の妻なら保険料負担なしで将来、国民年金が受け取れる三号被保険者だが、自営業者（一号被保険者）の妻だと保険料の負担がある——。主婦の年金をめぐっては、常にドロッとした不公平感がただよっている。一度、火がつくと手をつけられなくなる地雷のような存在だ

「主婦の年金の届け出漏れ」をきっかけに、民主党政権が激しい批判を浴びたのが、二〇一一年の「運用三号」問題だった（図3－3）。

もともと「三号」だった主婦は、夫が会社をやめると、「一号」になる届け出をして、国民年金の保険料を払わないといけない。ところが、本人が届け出をせず、三号のままでいる人が推計で四八万人近くいることがわかった（記録の誤りが一ヵ月以上の人数）。

そこで厚労省は二〇一一年一月から、こうした人たちに直近二年分の保険料を請求するが、それ以前は、夫がサラリーマンをやめるなどして三号に該当しない期間でも三号と認めることにし、これを「運用三号」と名付けた。

なぜ、こんな「運用」にしたのか。本人が「自分は三号である」と信じていた期間が、実は「未納」であることが突然明らかになった場合、将来受け取る年金が減ったり、最悪の場合は無年金になったりすることもありうるからだ。

ここまでは、先ほど紹介した「年金の空白」問題と同じである。だが、決定的な違いがあった。先ほどの「空白」の被害者たちは本来、「三号」にあてはまる人たちだった。それに対し、「運用三号」が救済対象にした人たちは本来、「一号」で保険料を負担すべき人だった。

このため、後者の救済のやり方では、あってはならない不公平が生じた。

現役世代では、同じ「夫がサラリーマンをやめた」という主婦でも、きちんと届け出をして保険料を払ってきた人がいる。一方、救済対象になった主婦は保険料の負担をしなくてすんだ。

年金受給世代では、すでに「未納」扱いが確定し、受け取る年金が減額された人もいる。その一方で、記録を訂正しないまま年金の受給額が計算され、本来より多い年金を受け取っている人が約五万三千人いることが明らかになった。

つまり、この救済策は、「正直者がバカを見る」やり方だったのだ。

この不公平は許されない

この「運用三号」の問題点を教えてくれた現場の職員は「こんな運用が始まっているが、現場は困惑している」と話してくれた。厚労省の担当課に取材すると、「救済がいかに必要か」という説明ばかりする。そこで「不公平という問題はあるのではないか」と聞くと、渋々認めたので、二〇一一年二月二日付で「主婦の年金　この不公平は許されない」と題した社説を起案した。

すると一気に事態が動き出した。同じ霞が関の総務省に置かれていた年金業務監視委員会から救済に対する異論が噴き出し、国会では当時野党だった自民党が批判の矛先を向けた。

「運用三号」は処理が停止され、細川律夫厚労相（当時）の進退論が浮上したタイミングで、この問題をめぐる与野党の対立は休戦となった。三月一一日に東日本大震災が起きたからだが、もしそうでなければ、自民党はこの政局ネタを徹底利用し、「厚労相辞任で民主党政権の基軸が揺らぎ、予算関連法案の成立のめどが立たない中で菅直人首相の政権は立ち往生する」という構図の政治報道が続いたと思う。

そもそも、なぜ、こんな問題の多い救済策がつくられたのか。

発端は、年金記録問題を追及してきた「ミスター年金」こと、長妻昭氏だった。二〇〇七年に個人とひもづけられない「宙に浮いた年金記録」が約五千万件あるという答弁を政府から引き出した立役者だ。

その後、厚労相になった長妻氏の内部調査で大量の届け出漏れが発覚、自らの考えに近い有識者を集めた省内の「年金記録回復委員会」で救済策を議論した。「政治主導」のお墨付きを得た厚労官僚は救済の準備を進め、二〇一〇年一二月一五日付の「課長通知」という形で日本年金機構宛てに指示を出した。

救済を決めた背景には「旧社会保険庁の広報不足や、届け出を自主性に委ねてきたという事情もあり、本人だけの責任ではない。多少の不公平が生じても、できるだけ本人の利益を優先して救済する」という考え方があった(6)。

だが、どんなに社会保険庁に問題があったとしても、「法律通りに手続きをした人が、手続きをしなかった人に比べて不利な取り扱いをされることはない」という原則が守られないとき、それは行政と国民の間に起きた問題ではなくなり、国民と国民の間の不公平の問題になる。

特に、社会保険で運営される公的年金の場合、「保険料をきちんと負担した人」への支給が原則だ。「手続きもせず、負担もしてこなかった人」を救済することへの抵抗感・反発は強い。「年金記録問題」で名を挙げた長妻氏をはじめとする民主党政権が、同じ年金記録問題で足をすくわれたのは皮肉な展開だった。実際、このときの自民党参院幹部は「記録問題に苦しめられた第一次安倍政権時代のリベンジができる」と喜んだという。

第３節　「宙に浮いた年金」「消された年金」

制度分立で、異なる年金番号

なぜ、年金記録は、これほど次々と問題を引き起こしてきたのだろうか。

いま、私たち年金加入者には全員、一人ひとつの「基礎年金番号」がふられている。しかし、この番号制度が導入される一九九七年以前は、就職や転職で制度を移ると、同じ人に別の年金番号(手帳番号)がついていた。もともと、民間サラリーマンは厚生年金、公務員は共済年金、自営業者は国民年金と制度が分立していたからだ。ここに「基礎年金」という制度が導入されたのは、一九八六年のこと。それから一〇年以上たって、ようやく運用が追いついてきたといえる。

これまでみた「生命保険の外交員を短期務めていた間に厚生年金に加入した専業主婦」のように、基礎年金番号の導入当初、「それ以前から持っていた手帳番号が二つ以上ある」とみられた人は約二二〇〇万人いた。社会保険庁は別々の手帳番号にひもづいていた加入記録を、基礎年金番号のもとに統合する作業を少しずつ進めていた。ところが、この基礎年金番号でさえ、企業が社員の採用時に持っているかどうかを確認せず、新しい番号をつけてしまう事態も起きていたとみられる。

たとえば、こんなケースだ。オウム真理教の元幹部をかくまったとして元信者の女性が二〇一二年に逮捕された。二〇〇〇年当時、勤務していた整骨院を通じて偽名の健康保険証を受け取り、レンタルビデオ店などで身分証明書として使っていたことが分かった。事業主は正社員を雇うと、一枚の申請書で健保と厚生年金に同時加入させる。元信者には保険証だけでなく年金手帳も発行されていたはずだ。

健保と年金の両方を扱っていた社会保険庁は、本人確認を徹底していなかった。退職すれば健康保険証は返すが、年金手帳は持ち続ける。そして、再就職すると新しい年金手帳を受け取ることがよくあった（社保庁の業務を引き継いだ日本年金機構は、同一人物に複数の年金番号を出さないよう、提出書類にマイナンバーを記入させる確認を強化している）。

「宙に浮いた年金記録」は、五〇九五万件（二〇〇六年六月時点）あった。国会でこの問題が議論されていた当時、安倍首相は記録問題について「最後の一人に至るまでチェックし、年金はすべてお支払いする」と決意を示していた。

これまで三二〇〇万件あまりが解明され、そのうち三八〇〇万件、一二八二億円の年金増額に結びついた（二〇一八年九月までの累計）。ただ、一八八四万件は未解明のまま、今も作業は細々と続いている。この中に、オウム元信者のように偽名で届け出をしたものも含まれているとしたら、解明は不可能に近い。

「消された年金」問題

自らの年金記録が「改ざん」されたことを訴え、闘い続けた一人の女性がいた。そして、その粘り強い活動が、いま私たちの手元に毎年誕生月に届くようになった「ねんきん定期便」の誕生を後押ししたと、私は考えている。

仙台市に住む斎藤春美さん。一九九二年から三年余り勤務した東京都内の中小企業で約三〇万円の給料を受け取っていた。ところが退職後にたまたま社会保険事務所へ自分の記録を照会、標準報酬月額の届け出が最低ランクの八万円になっていたことに気づいた。

これが何を意味するのか。厚生年金の保険料は、月給（標準報酬月額）に保険料率をかけて算出した額を、会社と従業員が折半して払う。斎藤さんが手元に残していた給与明細では三〇万円の給料に応じた保険料が天引きされていたが、社会保険事務所にはずっと少ない保険料しか納付されていなかったことになる。このため、仮に平均余命を生きたとして、将来の年金受取額は合計で約一四二万円減る計算だ。

斎藤さんは記録の訂正を求めて国に審査請求、その過程でくわしい経緯がわかった。勤務先を管轄していた麹町社会保険事務所には当初、斎藤さんの標準報酬月額の正しい届け出がなされていたが、一九九四年四月に会社が訂正届け出を提出、二年間さかのぼって八万円に引き下げられていたのだ。斎藤さんが勤めていた会社の社長に取材すると「バブル崩壊で経営が苦しくなり、（労使折半の）保険料納付が滞った。社会保険事務所から何度も催促され、払える分だけ払った」と振り返った。

引き下げは社会保険事務所が、企業の滞納額を減らそうと不適切な指導をしたからだ――。斎藤さんは二〇〇三年、国と会社を相手どって提訴した。「給与明細という決定的な証拠が手元にあったし、こんな理不尽と闘わないでどうするという感じでした」と振り返る。

裁判の結果、会社が天引きしていた保険料との差額、約八五万円は取り戻せた。けれども、国の責任は認められず、将来の年金が減ってしまう状況は司法の場では是正されなかった。斎藤さんは実名で取材に応じ、年金加入状況を通知すべきだと訴え続けた。

その後、企業が社会保険料負担を逃れるため、社会保険庁と「共謀」していた実態が明らかになる。

不況期、資金繰りに窮した会社は、手持ちの現金をまずは取引先への支払いや従業員の給料に回す。このため、社会保険料の支払いは後回しになりがちだ。滞納分をとても払えそうにない場合、どうするか。

本来は、滞納保険料を回収するため社会保険事務所は差し押さえに入らないといけない。だが、売掛金などを押さえれば、会社はつぶれ、従業員は職を失う。そこで、事業主と、いくら払えるか話し合い、その範囲内に滞納を圧縮するための方法を一緒に考える。それが、社員の標準報酬月額をさかのぼって引き下げたり、偽装脱退させたりする方法の指南につながった。二〇〇八年には、社会保険庁が「最も改ざんが疑われる」件数が六万九千件あるという調査を発表したが、その全体像は明らかにならなかった(7)。

このような「指南」は、社会保険料の支払いに窮した企業に救いの手を差し伸べているという見方はできるだろうか。社会保険事務所にとっても会社が倒産すれば、滞納保険料が回収できなくなり、収納率が下がる。保険料徴収を担当する徴収課の課長は、花形ポスト。徴収率を前年度より上げるというプレッシャーを感じがちだったという。

年金記録の改ざんに手を染めたのは、負担を減らしたい企業と、徴収率を上げたい社会保険事務所。双方の思惑が一致する一方、社員の年金は犠牲になっていたのだ。

この問題をさらに踏み込んでみると「会社が人を雇って働かせるとき、どのような負担をすべきなのか」という議論につながっている。具体的には、企業が一時的な人繰りや人件費節約のために雇うパートやアルバイトの社会保険加入だ。

第4節　非正規労働者問題の核心、厚生年金の適用拡大

低所得で老後の備えが難しくなりがちなパートやアルバイト。非正規労働者と呼ばれる働き手が受け取る年金を増やすため、厚労省が力を入れるのが適用拡大だ。自ら保険料を払うというハードルがある国民年金と国民健康保険に入っていた人を、保険料が給料天引きの厚生年金と健康保険（健保組合や協会けんぽなど）に移す。こうして企業経由で「社会保険に加入する」ことにより、どれだけ老後や病気になった時の支えが強くなるかは、第1章に登場した小西雅昭さんの例をみればよくわかる。

ゴールは、会社に雇われて働くすべての人への適用だ。しかし、この二〇年をふりかえっても、その歩みは遅々としている。企業にとって社会保険料の負担は目先のキャッシュが減ることを意味し、理屈はどうであれ強烈に反対してきたからだ。

法律では、パートやアルバイトでも企業と「常用的使用関係」にある場合は社会保険に加入することになっている。その判断基準として使われてきたのが「四分の三」という数字だった。パート・アルバイトでも、働く時間が正社員の四分の三以上であれば、社会保険に加入させるというルールである。

では、この「四分の三」という数字はどこで決まったのだろうか。

二〇〇一年に初めてこの問題を取材した時、基準の根拠があいまいなことに驚いた。一九八〇年六月六日に厚生省（当時）と社会保険庁の課長名で出された「内かん」という文書が一枚あるだけだったのだ。

これは都道府県庁の担当部課長宛てに「拝啓　時下益の御清祥のこととお慶び申し上げます」から始まる一種の「お手紙」だ。その文面は、短時間就労者（パートタイマー）を厚生年金に加入させるかどうかを、まず労働時間や仕事の内容から「総合的に勘案するべき」とした上で、ようやく次に「所定労働時間と日数が、通常の就労者のおおむね四分の三以上」という記述が登場する。さらに、基準に該当しなくても加入が適当な場合は、個々具体的な事例で判断すべきだ、として裁量の余地を認めていた。

このとき取材した事例では、東京ディズニーランドを運営するオリエンタルランドが、会計検査院らに加入漏れを指摘され、アルバイト一六〇八人分、四億五六〇〇万円の保険料を全額、会社側が負担していた。

これほど大きな企業負担を左右する基準にもかかわらず、「お手紙」が、強制力のある「通知」におきかわったのは、二〇一六年一〇月のことだった。「内かん」が出てから廃止されるまで、何と三六年もかかっていたのだ。

企業の「社会保険料逃れ」

「四分の三基準」にあてはまらない短時間（パート）労働者を使えば、社会保険の企業負担はゼロ。

この落差が、短時間の非正規労働者を増やす理由となってきた。

取材を始めた二〇〇〇年代初頭は、長引くデフレ経済のもと、何とかして従業員の労働時間を短縮、もしくは偽装して適用を逃れようという動きが盛んだった。

たとえば、こんなケースを取材している。関東地方にあるスーパーは、社会保険事務所から、パート約一〇〇人の「厚生年金加入漏れ」を指摘された。社長が加入の意思を確認すると、ほぼ全員が「夫の扶養を抜けて、自分で保険料を払うくらいなら仕事をやめる」と言ってきたという。

あわてた社長は、加入を嫌がる主婦パートは別会社に籍を移し、そこからスーパーに派遣する形にした。すでに厚生年金に加入している正社員と、加入基準に満たないパートはスーパー本体に残した。社会保険事務所の目が届かないのか、別会社には何のおとがめもなく、「派遣パート」は時間を気にせず働いているという。

ここには「適用拡大」をめぐり、今も続く二つの問題がある。

ひとつは、雇用の実態を見えにくくする「派遣パート」を活用するなどした社会保険料逃れのやり方だ。今も昔も「働く時間が正社員の四分の三以上」という基準を満たす人は加入させなければいけない。派遣労働者を使うかどうかにかかわらず、「入るべき人が入っていない」という状況は続いている。厚生労働省は、厚生年金の加入資格があるのに国民年金に入ったままの人が二〇一七年三月時点で全国に約一五六万人いると推計している。(8)

もう一つは主婦パートの問題だ。厚生年金の加入をめぐって、「入れたくない」経営者と「入りたくない」主婦パートの利害が一致する理由は、「第三号被保険者」制度にある。

サラリーマンの妻は、自らは年金の保険料を払わないでも国民年金に加入できるし、被扶養者として夫の健康保険が使えるからだ。二〇一七年の調査でも、従業員が厚生年金に加入しなかった理由としては、税・社会保険制度上の扶養から外れることを避けたいとする回答が目立った。加入の基準を四分の三から下げても、「三号」という制度がある限りは、基準を下回ろうとして、働く時間を短くする誘因が、加入者側にも働く。

保険料を払わないのに将来の年金が受け取れるという不自然さを抱えた「三号」は、女性の年金権確保に役割を果たしてきたとは感じつつも、制度に刺さったトゲのような異物感も拭いがたい。不公平感だけでなく、年金記録問題の攪乱要因になってきたのは、「主婦の年金空白問題」や「運用三号問題」で見た通りだ。三号の数は、二〇一三年度に一千万人を切り、直近の二〇一八年度で八四七万人。今後、女性の就業率が高まり、「共働きが当たり前」という社会になるにつれて減少すると見込まれるが、制度改革の議論はストップしている。

最終ゴールは「企業規模の撤廃」

二〇一六年の通知にはさらに、「従業員五〇一人以上の企業で、週労働時間二〇時間以上、月収八万八千円以上などの要件を満たせば適用する」という規定も盛り込まれた。

通常の従業員は週四〇時間働くので、法律上は三〇時間以上だと企業規模を問わずに厚生年金に加入させないといけない。ただ、規模の大きな企業には基準を変えて、より多くの従業員を適用することにしたのだ。

そして二〇二〇年五月末に成立した年金改革法に、厚生年金の加入対象となるパートやアルバイトの範囲拡大が盛り込まれた。短時間だけ働く人が厚生年金に加入するのは、「従業員五〇一人以上」という現在の企業規模の要件を二〇二二年一〇月に「従業員一〇一人以上」、二四年一〇月に「五一人以上」に広げる。週二〇時間―三〇時間働いて厚生年金が適用される短時間労働者は現在、約四四万人だが、規模要件の変更で約六五万人増える見込みだ。

この要件に新たにあてはまる人たちは、保険料を自己負担する国民年金と国民健康保険から、厚生年金と被用者健康保険に移る。月収八万八千円の人では、保険料は安くなり、受け取る年金は増えることになる（図３－４）。

この「五一人以上」という要件を撤廃するのが最終ゴールである。同じ国民なのに、勤め先が大きいか小さいかで社会保障の扱いに差が出るのはおかしいからだ。ただし、「働く側」に立った時にはそうでも、「雇う側」にとっては、保険料というキャッシュを用意できるかどうかという現実問題になる。

繰り返しになるが、「雇う側」つまり企業は、年金と健康保険の保険料として従業員に払う給料の三割近い額を納付する義務がある。負担は「労使折半」ではあるが、従業員の給料から天引きする分も含めてお金を用意し、日本年金機構に払い込むのは企業だ。法人税とは違い、仮に経営が赤字でも、従業員に給料を払う限り、社会保険料の負担は確実に生じる。

厚生年金に加入する事業所数は約二三八万。その六三％、一五一万事業所が従業員五人未満の零細企業だ。月給三〇万―四〇万円の従業員を一〇人も雇えば、労使あわせた一ヵ月の保険料納付額

図 3-4　適用拡大で新たに厚生年金に入る人数の試算

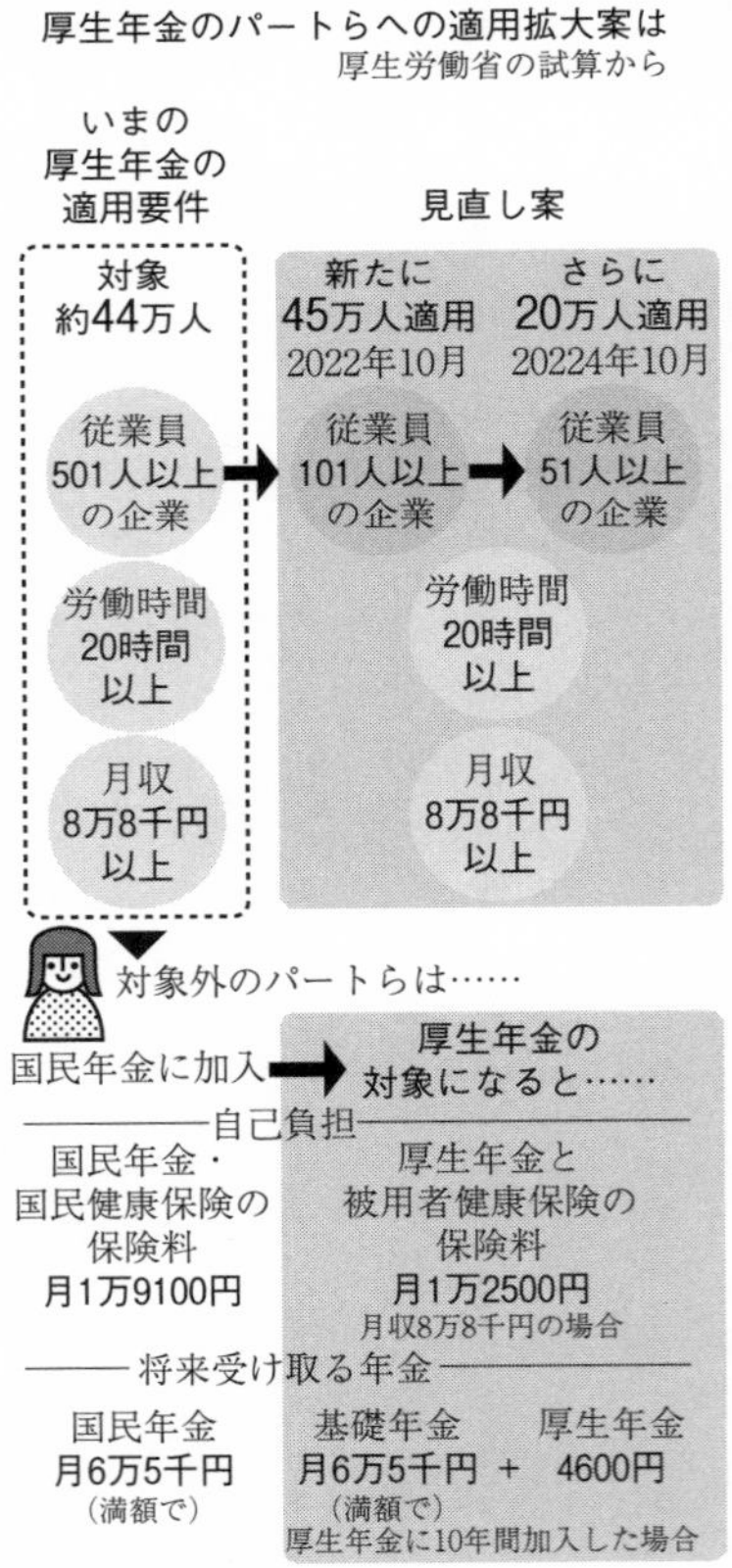
厚生年金のパートらへの適用拡大案は
厚生労働省の試算から
いまの厚生年金の適用要件
見直し案
対象
約44万人
新たに
45万人適用
2022年10月
さらに
20万人適用
20224年10月
従業員
501人以上
の企業
従業員
101人以上
の企業
従業員
51人以上
の企業
労働時間
20時間
以上
月収
8万8千円
以上
対象外のパートらは……
国民年金に加入
厚生年金の
対象になると……
自己負担
国民年金・
国民健康保険の
保険料
月1万9100円
厚生年金と
被用者健康保険の
保険料
月1万2500円
月収8万8千円の場合
将来受け取る年金
国民年金
月6万5千円
（満額で）
基礎年金
月6万5千円
（満額で）
＋
厚生年金
4600円
厚生年金に10年間加入した場合

出典：朝日新聞社.

は一〇〇万円にはなるだろう。そこに、さらに上乗せして負担を求めるのは簡単なことではない。それでも景気が回復局面であればまだ受け入れられやすい。ただ、今後、新型コロナウイルスの感染拡大の影響で景気の落ち込みが長引けば、「適用拡大」の道はより険しくなる。最終的には「社員の社会保険料を払えない企業は淘汰されてもしかたがない」と思えるかどうか、シビアな判断が求められそうだ。

第５節　社会保険庁が残した教訓

二〇〇〇年代に噴出した年金の記録問題は、突き詰めてみるとガバナンスの問題に行き着く。要は、年金制度を設計する厚労省と、制度を運営する社会保険庁との連携が悪かったのだ。

確かに、社保庁は問題の多い組織だった。人事は「三層構造」といわれ、厚労省のキャリア官僚が占める本庁幹部と本庁採用の職員、そして地方の社会保険事務所に勤める職員が、それぞれの領域で仕事をするが、連携する機運はうすかった。

年金運営の第一線にいる地方の職員は、長く都道府県単位で採用され、二〇〇〇年までは知事が指揮監督する地方事務官という特殊な身分の国家公務員だった。異動は都道府県内が原則。独立性が強く、届け出書類の書式や取り扱いが都道府県で違うことも珍しくなかった。また、通知・通達からパソコン導入まで労働組合と協議するのが慣例になっていた。このため、地方事務所の若手職員が「職場の危機感は足りない。お客様本位じゃない」と嘆くように、組織内に内向きでもたれあう気持ちがあったという。

一方、社保庁の現場側にも言い分があった。たとえば年金相談は当時、中央、地方合わせて一年間で約二四〇〇万件あったが、制度が複雑なため説明に時間がかかり、首都圏などの地方事務所では数時間待ちのところもあった。職員からは「年金が破綻する前に現場が破綻する」との声が上がっていたが、それが厚労省まで届きにくかった。

負担を大きくしてきたのが、改正のたびに複雑さを増す年金制度だ。社保庁には、現場への影響を考えず制度改正を重ねる厚労省への不信感は根強かった。「しわ寄せはみな現場に来るが、厚労省は責任をとらない。消極的な体質になったのは、自分を守るためでもある」と職員は話した。

国の政策と現場の運営の乖離を強く印象づけたのが、二〇〇二年に実施された年金事務の市区町村から国（社保庁）への移管だ。この施策が議論されていた一九九〇年代後半、厚生省（当時）は、地方分権という要請に応えるため、また地方の社会保険事務所へのグリップを利かす必要性にも迫られて、全国統一で事務を効率化すれば、三三〇〇の市区町村でやってきた国民年金事務を、三一二しかない社会保険事務所でできると強弁していた。[9]

一方、現場からは疑問の声が高まっていた。特に不安視されていたのが手間のかかる保険料の徴収。フタを開けてみれば、事務移管された二〇〇二年度には、徴収率が前年度から八ポイント下がって六二・八%にまで落ち込んだ。未納・未加入者への働きかけが不十分になったことの当然の帰結だったが、この運営面の失態が、「年金空洞化」批判を招き、制度全体の不安や不信を高めることになった。

第６節　年金「制度」はどう報じられるか

前節までは、主に年金制度の「運用」に関して、どんな取材をして記事を書いてきたかをふり返った。それはある意味、記者として幸せな経験であった。「主婦の年金空白」の報道は法改正に結びつき、四一万人の年金を回復する結果につながった。「運用三号」を社説で書いたときは、この問題が国会で取り上げられ、時の政権を窮地に立たせることになった。社会保険庁のガバナンスの問題も、他社に先駆けて指摘した。これまでの記者人生で、数少ない自慢できる仕事だったかもしれない。

一方、制度そのものの報道については、複雑な思いがある。恥ずかしい経験も多い。

この節では、制度そのものの解説というよりも、ごく普通の生活者が日頃接する新聞やテレビで目にする年金「制度」に関するニュースがどうやって生産されているかを見ることで、年金「報道」に関する理解の一助になればと思う。

これまでも、そしてこれからも、年金制度改革や、その前年に行われる五年に一度の「財政再検証」について新聞紙面にメインの記事を書くのは三〇―四〇代前半の記者だろう。厚労省の記者クラブに所属し、年金局を担当して初めて年金の勉強を始めるというパターンが多い。

私も最初に新聞の二面に「解説」を書いたのは三三歳、「ミレニアム年金改革」と呼ばれる年金制度改正関連法が二〇〇〇年三月に国会で成立したときのことだ。年金を勉強し始めてから半年もたっていなかった。読み返してみると「年金には五三〇兆円の積立不足がある」という今なら絶対に書かないことを書いている。公的年金は「働けなくなったお年寄りを社会で支える」という世代間扶養の仕組みであるのに、これを私的年金や民間の金融商品と同じだと錯覚した結果だ。[10]

言い訳すれば、当時、厚労省がつくった資料にも「給付債務」という説明が登場している。[11]ただし、これは当時、盛んだった「年金民営化」の主張への反論として書かれたもので、その意図をよく理解しないまま現行制度の評価に使うのはミスリーディングと言われても仕方がない。

この当時、積立方式への移行を軸とする年金改革論が一世を風靡しており、書店には著名な経済学者が書いた書籍が平積みされていた。私がそうであったように、記者はある日突然、「年金担当」を言いわたされ、すぐにでも分かったような顔で解説記事を書かないといけない。現行制度の機能や歴史をじっくり勉強する時間はなく、手っ取り早く批判的なトーンや「抜本改革」を論じた本を読み、著者に話を聞き、その取材を支えにして記事を書くことになりがちだ。そして、世の中には年金制度に批判的な論者や本は事欠かない。現行の制度に批判的な意見は、いやが応でも耳に入ってくる。

しかし、最初は小さな木だった年金は大きく成長し、国民生活に深く根を張っている。その幹と根がどんなプロセスを経て育ってきたのか、まずしっかり腹落ちさせないと、自分のなかで「全体の地図」が描けず、政策やそれに対する批判の「相場観」がわからない。そして、この地図や相場観なくしてはバランスのとれた解説を書くのは難しいと感じる。

ただ普通、年金の担当記者の任期は長くて二年。この地図がうっすらと浮かび上がったころには、人事異動で別の取材分野を持たされることになる。

私も年金取材を始めて間もない頃は、年金の「税方式」にシンパシーを感じていた。要は、ある一定の年齢に達したら全員に税として集めたお金から年金を給付すればいい、という考え方である。これなら、保険料の未納という問題はなくなる。社会保険料で年金の財源を集め、納付記録をもとに給付する事務は複雑かつ膨大で間違いも起きやすいことを、「記録問題」の現場を取材して痛感していたからだ。

その後、一人ひとりが保険料を納付した記録こそ「老後の所得保障」という機能を強くし、給付を守っているとの認識に至るまでには長い年月がかかっている。

記録問題「だけ」なら税方式で解決する。しかし、安定的にお金を集めて給付水準を維持するという面ではどうだろうか。税方式は、その財源を消費税で賄うという主張とセットになることが多いが、消費税率を引き上げる難しさを考えればとても現実的だとは思えない。今はやりの「ベーシックインカム」は、その理念がいかに心地よく響いたとしても、実現可能性があると思えないのも財源調達に現実味を感じないからだ(12)。何より増税が実現するなら、年金より子育て支援、医療や介護に使って欲しいと私は思う。

「税」というお金はこわい面がある。日本は社会保険方式で皆年金や皆医療保障を実現しているが、社会には保険料を払う所得のない人が必ず存在する。こうした所得がない、もしくは少ない人も皆保険の傘の下に入ってもらい、保険料を免除したり、低く抑えたりするために、国民年金や国民健康保険、介護保険には国庫負担という名で税金が投入されている。社会のセーフティーネットが最も弱い部分を補強するためだ。そのお金は「公費」と表現されることもあり、なにやら天からお金が降ってくるイメージを与えがちだ。だが、実際にはその公費が入った途端に財務省から給付を削るよう強い圧力にさらされる。給付を守りたい厚労省に対して、財務省は財政再建に責任があるので、これはやむをえない。

全国民から幅広くお金を集める仕組みを所管する省庁は、税を集める財務省、社会保険料を集める厚労省だけだ。経産省が力を握る第二次安倍政権は例外として、霞が関の力関係や発言力は、「財源獲得に汗をかいたかどうか」で決まる傾向が強かった。「厚労省が構築したシステムに参加し、給付のために保険料を払ってきた」という記録の裏付けがある社会保険方式の年金と比べて、財務省のコントロールが強く働く税財源一〇〇％の年金は今よりずっと給付が不安定になるだろう。たとえば、「財政が苦しいのだから、お金のある人には出さなくていい」といった生活保護のような所得制限がかかってくる可能性が高い。

第7節　二〇〇四年年金改革の表と裏

現在の年金制度は二〇〇四年に大きな改革があった。「保険料を段階的に引き上げて上限を固定し、人口減少や寿命の延びに応じて給付を抑制。ただし、もらい始めの年金の給付水準は、現役世代の平均手取り収入の五〇％を下限にする」という今の制度は、それ以前と比べて制度の設計思想が大きく変わっている。

日本の公的年金は現役世代から集めた保険料を、その時点での高齢者に給付することを基本とする。以前は一定水準の年金を確保するため、保険料を引き上げていた。

だが、そのままだと厚生年金の保険料率は二六％近くまで上がる。そこで発想を転換し、現役世代の負担に上限を設けることにした。「お金の入り」に枠をはめ、その範囲内でやり繰りをするという考え方だ。

二〇〇四年改革によって、保険料は毎年、自動的に少しずつ引き上げられ、二〇一七年度以降は勤め人が入る厚生年金では一八・三％（労使折半）、パートや自営業の国民年金では一万六九〇〇円（二〇〇四年度価格）で固定されることが決まった。これに国が税金を加え、積立金とその運用収入も使って、おおむね一〇〇年間、収支を均衡させる。

この改革の肝は、急速な少子高齢化でお金の入りと出のバランスが崩れないよう、「マクロ経済スライド」という仕組みを設けたことだ。人口の減少や平均余命の延びにあわせて、年金を自動的に抑える。要は、「稼ぎ手が大変だったら高齢者も我慢する」という、家族なら当然のルールを働かせるわけだ。

ただし、給付の方は「所得代替率」で測る下限を設けている。年金が現役世代の手取り収入に対し、どのくらいの割合になるかという一種の物差しだ。今の制度は、サラリーマンと専業主婦の「標準世帯」が年金を受け取り始める時点で「所得代替率五〇％」を下限としている。何かと物入りな現役世代の半分くらいの収入というイメージだ。

図 3-5　参院厚生労働委員会で、国井委員長に詰め寄る野党議員らで騒然とする中、年金改革関連法案の採決が強行された＝2004 年 6 月 3 日午後 3 時すぎ、国会内で

出典：朝日新聞社.

改革案が政府与党の決定プロセスに乗っていたころ、私は小泉純一郎首相が率いる首相官邸の記者クラブにいた。負担をできるだけ抑えたい経済界と、財源を確保したい厚労省（とバックにいる自民党厚労族）がせめぎあう中で、厚生年金の保険料率の上限がどこに落ち着くかが焦点だった。法案が国会で審議され、参院厚生労働委員会では与野党の議員がつかみ合い、怒号が飛び交う中で採決された時は厚労省の記者クラブにいた（図3－5）。

二〇〇四年六月五日、法案が最終的に本会議で可決成立したが、そこに至る一ヵ月強は、「年金未納政局」の嵐が吹き荒れた。小泉内閣の閣僚に国民年金の未納や未加入期間があったことが次々と発覚し、福田康夫官房長官まで辞任する事態となった。攻勢に出た野党・民主党でも、「未納三兄弟」などと揶揄していた菅直人前代表の未納が明らかになった。きわめつけは、小泉首相本人に

も六年余り未加入期間があったことだ。朝日新聞はこれを一面トップで報じた。また、小泉首相は、国会議員になる前に世話になった企業で勤務実態がないのに厚生年金に加入していたことを追及され、「人生いろいろ、会社もいろいろ、社員もいろいろ」と答弁した。この名言（？）を記憶している人が多いかもしれない。

制度自体の議論が深まらなかった象徴的な場面として覚えているのが、まさに六月三日の参院厚労委だった。民主党の山本孝史参院議員は「マクロ経済スライドという言葉は物価スライドとは全く意味が違うんです。どう違うかということを総理はどう理解しておられるか」と詰め寄ったのに対して、小泉首相が「それはね、専門家に聞いてください、専門家に」としか答えられなかった。「マクロ経済スライド」は、まさに首相が自分の言葉でわかりやすく説明することが求められるキーコンセプトだ。私は厚労官僚に「総理のこの答弁はまずくないですか」と聞いたら、苦笑いされた記憶が鮮明に残っている。

「マクロ経済スライド」という護摩札

改革が決まった当時、首相官邸や厚労省の記者クラブで取材していたが、本当の舞台裏は見えていなかった……。そう思い知らされる経験は一四年後に訪れた。二〇一八年夏に、当時の政策責任者の一人にくわしく話を聞く機会を得たのだ(13)。

生々しく語ってくれたのは、渡邉芳樹さん。約七年にわたり厚労省年金局の審議官と局長、社会保険庁長官を歴任した。また、大使館員、大使として二度、スウェーデンで勤務するという異色の経歴の持ち主でもある。

一九七五年に厚生省（当時）に入った渡邉さんは主に保険局の仕事が長かった。年金局に異動したのは二〇〇三年七月。局内は「挫折感でいっぱいだった」という。年金は五年に一度、「財政再計算」（現在は「財政検証」）という作業で長期的な財政見通しを作り直し、それをもとに制度を見直してきた。現役時代の六割程度の年金給付を目標に、一九九四年までは保険料を少しずつ上げられてきた。だが、一九九九年（制度改正は二〇〇〇年）は、バブル崩壊後の景気低迷を背景に、保険料（当時、厚生年金で一三・五八％）の引き上げが凍結されてしまったのだ。

それほどまで難しい保険料率の引き上げ。二〇〇四年の見直しを控えた当時の年金局内は「ちょっとでも上げられたらいい」という雰囲気だったという。それがなぜ、一気に「二〇一七年度まで段階的に一八・三％に引き上げる」という決着を見たのか。

「そこは、スウェーデンのように人口減少と長寿化に応じて給付を自動調整する、というマクロ経済スライドの説明が護摩札のように効いた」と渡邉さんはいう。

保険料を払う側の人口は減る。年金を受け取る側の数は増えて長寿化する。それにあわせて年金を減らしていく。経済財政諮問会議の民間議員の周辺からは「公的年金をカンナで削っていくことになるから、風呂おけに入れられるほど小さくなるよね」というような声が聞こえてくる。一方、自民党内の市場重視派の幹部は「厚生年金を解体して、すべて個人型確定拠出年金にする」という将来像を描いていた。渡邉さんは、これはチャンスだととらえた。

一九九六年に経団連は「厚生年金の報酬比例部分の民営化、将来的には企業年金への統合などの

可能性についても検討する」という改革案を発表していた。(14)

背景には、経済界や金融界が「市場の外にある公的年金はムダなお金の流れ」と受け止めており、いら立ちを募らせていたことがあるという。「マクロ経済スライド」というカンナによってその流れをいずれ小さく削りこめるなら、当面の保険料引き上げは我慢するというわけだ。

「所得代替率五〇%」は歯止めになるか

経済界が公的年金の水準を下げていくことを望んだのに対して、当時の自民党厚労族の議員たちは対抗措置を講じることを主張した。その成果が、「標準的な年金の水準が、受け取り始める時点では現役会社員の平均手取り収入の五〇%を下回らない」という歯止めだ。

次回（五年後）の財政検証までに五〇%を下回ることが見込まれるときには、マクロ経済スライドによる給付抑制を止めて、給付と負担を見直す。そうした内容が、国民年金法等の一部を改正する法律付則に書き込まれた。

これさえあれば、「カンナで給付を削り続ける」わけにはいかないのでは？　そんな疑問を渡邉さんに聞くと、こんな説明をしてくれた。

「五〇%を切りそうだから給付抑制を止める法律をつくればいい、という話にはなり得ない。給付をさらに引き下げるとか、保険料をさらに引き上げるとか、誰に痛みを負わせるのかを決めなければいけない。政治的には、すごく大変なことなんです」

五〇%割れを防ぐための具体策、すなわち保険料を引き上げたり、税の投入を増やしたりする負担増を決めなければいけない。決められなければ年金の給付減を受け入れるしかない。

「給付水準が四〇％台に落ちていってしまう状況になっても、保険料率を上げることで皆が容易にまとまるような甘い世界ではない。だから、公的年金をカンナで削りたい人たちは『これは歯止めになっていない』と理解したんです」と渡邉さん。

そもそも保険料率というお金の「入り」に枠をはめると同時に、給付にも下限を設けるのは制度として矛盾している……。二〇〇三年に自民党本部で取材していたとき、厚労族の重鎮がこんな趣旨のことを話していたことが記憶に残っている。

では、際限なく給付が削られないためには、どうしたらいいのか。保険料率を引き上げなくても収入を増やすにはどうしたらいいか。女性や高齢者を含めて「保険料を払う人」の数を増やすこと、そして給料を上げて同じ一八・三％の保険料率でもより多くの保険料が年金のお財布に入るようにするしかない。

第8節　民主党の「年金改革」から学んだこと

太く育ち、根を張った大木である公的年金。これを根っこから引っこ抜いて、新しい木を植えようというのが「抜本改革」だろう。

皮肉なことだが、民主党政権の金看板だった年金改革が「失敗」したことで、私たちは貴重な教訓を得ることができた。こと年金に関して、抜本改革は不可能であることを。

私が第一線の記者として、また論説委員として活動した期間は、民主党の「年金改革」への期待が急激にふくらみ、そしてしぼんでいったプロセスと重なっていた。

民主党が年金一元化を言い出したのは、二〇〇三年の衆院選マニフェストだ。その後、年金記録問題を追い風に、政権を奪取した二〇〇九年の総選挙では、政権公約に「消費税を財源とした最低保障年金を創設し、全ての人が七万円以上の年金を受け取れるようにする」と書いた。

全国民が「一元化」された年金制度に加入し、所得に応じた保険料を払う「所得比例年金」をつくる。加えて、その給付が一定水準以下の人には税財源から補足的な給付をして、全員が「最低保障年金」（月額七万円）を受け取るという案だ。

ところが政権交代から三年がたち、二〇一二年に新年金制度案の財政試算が公表されると、「突っ込みどころ」があらわになった。

まず、消費税でどの人の年金も月額七万円以上にする「最低保障年金」を導入した場合、社会の多数を占める中間層の年金が減ることがわかった。支払う保険料はさほど下がらない。にもかかわらず、消費税分の払いが増え、しかも肝心の年金が減る。低年金の人に上乗せ給付をするという政策を実現するなら、中間層に泣いてもらわないといけないし、増税も必要になるのは当然だ。

そもそも、サラリーマンの入る厚生年金と、自営業者の加入を想定した国民年金を「一元化」するのは現実問題としてとても難しい。新しい制度では、自営業者もサラリーマンと同様、所得に応じた保険料を払う。サラリーマンなら会社が半分負担しかつ本人負担分も給料から天引きされる。一方、自営業者は全額を自分のお財布から払う。同じ所得でも保険料の負担感は大きく、徴収は格段に難しくなる。

さらに、自営業者なら家事関連の支出も必要経費に混入させやすい。所得を低く申告することで保険料の負担を軽くし、「所得比例」部分の年金は低く抑える。その結果、より多くの税財源による年金を上乗せしてもらうことも可能だ。

仮に新制度が実現し、理想的に運営できても、すっきり解決する問題は何もないこともわかった。いきなり全年金受給者に最低七万円の支給を実現しようとすれば、一気に莫大な財源が必要となる。新制度へは長い時間をかけて徐々に移行せざるをえない。いまの時点で低年金・無年金の貧しい高齢者に恩恵はなく、消費税は余計に払う。将来的にも、保険料が未納の人には年金は払われないこともわかった。

与党としての三年三ヵ月、民主党案は実現の兆しすら見えなかった。制度変更に伴う国民の負担が可視化された途端、実現の難しさがあらわになった。結局は自民、公明の両党と話し合い、漸進的な修正に立ち戻るしかなかった。

選挙を戦うだけなら分かりやすいポンチ絵程度の改革案でも通用するが、実際に運用まで考えると、制度設計の難しさ、個別の損得があらわになり、野党もそしてメディアもそこを突く。すると、具体化に向けたハードルが次々と現れ、行く手をふさぐ。そんなプロセスの一部始終を見させてもらった。

第９節　年金の「複雑さ」と格闘する

いまの年金制度はそれなりの合理性がありながらも、いくつか問題を抱えている。この問題点のイメージを国民の間で共有することは、とても大事なことだ。ただ、そこには大きな壁がある。年金制度の複雑さだ。

複雑化への懸念に最初に出合ったのは、ミレニアム年金改革と呼ばれる二〇〇〇年の制度改正で年金課長を務めた大谷泰夫さん（現・神奈川県立保健福祉大理事長）の著書だった。

「よく聞いてみないと理解できない考え方や国民に誤解を受けやすい制度はそれだけでもあやういと思うべきであろう。この点で現在の年金制度が反省すべき点は少なくない。筆者自身（中略）これこそが将来に向けて最大の弱点になるのではないかと危惧している」(15)

大谷さんは、日本の年金制度が複雑化した最大の要因を、制度が変わる前後の加入者や受給者の「既得権や期待感の保護に最大限の注意を払ってきたことに尽きる」と説明する。すでに公的年金を受給している世帯の五割は年金しか収入がなく、減らせば生活水準の低下に直結する。引退間近になれば公的年金を期待して老後の設計をするので、いきなり「来年から年金を一割カット」などという（わかりやすいが）乱暴な変更はできない。

たとえば標準的な受給開始年齢の六〇歳から六五歳への引き上げは一九九四年の改正で決まったが、男女ともに六五歳にそろうのは二〇三〇年度である。決定から完成まで三五年以上かける間に高齢者が仕事を続けられる環境を整えていかなければならない。

生まれ年別に段階的に少しずつ給付を減らしていく経過措置が膨大にあり、「年金行政の実務家でもこれを完全に掌握理解している人はいまや少ないと言われている」ほどだ。また、自営業者が入る国民年金の救済を眼目にした一九八五年の大改正で、三号制度（サラリーマン世帯の主婦（夫）の年金）を含む「基礎年金制度」ができたことも複雑化の大きな要因となっている。

複雑な年金のなかで、そのわかりやすさゆえに負の感情を動員しやすいのが「支給開始年齢の引き上げ」という言葉である。

本来、受給開始の標準年齢六五歳をたとえば六八歳に引き上げるということは、六五歳の給付を減らすことと同義であり、「これから年金を受け取り始める現役世代」にしか影響しない。つまり、「世代間格差」をかえって拡大する。現政権もそのことは強く認識しているようで、二〇一九年一二月にまとまった政府の「全世代型社会保障検討会議」の中間報告では、わざわざ「現在六五歳からとなっている年金支給開始年齢の引上げは行わない」と明記したほどだ。

標準的な受給開始年齢が六五歳であることが広く浸透しているが、実際は自分で受け取り時期を決められる。二〇二〇年の改正では、この年齢幅を六〇—七五歳へと広げる施策が盛り込まれた。標準的な受給年齢六五歳を変える内容ではないが、法案の審議が始まった四月一〇日には「年金七五歳やめてほしい」などのつぶやきがネット上にあふれた。そうした空気に乗じて、週刊誌は「どさくさまぎれの『年金七五歳支給』　感染対策に無能だった厚労省が『改正法案』をこっそり提出」と不信をあおりたてる特集を打った。

「マクロ経済スライド」

複雑さの極みと言えるのが二〇〇四年の年金改革の根幹である「マクロ経済スライド」だ。この仕組みが「機能不全」に陥っているという報道に触れる機会が多いが、ごく普通に暮らしている人が理解するのは相当ハードルが高い。このハードルをどこまで下げられるかに挑戦してみようと思う。

まずは、実際の新聞記事（二〇二〇年一月二五日付朝日新聞朝刊）を読んで欲しい。「マクロ経済スライド」が発動し、年金支給額が改定されたことを報じるものだ。

◇

年金水準、実質低下　マクロ経済スライド発動　二〇年度

公的年金の二〇二〇年度の支給額が、今年度より〇・二％増えることが決まった。物価や賃金が上がったためで、増額は二年連続。少子高齢化にあわせて年金の水準を下げる「マクロ経済スライド」も二年連続で実施されるが、導入から一六年で三回目の発動にとどまる。低下が見込まれる将来世代の年金水準を底上げするには、今後も着実に発動が進むかが焦点になる。

厚生労働省が二四日、二〇年度の年金支給額を発表した。年金額は、物価や賃金の動きに応じて年度ごとに見直す。総務省が二四日発表した昨年の消費者物価指数（生鮮食品を含む）は、〇・五％上昇。また厚生労働省は最近数年のデータから、今回は賃金変動率をプラス〇・三％と計算した。改定時のルールに基づき、低い方の賃金上昇率を年金額改定のベースとした。

ここから、平均余命の伸びなどに応じて自動的に抑制水準が決まる「マクロ経済スライド」の仕組みで〇・一％分を差し引き、年金支給額は〇・二％増にとどめた。そのため、物価や賃金の伸びほどは年金額が伸びないことになり、実質的な価値は目減りする。

日本の年金制度は、現役世代が納めた保険料を、その時の高齢者の年金にあてる仕組みだ。少子高齢化で現役の負担が増え続けるのを防ぐため、二〇〇四年にマクロ経済スライドを導入。保険料収入や過去からの積立金、税金投入の範囲で将来も安定的に支給できるようになるまで、年金水準を下げることになった。

ただ、マクロ経済スライドは物価などの伸びより年金の伸びを抑える仕組みのため、デフレ下では実施できず、思うように発動は進んでこなかった。〇四年の導入時には、マクロ経済スライドは二三年度までに終了する想定だったが、初めて発動されたのは一五年度だ。

昨年八月に公表された最新の年金財政検証では、マクロ経済スライドが終わるのは、代表的な経済ケースで四七年度。夫婦二人のモデル世帯が受け取る公的年金の合計額は、一九年度は現役世代の平均収入の六一・七％だが、四七年度は五〇・八％に下がる。今後も物価や賃金が上がり、着実に発動が続かなければ、スライドの終了は遅れ、将来の年金水準は想定より下がる。特に影響を受けるのが国民年金の受給者だ。財政検証では、四七年度の年金水準の低下度合いは厚生年金が約二割だが、国民年金は約三割も下がるとされた。（山本恭介）

◇

どうだろうか。かつて私も所属した厚労省の記者クラブで、年金局担当の記者が苦吟する姿が目に浮かぶようだ。新聞という限られたスペースにおさまるようコンパクトな表現を追求しつつ、日本語として意味が通じるようにするのは至難の業だ。私でも同じようにしか書けないと思う。

大事なのは一般読者にその内容が伝わるかどうかだが、年金額を決めるルールはあまりに複雑だし、理解にかなりの基礎知識が必要なので、もはや新聞記事のフォーマットでは、十分にハードルを下げるのは不可能だと感じる。

一連の経緯を取材してきた身として「ここから考えるとわかりやすいかな」と思うのは、政治の要請だ。

頭に浮かぶのはこんな情景である。選挙で当選を目指す政治家がお年寄りの前に立つ。高齢有権者にとって最大の関心事は「自分の年金はどうなるか」だ。そのとき、政治家が「おじいちゃん、おばあちゃん。安心してください。あなたの年金は減りません」と、ぎりぎりウソにならない範囲で言える。この必要性に応えることが死活的に重要ということだ。

制度の根本思想を考えると、本当ならこれは無理筋だ。年金は「国民仕送りクラブ」のようなもので、仕送りする現役世代の数が減ったり稼ぎが減ったりすれば、それに応じて仕送りの額だって減らさざるをえない。それを自動的にできる仕組みが「マクロ経済スライド」だったはずだ。

その仕組みに制限をかけているのが、「名目下限」と呼ばれるルールである。

お年寄りにとって目に見えるのは二ヵ月に一度振り込まれる年金の額だ。この「見た目の年金額」を減らすことはしたくない。だから、賃金や物価がちょっとしか伸びないときやマイナスになってしまった場合は、「マクロ経済スライド」を十分に利かせないということになる。

二〇〇四年に制度をつくったときには、賃金や物価がそこそこ上昇するだろうという前提があった。先の記事には「物価や賃金の伸びほどは年金額が伸びないことになり、実質的な価値は目減りする」とあったが、要は現役世代の生活水準が向上するのとまったく同じペースでは年金額を引き上げず、少し遠慮してもらう、くらいのイメージだろうか。

しかし、その前提は崩れた。平成は長引くデフレで平均賃金が伸び悩み、マイナスの年も多かったため、マクロ経済スライドが発動されたのは、二〇〇四年の導入から三回だけにとどまっている。現役世代の生活水準が下がったのに、年金の水準は高止まりしてしまったのだ。

年金ようかんの切り分け問題

マクロ経済スライドが十分に働かないで、年金の水準が高止まりする。そのことで、どんな悪いことが起きるのか。

年金制度を一本のようかんにたとえて、わかりやすいイメージ図を慶應義塾大商学部の権丈善一教授のゼミ生が作成している。「若者からは、今の年金の状態はこう見える」というメッセージがストレートに伝わる（図３-６）。

年金は五年に一度、一〇〇年を見通して、その間に保険料と税、積立金の取り崩しでいくら収入があり、どのように給付とバランスをとるかを計算する。これを財政検証という。年金財政にどのくらいのお金の入りが見込めるか計算した結果である巨大なお金の塊を「ようかん」に見立てる。

図 3-6　寿命の伸びや人口減少の影響で年金が減る将来世代が泣いている

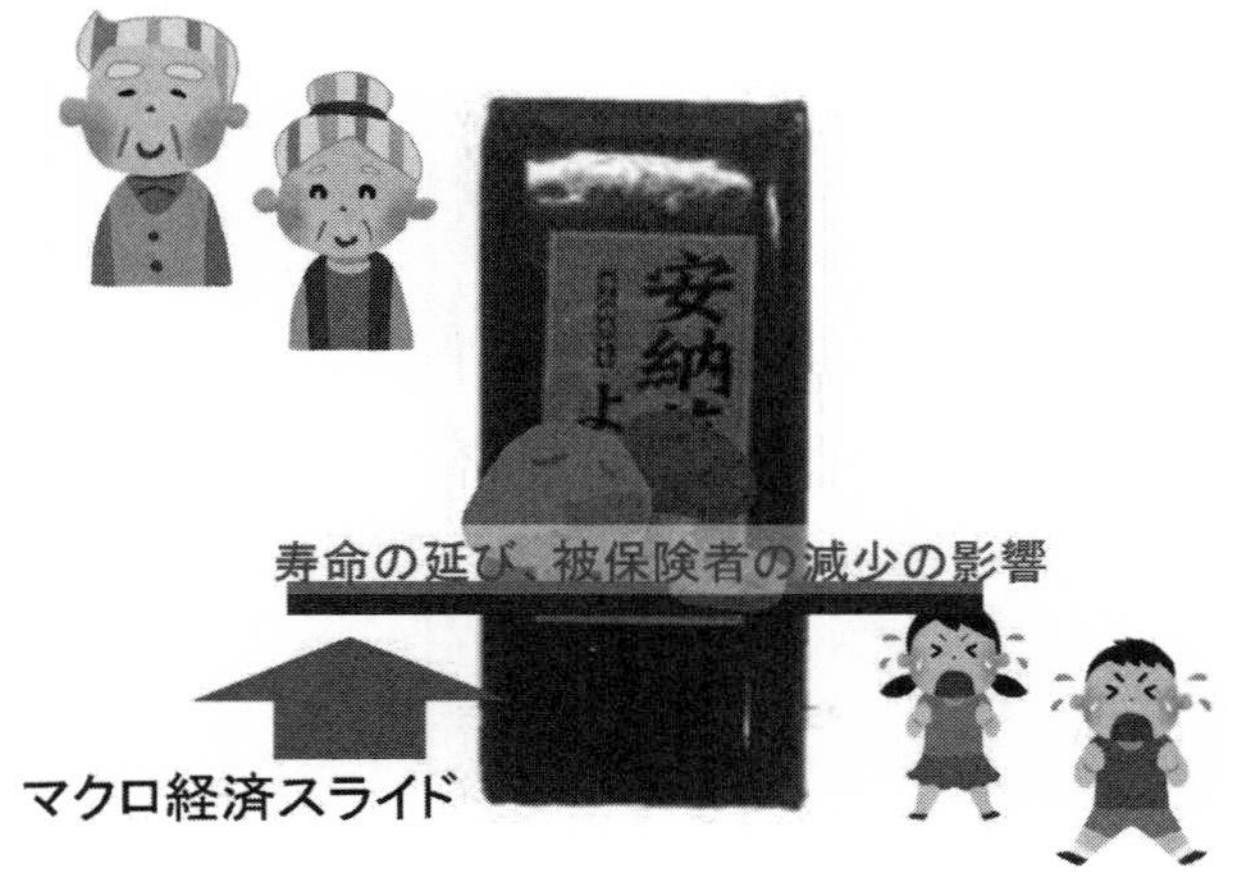

図 3-7　マクロ経済スライドが発動すると将来世代の年金が増える

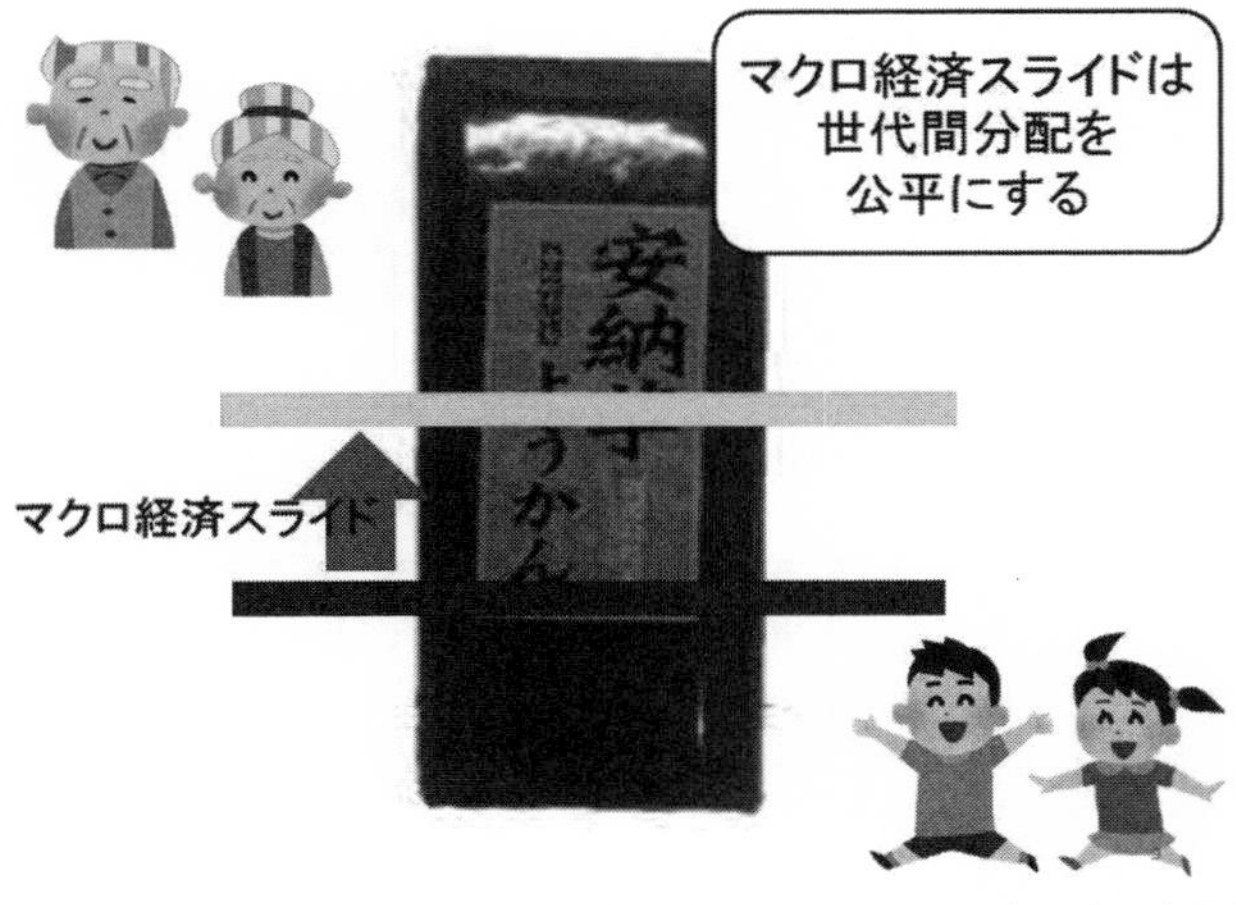

出典：図 3-6、3-7 とも権丈ゼミ 18 期（2016）第 1 回ユース年金学会発表資料.

これを、今の高齢者と「将来の高齢者」である若者の間で分け合うイメージだ。

ようかんの大きさは、材料であるアズキの量（賃金をベースにした保険料）で決まる。アズキを生産する働き手の数は少子化で減ってしまう。一方、長生きの人は増え、ようかんを食べる期間が延びる。そこで導入した「受給者一人あたりのようかんの厚みを抑える」仕組みがマクロ経済スライドだ。

一人あたりの「年金ようかん」の厚みを決めるには、まず働き手の賃金や物価に基づいて厚さを変化させる「スライド」の仕組みがある。それを働かせたうえで、「働き手の数が減る」ことを勘案してさらに厚みを抑える「マクロ経済スライド」を利かせるのだ（図３－７）。

ただし、そこには「名目下限」というルールがあり、働き手一人あたりのアズキの生産量が増えなかったりごくわずかだったりした場合には、ようかんの「見た目の厚さ」を削ることまではしない。一人あたりのアズキ生産量がマイナスになった場合、その分だけは「見た目の厚さ」を削るが、「働き手が減る」ことに対応した分をさらに削ることはしない。つまり、「マクロ経済スライド」は発動しない(16)。

「年金ようかん」の世界には「働き手一人あたりのアズキの生産量は毎年上がる」という楽観がある。ところが実際には、「一人あたりのアズキの生産量」は下がってしまった。にもかかわらず、今の高齢者のようかんを十分に薄くできなかったことから、将来世代のため残すべき分が今の高齢者世代に移転していった。つまり、将来世代の年金水準は下がる（図３－８）。

図 3-8　マクロ経済スライドは、現在の受給者から将来世代に仕送りされる効果がある。発動が遅くなるほど将来世代の年金水準は下がる

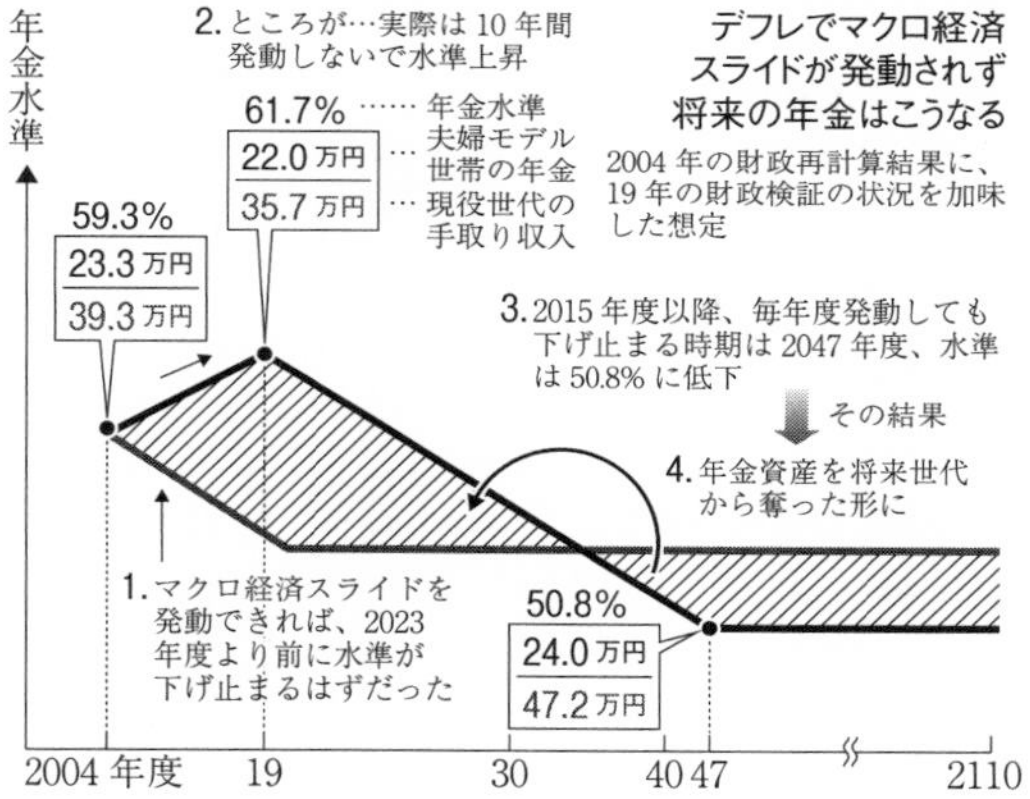

出典：筆者作成.

「私の年金」から「私たちの年金」へ

将来世代の年金を守るには、いまの年金受給世代が「自分たちがようかんを大きく切って食べれば、孫やひ孫の食べる分は小さくなってしまう」と考えられるかどうかがポイントになる。

そう感じて行動を起こした人に取材したことがある。実は「年金ようかん」の比喩を最初に考案したのも、この人だ。公務員や民間企業のＯＢを中心に会員約七八万人を擁する「日本退職者連合」（退職者連合）の政策委員長で元都職員の川端邦彦さん。

一九四四年生まれの川端さんも以前は、「受給者団体の使命はメンバーへのサービス。頑迷に『私の年金』を守ることを主張しよう」という立場だった。しかし、若者の貧困問題を知るにつれ、「私の年金」を守るだけでいいのか疑問がふくらんだ。大学生とも対話した。

自分たちの子や孫も含めた「私たちの年金」じ

ゃないか。今、それなりの年金をもらっている我々が「既得権を守れ」とは言えない……。

一方、高齢者の不安もよくわかる。年金の水準が上がったというがそれは、より大きく落ち込んだ現役世代の収入と比べての話。加えて、年金から天引きされる介護や医療の保険料はどんどん増える。「年金は目減りしている」というのが高齢者の実感だ。

それでも、川端さんらは様々な集会で「ようかん」を持ち出して会員と議論を重ねた。「じいさんは難しい顔をしますが、ばあさんたちには受け止めてもらえた。子や孫のため、というのが効いた」。

二〇一六年秋、退職者連合傘下の団体と学生たちとが議論を交わし、意見の違いはあるものの、「現在の受給者と将来の受給者との話し合いでしか、問題を解決できない」という点では一致をみた。二〇一七年度、退職者連合は政府への要求文書から、年金の「名目下限の堅持」という文言を削り、「将来の年金受給世代が貧困に陥らない年金水準を確保」と加えている。

「年金カット法案」というネーミングの不毛

「年金ようかん」をどう配分するか。厚労省は、いまの受給者が受け取る厚みを減らすことで、将来世代の厚みを増やす方向に一ミリでも近づこうと「スライド」の仕組みを変えようとしてきた。

二〇一六年に議論された法改正では、現役世代の賃金が下がった時に年金も同様に下げるルールを徹底するようにした（実施は二〇二一年度から）。たとえ物価が上がったときでも、現役世代一人あたりの賃金が下がったときには、その下落分をストレートに反映して年金を下げる。

将来世代により多くのようかんを残すため理にかなった改革だったが、野党の民進党は「年金カット法案」として非難し、廃案を主張した。だが、朝日新聞を含め大手マスコミはその主張に肩入れすることはなく、むしろ野党に批判的なトーンが目立った。

確かに目先の高齢者の票が欲しいと思えば、「私の年金」を減らすあらゆる施策に反対する方が短期的には得策だ。しかし「私たちの年金」という長期的な視野を欠く主張は、良心的な記者の支持を得られず、野党の倫理的な基盤をこわしてしまうと私は思う。そこには、自分たちが政権をとったときにどうするか、というビジョンがない。将来世代への目配りが見えない。

民主的な年金改革は可能か～スウェーデンの経験から

大きな枠組みを変えなくても、長期的な収支をバランスさせるため、年金制度は不断の見直しが必要だ。ただ、政治で年金を議論する難しさはどの国でも同じ。二〇一九年にフランスで年金制度改革に反対する大規模なストライキにより、交通機関がマヒしたのは記憶に新しい。

政治的に炎上しやすい年金改革を「民主的」に進めることは、どこまで可能なのか。そんなことを考えるようになったのは二〇〇四年に初めてスウェーデンを訪れてからだ。一九九八年に、与野党五党の合意で、給付削減を伴う年金改革を成し遂げたことが世界的に知られている。その関係者に取材した。

スウェーデンでは石油危機後の不況をきっかけに一九八〇年代初めから年金財政の将来が危ぶまれ始め、改革の機運が高まった。政府は一九八四年に、政治家や労働組合、経営者団体、年金受給者団体の代表ら約三〇人を集めて、年金委員会をつくった。しかし、負担増を嫌う経営者と、受給水準の維持を求める受給者らとの隔たりは大きく、六年がかりの議論は解決策を出せずに終わった。社会省のベンクト・シッブマルクさんは「支持基盤である利害関係者が監視する中で、政治家が自由な議論をするのは難しい」と振り返った。

一九九一年の総選挙で政権党の社会民主党が敗北、保守・中道の連立政権が誕生したのを契機に、再び協議の場が設けられた。年金委員会の「失敗」を受け、労組や経営者団体などの参加は求めず、七党全党の幹部九人に委員を限定した作業グループが同年スタートした。労組などの影響力が強い同国では異例のことだ。「決定に責任を持つ人たちだけの小グループにする」。座長を務めたボー・ケーンベリイ社会保険担当相（当時）の判断だった。

「まずは勉強会を重ねて信頼感を高め、協議では合意事項だけ発表し対立点は明らかにしなかった」という政治的なリアリズムに感銘を受けた。

同時にこうも思った。少数の政治家が「密室」で協議し、リアルタイムでは対立点も明らかにしないという状況が目の前にあったら、私たちメディアはどう反応するだろうか。スウェーデンでも当時、「密室」批判はあったという。

日本では二〇〇五年、スウェーデンの与野党協議をお手本にした試みがあった。国会で社会保障両院合同会議が開かれ、与野党が同じテーブルで年金改革を議論したのだ。会議はオープンで記者は比較的自由に取材できた。もしクローズドな会議であったら、記者は参加者に夜討ち朝駆けして、「どこに対立点があるのか」をめぐり取材合戦を繰り広げただろう。

当時、私が政治部の記者と連名で書いた記事には、こんな一節がある。(17)

◇

日本の合同会議は「国民の信頼と安心を確保するための改革を実現することが政治の責任。まず年金改革に関して今秋までに骨格の成案を得る」(設置のための国会決議)とうたって誕生した。しかし、現状は政治的な思惑が先行する。

自民、公明の与党は、年金財源のための消費税率引き上げなど「不人気政策」を、民主との共同責任にすることで次の総選挙での争点はずしをねらう。一方、年金が争点になった昨年の参院選で躍進した民主党は二匹目のドジョウをねらう。小沢一郎副代表は「政権を争う政党なのに与党と合意してどうなるのか。あるところで協議を打ち切るべきだ」と主張する。

◇

政治記者にとっては、与党の「争点はずし」、野党の「二匹目のドジョウ」という「政治的な思惑」がもっとも重要な取材テーマになる。与野党の間の対立や駆け引きが激しくなり、それが可視化されるほど書くネタが増えるという側面は否定しがたい。

第10節　「老後二千万円不足」問題から考える

その典型的な事例が、金融庁の審議会報告書に端を発した「老後二千万円問題」である。

二〇一九年六月に公表された金融庁の審議会の報告書「高齢社会における資産形成・管理」は、高齢夫婦世帯の収入と支出の平均値に約五万円の差があることを「毎月の赤字額」としてみると、老後二〇—三〇年間で一三〇〇万—二千万円が必要になると例示。このきわめて粗っぽい試算が、人々が抱いていた不安に引火、炎上した。さらにその後、金融庁を所管する麻生太郎金融相が「正式な報告書として受け取らない」という政治判断をしたため、騒ぎが大きくなった。

翌月に参院選を控えたタイミングということもあり、国会では野党が連日、この問題をとりあげ、立憲民主党の辻元清美国会対策委員長は「まず謝れよ、国民に。申し訳ないと。一方で消費税を増税しておきながら、二千万円とはどうつじつまがあうのですかね」と「猛反発」した。

政治記事はこう解説した。「野党は第一次安倍政権時代の〇七年、年金記録問題を追及し、参院選で大勝した成功体験がある。立憲は今夏の参院選でも低年金問題を争点にしようと狙う。検証結果が新たな政権追及の材料となるのは必至で、与党幹部は『公表時期は政治マターになった。官邸の考えしだいで、参院選後に先送りするかが決まる』との見方を示す」(18)

この検証とは、五年に一度の「財政検証」である。前例にならえば六月中の発表が予想されたが、参院選後にずれ込み、二〇一九年八月末に結果が発表された。

「二千万円問題」で年金への関心が高まっているなか、新聞には「見通し改善せず」「先細りの未来」といったネガティブな見出しが躍り、ワイドショーではコメンテーターが「この試算は甘い」「日本はダメになっている」と追い打ちをかけた。

そんな報道に接していて、自分はもうマスコミの世界で決定的に感覚がずれてしまったのではないか……という身の置きどころのないような感覚におそわれた。

「政府の見通しは甘い。このままだと年金は破綻する。何とかしろ」という大合唱に、加わる気が失せているからだ。

私たちメディアで働く者は、人々の「恐怖」や「不安」を刺激する話題かどうかで、ニュース価値を判断しがちだ。老後の備えが足りなくなることは、わかりやすい不安であり恐怖だ。メディアの側には（かつての私がそうだったように）、どうしても「現在の公的年金制度は欠陥だらけで、このままでは破たんする。制度を持続可能にするには抜本改革をするしかない」という思い込みがある。(19)

自分も若いころには、同じようなトーンの記事を書いてきた。エラそうなことはいえない。額にシワを寄せて、制度の不備を指摘し、危機を訴えてきた。だが、二〇年も取材すればわかる。年金は、少子化や低成長という社会状況がもたらす結果であり、制度自体を変えることで、できることは限られているということを。

もしワイドショーのコメンテーターがこんな心情を吐露したらものすごく浮くだろう。批判精神の足りない「政府のポチ」呼ばわりされかねない。「政府批判」をしていた方がよほど精神的に楽だし、権力監視をする記者としてのポーズを維持できる。対象がすでに世間の不信にさらされている年金の場合、なおさら「世間が思っているより、年金はまともだ」と説くのは実は、かなり難しいし、勇気がいることだ。メディアは、世間からの共感を支えとしているから、世間の見方に寄り添った方が摩擦は少ない。

ただ、私にはこれまでの取材に加えて、実際に高齢者支援に携わった経験を通して、年金が「ある」ことの大切さが腹落ちした感覚がある。一人の人間として心の底から、公的年金制度の安定と強化、信頼の回復を願うようになっている。そして、不信をあおることによって、結果的に知識のない貧しい人が被害をこうむるのではないかとおそれる。

たとえば、年金不信から、保険料の未納を続ければ、万が一のとき、障害年金が受け取れない。基礎年金の半分は税で賄われている以上、老後に年金を受け取れない未納者は、税の払い損になるという点もしかりだ。

人口増と高度成長の時代なら「年金があぶない。政府は何とかしろ」と言い続けても問題は少なかったかもしれない。だが、いまは人口が減り、少子高齢化で放っておけば年金の給付水準は下がる。豊かになったこの社会で、公的年金だけで「満足な老後」を送ることは難しい。そうした側面だけ取り上げて年金を報じれば、記事を読んだ人の不安は増すだけだろう。

「難しい問題を難しい、大変だと指摘する」というスタンスだけで、今後もメディアは役割を果たしたといえるのか。そう感じるのは、他の困難なテーマでも同様だ。

ノンフィクション作家の高橋秀実さんが、二〇一一年六月五日付の東京新聞に寄せたコラム「新聞を読んで」のなかで、東日本大震災に関する報道をこう評している。

◇

震災以降、新聞記事を読むと沈鬱になる。深刻な状況なので当然かもしれないが、理由はそれだけではないだろう。例えば、五月三〇日付の朝刊一面。「将来描けぬまま　福島戻る避難者増」という見出しで、避難者たちが避難生活に「不満」や「町政不信」を抱き、「今後の生活の青写真を描けない」との内容だが、将来を描けないのは被災者に限らない。これらは取材せずとも導き出せる話で、取材の結果より論理的な帰結なのではないだろうか。深刻な状況を既成の深刻そうな言葉でなぞるから読んで沈鬱になるわけで、もっと機微に着目し、細部から新しい言葉を見いだしてほしいのである。

◇

この批判は、多くの年金報道にもそのままあてはまる。少子化は深刻で、その論理的な帰結として年金財政は現状のままでは苦しい運営を強いられる。深刻な状況を既成の深刻そうな言葉でなぞって沈鬱になる。そのうち、沈鬱に耐えかねた人たちを、バラ色の「抜本改革」を唱えるポピュリズム的な勢力のもとへと追いやってしまわないかと危惧している。

長く働き「ＷＰＰ」

この沈鬱をはらうにはどうすればいいのか。高橋さんがいう「新しい言葉」はあるのだろうか。厚生労働省は「年金の水準が下がってしまう」将来を変えるために、二〇一四年からは財政検証の発表時に「オプション試算」をあわせて発表するようになった。①マクロ経済スライドをフルに利かせるため「名目下限」を外す、②パートへの年金加入を拡大する、③国民年金に入る期間を四〇年から四五年に延長する、といったオプションを実施することで将来の年金がどれくらい増やせるかを示すものだ。ただ、制度改正には受給世代への説得や新たな財源の確保、つまり政治的に高いハードルがあり、時間がかかる。

一方、制度改正を待たず、自分の判断で年金を増やせるオプションもある。できるだけ長く働き、年金を受け取り始める時期を遅くすることだ。二〇一九年八月の財政検証の発表の際には「現在二〇歳の人は、六六―六八歳代まで働いて、年金受給を遅らせればいまの年金水準を確保できる」といった試算が示された(20)。

「長く働くこと」をベースに、私的年金との役割分担で老後に備える。そんなコンセプトを説明する「ＷＰＰ」というフレーズがある。

働けるうちは長く働く（work longer）。私的年金（private pension）が中継ぎし、最後は公的年金（public pension）で締める。年金の制度と実務に詳しい谷内陽一さん（第一生命）が考案したキャッチフレーズで、二〇一八年の日本年金学会で発表した（図３-９）。

十数年前、プロ野球の阪神で活躍したリリーフ投手陣、ジェフ・ウィリアムス（Ｊ）、藤川球児

図 3-9　長く働き、個人の備えでつなぎ、最後は公的年金でカバーする

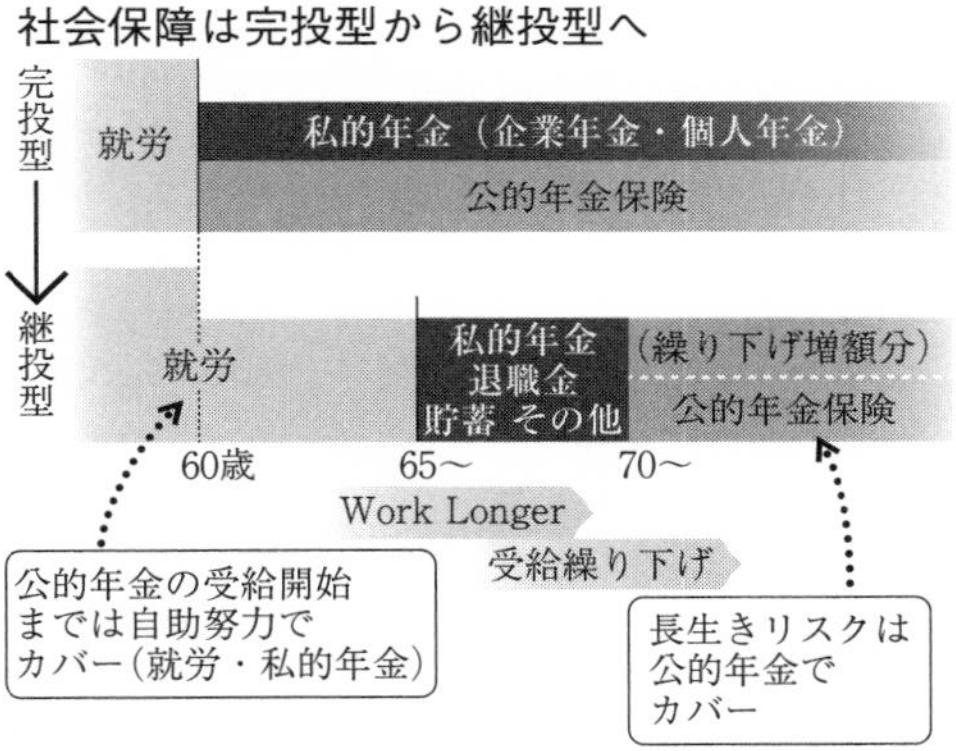

出典：谷内陽一さん（第一生命）の資料より抜粋.

（F）、久保田智之（K）は、その頭文字から「JFK」と呼ばれたが、人生後半は「WPP」で備えよ、というわけだ。

かつて公的年金に私的年金や企業年金を「上乗せ」して、終身（死ぬまで）受け取れる「先発完投」が理想型とされてきた。この発想を転換し、私的年金を五―一〇年の「中継ぎ」と割り切れば自助努力の範囲が「見える化」し、「いくら用意すればいいか分からない」という不安は和らぐ。締めは、国が終身の受け取りを保障する公的年金だが、受け取りをなるべく遅くするのがカギだ[21]。

この「繰り下げ受給」は、個人が「高齢期の生き方」を考えるうえで、たいへん重要な手段だ。公的年金の受給開始時期は、個人が六〇歳から七〇歳の間で自由に選べる。早く受け取る「繰り上げ」受給をすると年金月額は減る。遅くする「繰り下げ」だと増え、七〇歳からだと約四割増しになる。二〇二〇年の法改正により、さらに七五歳まで受給開始を待てるように

なった。これだと八割増しになる。

疑心暗鬼になる人もいるだろう。たとえば「早く死んだら受け取る総額が少なくなって後悔する」というもの。これには年金相談の現場から生まれた「格言」がある、と谷内さんはいう。「繰り上げて後悔するのはこの世、繰り下げて後悔するのはあの世です」

早めに減額された年金をもらい始めると、予想以上に長生きしたときに後悔する。受け取りを遅らせて年金を増額すれば、早死にしても後悔するのはあの世に行ってから。経済的な苦しさを味わうのは「少ない年金しかない繰り上げ受給で長生きした場合」だ。

「繰り下げの勧めは給付をケチりたい政府の陰謀だ」というのは誤解である。どの年齢からの受給を選んでも、六五歳からの平均余命を生きた場合の受取総額が変わらないよう減額・増額率が決まっているからだ。週刊誌などではよく「損得論」が特集されるが、公的年金が「長生きに伴う資産枯渇リスク」に備える保険という考えに立てば、終身の保障を厚くする「繰り下げ受給」が安心感を高めるメリットはもっと知られていい。

サザエさんの「波平さん」は五四歳。朝日新聞で連載が本格的に始まった一九五〇年代は五五歳定年が普通で、その直前という設定だ。そして当時の平均寿命は六〇代。(22) それがいま、男女とも八〇代に突入した。「人生一〇〇年」時代ともいわれる。

いずれにせよ、少子化による労働人口の減少を補うため、働く意思と能力がある高齢者は働かないと社会が立ちゆかない時代に入った。実際、年をとっても「働きたい」と思う人が多いことは、日本社会にとって福音だ。課題と希望をセットで読者に伝える重要性は増している。

私自身がもっとも有効だと思う老後への備えも「心身が許す限りできるだけ長く働く」ことに尽きる。お金はあるに越したことはないが、その価値は変わりうる。そのうえで、いずれは訪れる「働けなくなったとき」に、社会保障が機能していることを切に願っている。

ごく一部の恵まれた人を除いて、大多数の日本社会に暮らす人、現役時代に苦しいやり繰りを強いられた人たちにとっては特に、公的年金はとてもだいじな制度であり続ける。自分の老後が心配な人こそ公的年金への不信や「損得論」を乗り越え、どうやったら幹を太くすることができるのか真剣に考えた方がいい。そのためには、年金の果たす役割、その大切さを十分に理解することが欠かせない。

注

（1）「年金『支え手』に根強い不信」朝日新聞、二〇二〇年一月一一日朝刊：一、三ページ。

（2）平成二九年国民年金被保険者実態調査結果。

（3）ただし、この受給要件には問題がある。納付要件を満たしたかどうかの判定は、障害となった傷病で最初に医療機関を受診した日（初診日）を基準にする。今や受給者の三割近くを占める精神障害などは、進行が緩やかで何年もたって障害年金の請求に至るケースが少なくない。こうした場合、最初に診察を受けた病院にカルテが残っていないことがある。受診の証拠がなく初診日が確定できなければ、いくら保険料を納めていても、障害年金は受け取れない。もう一つの問題は、初診日の時点で保険料未納が一定以上あると、障害年金を受け取るチャンスが生涯失われる点だ。精神疾患は二〇歳前後に発病しやすい。受診するまで時間がかかり、生活が混乱している間に未納が積み重なって納付要件を満たせない状況に陥りやすい。

（4）浜田陽太郎「会社員の奥さん　年金未届け注意」朝日新聞、二〇〇〇年五月三一日朝刊：二一ページ。

(5)「主婦の年金加入『空白期』『独自に救済』相次ぐ　社保事務所」（一ページ）、「数百万円　温情が左右」（三ページ）、朝日新聞、二〇〇〇年一〇月二一日朝刊。
(6)「（耕論）主婦の年金　本人だけの責任じゃない　ジェイ・ボンド東短証券社長　年金記録回復委員会委員・斎藤聖美さん」朝日新聞、二〇一一年五月二七日朝刊：一五ページ。
(7)　二〇〇八年に発表された社会保険庁の調査で、①標準報酬引き下げとほぼ同時の脱退＝一五万六千件②標準報酬の五等級以上の極端な引き下げ＝七五万件　③半年以上さかのぼって標準報酬を引き下げ＝五三万三千件があり、この三条件をすべて満たすのが六万九千件で、「最も改ざんが疑われる」と、社保庁の重点的な調査の対象となった。ただ、斎藤さんのケースは①に該当せず対象外だった。
(8)　厚生労働省「第五回働き方の多様化を踏まえた社会保険の対応に関する懇談会」（二〇一九年四月一六日開催）での配布資料五「これまで構成員から御指摘のあった事項についての説明資料」：九ページ。
(9)　浜田陽太郎「年金空洞化、進む恐れ　市町村から国へ事務移管」朝日新聞、二〇〇一年五月二三日朝刊：一三ページ。
(10)　賦課方式の年金で「積立不足」を議論する問題点については次の文献に詳しい。権丈善一「勿凝学問一五x　やれやれの年金バランスシート論——ドン・キホーテと従士サンチョ・パンサの対話集」『医療年金問題の考え方』慶應義塾大学出版会、二〇〇六年：二五〇—二七五ページ。
(11)「平成一二年版　年金白書」一五八—一六二ページ。
(12)　萱野稔人「やさしい経済学　ベーシックインカムを考える（2）財源の確保が大きな壁」日本経済新聞、二〇一七年七月六日朝刊：三三ページ。
(13)「14年前の年金改革、元社保庁長官が語ったその舞台裏」朝日新聞デジタル、二〇一八年七月三〇日。
(14)　一般社団法人経済団体連合会「透明で持続可能な年金制度の再構築を求める」一九九六年一二月一〇日。
(15)　大谷泰夫『ミレニアム年金改革』国政情報センター、二〇〇〇年、五五ページ。
(16)　ただし、二〇一八年度以降は、未発動のため持ち越した「キャリーオーバー」を反映させる。例えば、毎年一％抑制するマクロ経済スライドが二年続けて適用できなかった場合、物価や賃金が上がって支給額を四％程度引き上げられる状況になれば、持ち越した分も含め三年分の計三％程度を差し引いて、引き上げ幅は一％程度になる。

（17） 浜田陽太郎、西山公隆「年金改革、どう決める？ スウェーデン型を手本に、両院合同会議」朝日新聞、二〇〇五年五月一二日朝刊：一三ページ。

（18）「年金財政検証の公表、参院選前後で攻防 『老後二〇〇〇万円不足』で波紋」朝日新聞、二〇一九年六月一二日朝刊：四ページ。

（19） 太田啓之、浜田陽太郎「誤解生みやすい年金問題 『破綻論』『抜本改革』は幻想」『Journalism』朝日新聞社、二〇一九年八月号、六四―七一ページ。

（20） 第九回社会保障審議会年金部会（二〇一九年八月二七日開催）資料四「二〇一九（令和元）年財政検証関連資料」：七―一一ページ。

（21） 類似の提言は先行研究でも行われており、久保知行氏は「Vertical combination（垂直的連携）」、佐野邦明氏は「支給期間による役割分担」と称している。

（22） 一九五五年の平均寿命は男性六三・六歳、女性六七・七五歳。

終章　高齢ニッポンをどう捉えるか
社会保障のメディアリテラシー

社会保障をめぐるメディアのあり方について自らの体験から考えた章である。政治権力の中枢である首相官邸や中央官庁での記者クラブ取材を経験し、権力取材の舞台では「構図の単純化」が起きやすく、複雑な背景のあるテーマや長期にわたり進行する問題を報じることに課題を感じてきた。一方、記事の読まれる場が、紙からデジタルへと変化するなかで、記者が自らをさらして「読者と信頼の回路」をつなぐ重要性がわかってきた。信頼を得るには、記者以外の視座からものを見る体験も有益だ。社会保障の充実に必要な「政府への信頼」をどう捉えるべきなのか。成熟した議論のために「引き受けて一緒に考える」リテラシーを備えた読者とメディアがお互いを高め合うプロセスを希求する。

第1節　首相官邸取材という異世界

コロナ禍による国民の感情の噴出や奔流に政権が揺れている。本稿を執筆中の二〇二〇年五月下旬までに、報道機関各社が実施した世論調査で、新型コロナウイルスへの政府の対応を「評価しない」という回答が、朝日五七％、毎日五九％、読売五八％、日経五五％と六割近くにのぼった。朝日新聞が五月二三、二四日に実施した調査では、内閣支持率は二九％（不支持率は五二％）まで落ち込み、二〇一二年一二月に第二次安倍政権が発足して以来、最低になった。支持率の低下傾向は報道各社の世論調査で鮮明になっている。

どこまでが対策の巧拙への評価なのか、不便な生活や経済的な苦境を強いられた結果に対する怒りなのかはわからない。東京高検検事長の辞職問題の影響もあったろう。今後、支持率は持ち直すかもしれない。いずれにせよ、少なくとも一時的には政権が「国民の感情」への対応に苦慮している。

政治、そしてメディアも、人々の感情に働きかけ、活用しようとする。怒りや不安、不信といったネガティブな感情が引き起こすエネルギーは強い。感情に訴求する断片的な情報が流布し始めると、複雑な背景が捨象され、わかりやすい単純な構図におとしこまれることが往々にして起きる。

メディアを通じて政治が関係する制度・政策に関する情報を受け取る側は、そうした特性を踏まえたリテラシーが求められる。

それを知ったのは、二〇〇三年から二〇〇六年にかけて、小泉純一郎首相率いる首相官邸の記者クラブに一年強、厚生労働省の記者クラブに二年間、所属したときだ。

二〇〇三年、自民党幹事長に起用された安倍氏がテレビで「大好物」と紹介したアイスクリームが驚異的な売れ行きを見せる。そんな「幹事長人気」をテコに、五割を切っていた小泉内閣の支持率は同年一一月の総選挙を前に六〇％近くまで戻った。この現象を描いた朝日新聞の記事の見出しは「劇場政治　眼力問われる有権者」[1]。

「小泉劇場」や「ポピュリズム」が時代を画するキーワードになりつつあった。確かに、小泉首相は、「ワンフレーズ・ポリティックス」と呼ばれた天性のコミュニケーション能力で、人々の感情をコントロールする術を持っているように感じた。

官邸の記者クラブに配属されるまでの数年間は「くらし編集部」という部署で、投書などを頼りに普通の人の声を聞きながら年金や医療の取材をしてきた。だが、「権力の館」である官邸は異世界だった。

政治部のデスクからは「世の中は、二〇人が決めている。それを取材するのが政治部」とたたき込まれた。官邸に常駐する「政府首脳」に生活に密着した社会保障の現場を取材してきたと自己紹介すると、「ああ、そういうの、男の記者でもやるんだ」といわれたことを、今も鮮明に覚えている。

そこでは、社会保障の制度・政策は生活から切り離され、「権力闘争の材料」の一つとして扱われていた。二〇〇二年のサラリーマンの医療費自己負担の三割への引き上げをめぐっては「首相と

図4–1　地球防衛家の漫画

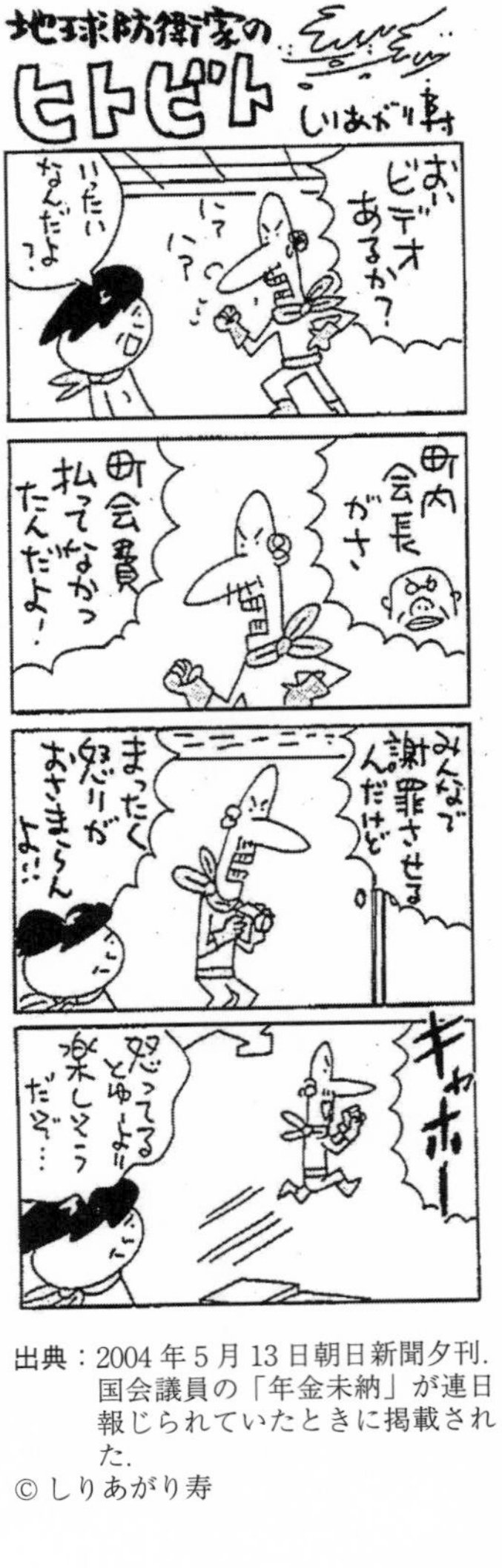

出典：2004年5月13日朝日新聞夕刊．国会議員の「年金未納」が連日報じられていたときに掲載された．

族議員のどちらが先に引き下がるかを試すチキンゲーム」が繰り広げられた。政府・与党が年金改革の枠組みを固めた二〇〇三年には厚生族・公明党と自民執行部が「保険料上限で主導権争い」を演じ、二〇〇四年の年金国会では「内閣の番頭と野党第一党の党首の首を奪った未納政局」が法案審議をゆるがした（図4–1）。

大物政治家というスターが登場し、権力追求や党利党略の思惑をもって闘争を演じる。そこでの葛藤や転落が激しくなるほど、紙面での扱いは大きいのである。

社会保障が政治の表舞台にあがると、政策の中身は「緊迫した政局」の材料、もしくは権力をめぐる取引の通貨として扱われる。逆にいえば、政争の具になってはじめて、社会保障は政治の表舞台にあがる。様々な政策は、権力闘争の材料として流通可能な範囲で報じられる。そのニュース価値は、「権力」の動きにどんな影響を与えうるか、有権者の中にどのくらい強い感情を動員するかという点で評価されていた。

官邸記者クラブを経験した後、社会保険庁の研修所から講演を頼まれた私は、「ニュースの構図」を、四つに分類したレジュメをつくった。

①ケンカをしている→興奮する。格闘技はエンタメとしておもしろい。
②弱い者がいじめられる→憤慨、悲憤慷慨する。
③強い者、かっこいい者がこける→嫉妬心、溜飲を下げる。
④悪い奴、ずるい奴がやっつけられる→正義をなしたような気がする。

共通項は、不信や怒りといった「感情の動員」である。

社保庁で働く人たちに伝えたかったのは、「年金は権力闘争の材料」としての地位を得ているという認識だった。その後、それまでは単なる制度の執行機関だった社保庁が「悪い奴、ずるい奴」というヒール（悪役）扱いされるようになり、年金記録問題を契機にワイドショーから怒りをぶつけられる対象になっていく。

ここで国民の老後にとってかけがえのない年金を運用する社保庁の組織や機能の問題はサイドストーリーに過ぎず、メディアの関心の焦点は、不祥事によって打撃を受ける第一次安倍政権の命運であり、その後の政権交代という権力の移動だった。

政治報道の眼目は、「権力の中心軸」の位置と今後の動きを正確に見定めることだ。政治権力をコマにたとえると、回転軸がいまどこにあり、何がどの方向にどのくらいの力を与えているのかを把握する。コマが回る速度を速めたり弱めたり、傾けたりする事象を全力で取材する。政党幹部など「世の中を動かす二〇人」には番記者がつき、片言隻句、一挙手一投足を記録し、その情報をもとに権力の状態を分析する。と同時に報じることで権力の有り様に影響を与える。

年金が、コマの動きに影響を与える材料であり続けているのは、第3章で取り上げた「老後二千万円不足」問題にみる通りである。少子高齢化への不安がすり込まれるなかで、私たちの感情が動員されるハードルは下がっているかもしれない。

第2節　メディアが抱える三つの課題

物事を決めるのは、権力を握った者たちだ。その動向について読者に関心をもってもらう政治報道の意義は大いにある。彼らの思考や発言を知ることは、有権者にとってきわめて重要だ。ただし、それを報じるメディアの側はいくつかの難題を抱えていると感じてきた。大きく三つに分けて考えてみる。

(1)　長期的な問題への地道な政策報道が難しい

第一に、ゆっくり進行する大きなトレンドを扱うのが難しいことだ。

たとえば人口減少である。

「人口初の自然減」。二〇〇五年の出生数が死亡数を下回り、移民など社会的変動を除いて人口が自然に減少する見通しであることを報じた記事は、その年の一二月二二日の夕刊一面トップを大見出しで飾った。私はこの記事を書いた。

推計値によると、この年生まれの赤ちゃんは前年比四万四千人減の一〇六万七千人で過去最低を更新。二〇〇五年の死亡数は前年比四万八千人増の一〇七万七千人。インフルエンザ流行で約二万人が死亡した影響もあり、予測より一年早く自然減に突入したのだ。

長年予測されていた事態だった。日本人女性一人が産む子どもの数の平均を示す合計特殊出生率は、一九七四年から人口を維持するのに必要な二・一を恒常的に下回っていた。母親になる年齢層の人口が縮んで、少子化に拍車をかけるというサイクルに入っていた。

記事の準備をしていてよく分かったのは、その三〇年も前からこの日が来るのは予測されていたことだ。そして、このままだと二〇五〇年には人口は一億人を割り、二一〇〇年には半減するということも分かっている。

人口の急激な減少。社会保障に限らず、教育や経済を含め社会全体にこれほど大きな影響を与える社会の構造変化は他にない。だが、人口減少に歯止めをかける少子化対策の中身にまでわけいって十分に検証するに至らず、最後は政局報道にのみ込まれてしまった印象がある。

私自身が取材した二つの例をあげる。

一つは、小泉政権下で推進された地方分権改革における保育事業の扱いだ。「三位一体改革」という名前だけでも覚えている人は多いだろう。二〇〇四—〇六年度にかけて進められた政策で、税源を政府から自治体に移し、その原資として国の中央省庁が差配する補助負担金を減らし、地方交付税のあり方も見直す。この三つを同時に進めるという内容だ。俎上にのぼったのが、「保育園の運営費の一般財源化」。国から「保育園のために」と使途を特定して自治体に渡されるお金（補助金）をなくして、自治体が自由に使えるお金（一般財源）から賄うようにするという意味だ。

「地方分権」は誰もが反対しづらい錦の御旗である。しかし、保育関係者からは「財政難の自治体が保育の水準を下げる」という懸念の声があがっていた。地方で公共事業を食い扶持にする土建業者に比べれば、保育園児を持つ親の政治力は弱い。自治体の財政力や首長の姿勢によって、保育の質に格差が生まれかねないからだ(2)。

だが、メディアは、そうした懸念を丁寧に検証するよりも、「補助金削減に抵抗する中央省庁」対「地方」という構図で「三兆円の補助金・負担金が削減できたかどうか」に着目しがちだった印象がある。「保育園を考える親の会」の普光院亜紀代表は、「三位一体改革で何が起こるか、それぞれの事業の検証なくして、『中央省庁』対『地方』、『抵抗族』対『小泉首相』の茶番劇に仕立てる報道にならないよう、お願いしたい」とクギを刺した(3)。

もう一つの例は、二〇一二年半ば、旧民主党政権下で行われた「社会保障と税の一体改革」だ。新聞やテレビは連日、民主党の分裂騒ぎ、与野党の駆け引きで大いに盛り上がり、まさに社会保障が政治の表舞台に上がっていた。

そこで民主、自民、公明の三党の間で、保育分野で「戦後最大」とも評される重要な改革が合意された。これまでの「保育園は厚労省が行う福祉」「幼稚園は文科省が行う教育」という縦割りを超えて、子ども・子育ての給付として同じ傘の下に入れたのだ。消費増税分のうち約七千億円が子育て支援に充てられることになったこと、これまで公的枠組みの外にあった小規模保育なども支援対象に含めることも画期的だった。

ところが、政局報道のなかでは「民主党の看板政策である総合こども園の創設は、撤回させられた」のひと言で片付けられてしまうことが多かった。政治の表舞台にあがると「政策」の中身は「緊迫した政局」に埋没してしまいがちだ。そして、与野党がいったん合意した内容は、それがいかに子育て支援に大きな、しかもポジティブな影響を与えうる可能性があっても、すぐにメディアの関心の対象から消え去り、「どこに対立があるのか」「誰が勝って、誰が負けたのか」に焦点が絞られていく。

対立点を通して学ぶことはある。政党間に見解の違いがあるから、有権者は選択肢を持てる。だが、対立がより多く報じられる一方で、政治家が議論し、利害関係を調整し、合意するプロセス、すなわち政治が機能している場面を知ることは少ない。

（2）　制度・政策の複雑さを扱いきれない

なぜ、こうしたことが起きるのか。一番大きな要因は、政治のプレーヤーたちのバトルを描いた方が、単純でわかりやすく面白いからだ。多くの有権者の感情を動員するには、面白く書いて伝わらないとはじまらない、というのは一面の真理である。

わかりやすい単純化と裏表の関係にあるのが、制度・政策の複雑さ、難しさだ。これが第二の難題である。

「三位一体改革」を取材して私も初めて、負担金・補助金をめぐる国と自治体の関係、地方交付税交付金の仕組みを学んだ。こうした基礎知識や歴史的経緯について一定の理解がないと、「地方分権改革」の基本的な構図が腑に落ちない。改革が個別の事業、ひいては自分の生活にどう影響するかの想像力も働かない。

そもそも社会保障の分野は、地味で複雑でわかりにくい。その背後には、世の中にある複雑で多様な利害や価値観をのみ込んでいるという事情がある。

「子育て支援」に関していえば、保育所と幼稚園、それぞれに歴史と政治基盤がある。「女性の社会進出のために保育所不足を解消せよ」という主張は、「子どもは親が家庭で育てるべきだ」という考え方の人には納得しにくい。地方分権の対象にすべきかどうか、株式会社の参入を認めるかどうかでも鋭い意見の対立があった。そうした利害の調整がさらに制度を複雑にすることもある。複雑な問題なので、複雑にしか処理できないのだが、それが有権者の理解を遠ざけてしまう。

世代間の利害調整が制度を難しくしているのが年金だ。二〇〇四年の年金改革は、将来世代を守るため、人口減少に応じて、すでに受給している人の年金水準を引き下げる「マクロ経済スライド」が肝だった。だが、ルールを完全に徹底することができず、「名目下限」というブレーキをかけることで、毎年の年金改定のルールはきわめて複雑でわかりにくくなっている（第3章参照）。

複雑になる理由が「いたしかたない」場合はまだよいが、「つくられた」複雑さやわかりにくさもあると厚労省OBの堤修三さんが指摘している。

財務省からの厳しいプレッシャーを受けて「社会保障の国庫負担を抑制する」ための政策でも、政治的なリスクを考えると「給付カット」を正面切っては言いづらい。そこで「さまざまなデコレーションで飾り、一見すると別の形式に擬態したかのように装われる」という。(4) 「介護予防・日常生活支援総合事業」がその典型だ（第1章参照）。

介護保険の給付の一部を市町村の行政事業に移すこの政策は、厚労省のウェブサイトでは「市町村が中心となって、地域の実情に応じて、住民等の多様な主体が参画し、多様なサービスを充実することで、地域の支え合い体制づくりを推進し、要支援者等の方に対する効果的かつ効率的な支援等を可能とすることを目指すもの」と説明されている。

ウソではないが本当のことは書いていない。こうした説明を官僚がひねり出すのは、正直に「給付を削ります」といえば政治やメディアによる「感情の動員」が起き、最終的には選挙で政治家の命運を左右するからだ。

ふり返ってみれば、小泉政権はそのことへの恐れが少なかったという意味で例外的な存在だったのかもしれない。その適否は別にして「痛みを伴う構造改革」に突っ込んでいった。「負担増をやらない結果は、社会保障の削減だ」という関係性を、わかりやすく示した。患者の窓口負担引き上げや、日本医師会を敵に回した診療報酬の削減という、政治報道でも扱いやすいテーマに切り込んでいった。

小泉首相は消費税の引き上げについて「私の在任中はやらない。必ず反対論が出る。歳出を徹底的に見直すのが小泉内閣の役割だ」と明確だった。その結果、二〇〇五年の経済財政諮問会議では、医療給付などの社会保障費の伸びを経済成長率並みに抑える「総額管理」が議論された。「無い袖はふれない。経済の身の丈を超えた給付は、半強制的に削っていくぞ」というメッセージは、強烈にわかりやすかった。私は、このときの取材と勉強で、混合診療などの導入で公的医療にキャップをかけるようなことをすれば、貧富の差によって受けられる医療に格差が生まれることを学んだ。

一方、安倍首相も、消費税について「安定的な経済再生と財政健全化に一体的に取り組むことにより、今後一〇年程度は引き上げる必要はない」という認識を明確にしている。ただし、「痛みを伴う改革」にはきわめて慎重だ。看板施策の「全世代型社会保障」のなかで、ほとんど唯一わかりやすい負担増の議論は「七五歳以上がはらう医療費の自己負担割合を原則一割から一定の所得があれば二割にする」であるが、コロナ禍の影響で「二割にする所得の線引き」といった具体論は二〇二〇年末に先送りされた。

第2章「予防医療」でとりあげた経産省主導の「明るい社会保障」にみられるように、安倍政権は「経済のパイ（富）」を大きくするのが仕事で、「痛み」は経済成長によって感じなくてすむようになるという考え方が色濃い。だが、小泉政権下における社会保障の「ツラさ」を取材してきた身には、この「明るい」語り口にはアラートが鳴る。難しい話に向き合わないで済むという幻想を与えているようにしか、見えないからだ。

さらにコロナ禍への対応に追われるなかで、社会保障論議の中核にあるはずの「給付と負担のバランス」や「所得再分配」というテーマに向き合う機運は遠のいた。かわって、経済立て直しのため、事業規模で二〇〇兆円を超え、GDPの四割に上る「空前絶後」「世界最大」の規模である経済対策により「一〇〇年に一度の危機から日本経済を守り抜く」（二〇二〇年五月二五日の首相会見）など支出拡大を強い言葉で語られる。その費用を誰がどう負担するのかという政治的に難しい議論は今後に先送りされている。

（3）有権者を「観客」扱いしてしまう

「小泉劇場」「ワンフレーズ・ポリティックス」といった現象を語る一方で、メディアの間では「有権者の責任」を問う論調も目立っていた。「マニフェスト選挙」と呼ばれた二〇〇三年秋の総選挙の際に見られたのは、こんな表現ぶりだ。

「頼みの年金が先細りし、治安の悪化が自分の街まで押し寄せる。『今までのような無責任な投票姿勢では、自分の暮らしがダメになる』。有権者はそう悟った」（朝日新聞[5]）

「民意の直接的な政治への反映が、望ましい成果をあげるには有権者の成熟した判断が欠かせない。（中略）直接間接を問わず、もともと民主政治で試されるのは政治家というよりも、むしろ有権者なのである」（毎日新聞[6]）

「政党が実現可能な具体的政策を示す。これをみて有権者が政権政党を選ぶ。次の選挙の時、公約通り実行したかどうかが判断材料になる――。このサイクルは、有権者が『観客』のままでは機能しない」（読売新聞[7]）と主張する記事のなかでは、北川正恭・早稲田大教授（前三重県知事）は「甘い薬でなく苦い薬が入った公約でも、誠実に説明すれば国民の支持は得られる」と語った。

主権者たる国民が、複雑さの奥にある本質に分け入って「政策が、自分の生活にどう影響するか」を考える。その上で、社会全体や将来世代のことも考え、自分の意見を持ち、一票を投じる――。選挙の度ごとに、そんな理想が語られる。だが、政策が「選挙の争点」になるまでには、複雑な事情は捨象されるのが常で、「劇場政治の観客」の感情を動員する報道がどうしても優先される。そちらの方が、支持率、引いては選挙の結果に直接影響するからだろう。

メディア自身が「劇場のプレーヤー」になることへの批判もあった。千葉大助教授だった広井良典さん（現・京都大教授）は二〇〇一年、朝日新聞への寄稿で(8)「政局報道に大きなエネルギーを注ぐことで、メディア自身が永田町政治の『一当事者』としてある種の政治ゲームに参加するかたちになり、その結果、メディアそのものを含めたその全体が国民にとって『密室』になっている」という点に疑念を表明。そのうえで、どのような「富の分配」のあり方が公平、平等かといった「政策と原理」の議論を政治もメディアも避け、経済成長による解決を追求するだけでは、「赤字やツケを将来世代に回していくだけ」と指摘した。一九年たったいま、この傾向はますます強まっていると感じる。

小選挙区制の影響で官邸に権力が集中し、「安倍一強」という状態が生まれるなか、派閥間の「政局バトル」さえ起きにくくなり、密室化が進んだ。さらに懸念されるのは、有権者が「政治の観客」ではなく「操作される対象」になる可能性だ。早稲田大の上田路子・政治経済学術院准教授は「SNSの発達で、政治家が世論を操作しやすい環境になっている」と指摘している(9)。政権がマスコミを意のままに操縦するのは難しくても、政権を揺るがすスキャンダルが起きたとき、「一般人」に「これって大したことないよね」とツイートさせることは簡単だ。まさに二〇一六年の米大統領選ではＳＮＳを舞台にした世論操作が起きた。日本が例外とはとても言い切れない。

第3節　デジタル化をどう生かすか

大量の情報がネットで流れるようになったことは、メディアに根源的な変化をもたらした。

これまで、新聞などの伝統的なメディアでニュース価値を決める大きな要素は「主語の大きさ」だった。大きな権力を行使しうる組織や人が主語であれば価値が高い情報だと判断されてきた。大きな権力が行使されれば、より多くの金が動き、より多くの人が影響を受ける。このため「大きな主語」、たとえば「政府・与党」や中央省庁から発信される情報の記事はより大きく扱われてきた。そこにわかりやすい対立があれば、さらにニュース価値は高まる。

だが、この構図は大きくゆらいでいる。インターネットの発達で、マスメディアが享受してきた情報の「流通独占」状態が崩れたからだ。私は二〇一六年四月から一八年三月までの二年間、朝日新聞デジタル編集部の次長（デスク）として勤務し、その変化を体感した。

この変革の根底にあるのは、人々による情報消費を「可視化」する技術である。何人がどのくらい時間をかけて、どの記事を読んだのかというデータが事細かにとれるようになった。

新聞の個々の記事は、その日の紙面というパッケージの一部として読者に届く。新聞の部数はわかっても、一つひとつの記事がどのくらい読まれたかを正確に知るのは難しい。

だが、デジタルではそれが可能だ。いま、朝日新聞の編集局には大きなモニター画面が設置され、そこには「デジタル指標分析ツール」が時々刻々と数字を映しだしている。ページビュー（PV）といった記事が読まれた回数や時間帯、ソーシャルメディアや外部ニュースサイトなど読者がどういう経路でニュースに接したのか、といったデータである。

わかったのは、新聞紙面での扱いの大きさとデジタルでの読まれ方に明確な相関はないことだ。一面を飾った記事でも、まったく数字が伸びなかったり、逆に地方版の記事が猛烈に読まれたりすることはよくあった。

政策を政策として報じても読んでもらえないこともわかった。「厚生労働省」を主語に、年金や医療・介護、福祉の制度・政策記事を書いてもデジタルでは数字が伸びることはまずない。制度・政策を読者に伝えようとしたら、かなり大胆な発想の転換が必要ではないか。そう感じた経験がある。朝日新聞社が運営する若者向けのニュースサイト「ウィズニュース」に、社外の筆者の「ぺぺラさん」が書いた「社会保険料、なんでこんなに高いの？」という記事だった。[10]

内容は、公的年金や医療保険の基本的な仕組みを説明しているだけ、と言えばそれまでだが、途中に、酔っ払った中年男性が「社会保険料？　ごめん　どうでもいいやぁ～」とのたまいながらキャバクラ（?）を目指すといった場面のイラストが何枚も挟み込まれている（図４‐２）。

一見、記事の内容と（少なくとも直接には）関係ないイラストがあることで、間にある文章も楽に読めてしまう。社会保険という自分が長年取材してきたテーマの記事は、制度が複雑なこともあ

図4-2　ペペラさんのイラスト

社会保険料？
ごめん
どうでもいいやぁ～
花音《かのん》ちゃ～ん
今からいくね～
東京新橋にて
48歳男性

出典：ウィズニュース（withnews）．© ペペラ

りそもそも読んでもらうことすら難しい。ペペラさんの記事には、「こんな見せ方があるんだ」という驚きがあった。

社会保障の記事は、自分が書いてきたものも含めて、普通の読者には難しすぎたり、読み通すのに多大な労苦を強いたりしてきたのではないか。一方、専門家にとっては細部が端折られて物足りない内容になることが多い。いったい、誰に読ませたいと思って、私は記事を書いてきたのか。反省する契機になった出会いだった。

この記事のもう一つの特長がある。「社会保険料負担は重い」という実感を出発点にし、読者の生活に何らかのつながりを感じさせられる内容であることだ。発信する側の「これは大事だから」という思い込みではなく、「私（読者）にとってどんな意味を持つのか」ということを明確に示すことが必要になる。これまでは「政府」や「厚生労働省」といった大きな主語の記事の価値が高いとされてきたのとは逆に、「私」という小さな主語から出発して読者との回路をつなげようという発想である。

小難しい、「硬い」話題であればこそ、読者との距離は長く、坂は急勾配だ。入り口をくぐってもらうために「見出し」を工夫し、読み通してもらうために途中で休憩所を設ける工夫が不可欠であることを痛感した。

読まれる「福祉系」のコンテンツ

一方、政策そのものではなく、広く社会福祉をテーマにした記事は、とてもよく読まれている。二〇一六年四月から二〇二〇年三月末までに配信した一一万四三九〇本の記事で、ＰＶや朝日新聞デジタルの会員獲得数のジャンルで上位一〇〇本をみると、少なくとも一五％前後が該当していた[11]。デジタル編集部に在任中、もっとも読まれ、また私自身の印象に残った記事のひとつに「『バイバイ』笑顔の幼子、母は橋から落とした[12]」がある。

別れた元夫との間の娘（三歳）が、同居の男性に疎まれることに悩んだ母親（当時二四歳）が、橋の上から川へと娘を落として死なせてしまう。二〇一四年に起きた事件の裁判記録をたどり、関係者に粘り強い取材を重ねたうえで、児童虐待が起きた構図を浮き彫りにした（図４‐３）。

「橋から落とされる直前、娘はバイバイと言った」という場面描写が読者の心を揺さぶったことは、想像に難くない。紙面の見出しは、「娘いなければ……思い詰め」だったが、デジタルの見出しは具体的な情景を訴求することで、より多くの読者を獲得したとみられる。

ちなみに、こうした記事の見出しには「児童虐待」という言葉をあえて使わないのが鉄則である。硬い行政用語を使ったとたん、読者が引いてしまうからだ。

もう一つの例が、「『バカはバカなりに努力しろ』　知的障害の息子が自殺[13]」である。軽度の知的障害と学習障害がある男性（当時一八歳）が、自動車部品工場に就職して間もなく、自殺した。遺品のなかに、職場で教えられた仕事の手順などを細かくメモしたノートがあり、「バカはバカなりに努力しろ」という走り書きがあった（図4-4）。

この記事は、朝日新聞の静岡総局の記者が執筆し、同県内だけに配られる地方版に掲載された。それを東京本社にあるデジタル編集部の部員が読み、見出しをつけ直して配信したものである。

朝日新聞は四七都道府県ごとにその域内で配られる紙面にだけ掲載される記事があり、そのすべてがデジタルで配信されるわけではない。デジタル編集部に見出されたことによって、この記事は静岡県内のみならず、世界中の読者が読める状態になり、多くの読者に届いた。

「悲惨なエピソード」の陥穽

福祉系の題材を扱った記事でこわいのは、「かわいそうで、ひどいエピソード」を読者に消費させるために使ってしまうことだ。記者は「できるだけオリジナリティのある強いエピソード」を記事に盛り込もうとする習性がある。その方が、紙面での扱いもよく、デジタルでは「数字がとれる」からだ。

ただ、そのために事実をゆがめるという本末転倒のことが起きてしまうケースもある。

図 4-3 「バイバイ笑顔の幼子」記事画面

「バイバイ」笑顔の幼子、母は橋から落とした

有料会員記事

山本奈朱香 、田中恭太　2016年10月17日 4時58分

シェア　ツイート list　B!ブックマーク 5　スクラップ　メール　印刷

母親が３歳の娘を落とした橋。午後１０時を過ぎると人通りはほとんどない＝小玉重隆撮影

小さないのち　奪われる未来

子どもへの虐待が後を絶たない背景の一つに「育児の孤立化」があるとされる。ある母子の悲劇を追った。

特集「小さないのち」→

「この子をこのまま置いておくわけにはいかない」

不機嫌になっていく交際相手の男性の様

図 4-4 「バカはバカなりに努力」記事画面

「バカはバカなりに努力しろ」　知的障害の息子が自殺

有料会員記事

高橋淳　2017年5月7日 18時25分

シェア　ツイート list　B!ブックマーク 0　スクラップ　メール　印刷

航さんのノートには「バカは、バカなりに努力しろ。」との言葉が記されていた

小学生のころから一日も学校を休まなかった息子が、就職からまもなく自殺した――。静岡県 浜松市 の漁業鈴木英治さん（５２）と妻のゆかりさん（５０）が、次男航（こう）さん（当時１８）の死の理由を問い続けている。航さんには軽度の知的障害と 学習障害 があった。

出典：図 4-3、4-4 とも朝日新聞デジタル.

二〇一六年、主要ブロック紙が、子どもの貧困をめぐる連載記事に事実とは異なる記述などがあったとしておわびを掲載し、記事を削除するという事件があった(14)。父親が病気の女子中学生を取り上げた記事で、生活が厳しくて教材費や部活の合宿代が払えない、とした部分など三カ所が事実ではなかった。記者は「原稿を良くするために想像して書いてしまった」と説明しているという。強いエピソードを紹介するなら、そこに浮かび上がった背景や課題を掘り下げなければ、刺激の強さを競うスパイラルにはまってしまう。読者を悲惨なエピソードの「消費者」として扱うことは、政局報道が読者を「劇場政治」の観客として扱ってしまうメンタリティに通じる。

「権力と政治的レガシーを追求する政治家」「貧しくかわいそうな女子中学生」という単純化した、わかりやすいイメージが読者に受けるという側面は確かにあり、そこが落とし穴にもなる。

エピソードはあくまで入り口であって、困窮者支援など制度・政策に関心をもってもらい、ひいては読者自身の生活への影響や行動の可能性にまで言及する。そこまで到達するのが理想だが、紙面という物理的な制約があるなかでは、極めて難しいというのが実感だ。しかし、デジタル空間では、新しい可能性があると思う。

自らさらし「回路」をつなぐ

デジタルでの自由度の高さは、新しいスタイルの記事を生み出している。認知症やがん、精神疾患になった家族を持つ記者もしくは記者経験者が自らの体験を赤裸々に書いた記事である。他人を取材して書く記事よりも多くの読者を獲得するという傾向を感じていた。

朝日新聞デジタルで配信したいくつかの例をあげる。

○「認知症の母を見つめて」（二〇一六年一二月―二〇一七年五月まで五回連載）

六六歳で前頭側頭型認知症と診断された母親を持つ四〇代の女性社員が書いた。アルツハイマー型と比べ、前頭側頭型の認知症は格段に情報が少ない。患者には社会的ルールを逸脱する行動や、同じことを繰り返す常同行動が表れるために、家族の戸惑いも大きくなりがちだ。第一回の「トイレとポットにお百度参りする母　『やめたくても……』」と第二回の「消しゴム食べ、一人で高速道路へ　母は『私が悪いんだ』」には、家族が発症を疑い始める前後の状況が細かく記されている。

母が意識不明に陥った後の家族の葛藤も赤裸々に描かれる。集中治療室に毎日通う筆者に対して、妹は「お姉ちゃん、なんでそんなに一生懸命なの？　今までお母さんのこと無関心だったのに、なんで急に変わったの？　そういうことは、お母さんが元気な頃にやってほしかったよ」となじる。終末期の治療を巡り、「自然な形に戻して、肉体の苦しみから解放を」という妹と父に対して、筆者は「やれるだけのことをやっておこう」と主張する。土壇場になって「延命」を望む家族の心情を、当事者が語った貴重な記録となっている。

○「妻はサバイバー」（二〇一八年一月―二〇一八年六月、六回連載）

精神疾患の妻を介護する記者の壮絶な体験記。本人同意のない「医療保護入院」など、表に出にくいセンシティブな場面も包み隠さず書かれている。「自傷行為が続くとき、『受診だけでも』となだめて病院に連れて行く。診察室で主治医とともに説得する。泣き叫ぶ彼女を看護師三人がかりで押さえつけ、閉鎖病棟に連れて行ったこともある」、「保護室で面会すると、妻は悲しげな目で見つめてきた。『あなたが出せって言えば、ここから出られるのに』。その言葉に、胸が痛んだ」といった文章は、まさに読む者の胸をしめつける。一方で、妻の入院中に一息つき、食欲が増して肉料理を食べ、久しぶりに熟睡できたことの安堵感も率直に語られる。

入院の背後にある「疲れ果てた家族の姿」を当事者が包み隠さず描いたことの意義は大きい。精神障害者が暮らせる地域づくりの大切さ、難しさをより説得力ある形で提示できるからだ。

私も、精神障害について取材をした経験があるが、精神疾患について、これほど生々しく胸に迫る文章を読んだのは初めてだった。

○「僕のコーチはがんの妻」（二〇一九年一二月、一九回連載）

結婚二〇周年の目前で、妻ががんになった記者による手記。妻は自分が死んだ後の夫（記者）の生活を案じ料理を教え始める。二人で食事を作るエピソードを軸に、闘病生活が描かれる。治療の合間の旅行、余命宣告、そして迎えた最期の夜。深刻、暗くなりがちな内容だが、妻のイラストやレシピをはさみこむことで、ユーモラスに読ませるという稀有な効果を生んでいる。自宅での看取りの場面は圧巻だ。

こうした記事は、読んでみると従来型の「記者が他人を取材して書く記事」とは別次元の迫力を感じる。なぜだろうか。

他人から聞いた話をもとにすると、書きすぎて取材を受けてくれた人を傷つけたくないという配慮が働く。また、新聞だと紙面の制約から複雑で矛盾をはらんだ心情は捨象せざるをえず、「坐りの良い形」に落ち着かせてしまう。その結果、既視感のある予定調和的でパターン化された記事を再生産していたおそれがある。

一方、自らが当事者として体験を書いた記事は「取材先への遠慮」は必要ない。体験者だからこそ書ける思い、苦悩が記事の熱量を高める。これに、記者の取材力・文章力・問題意識が加わって化学反応を起こし、他人への取材では踏み込めなかった一線を超えた文章が生まれ、多くの読者に訴求したのではないか。

朝日新聞社にはパブリックエディターという制度があり、外部の有識者に「読者と新聞をつなぐ」役割を委嘱している。二〇二〇年四月に交代し、作家の高村薫さん、憲法学者の山本龍彦さんとともに新たに就任した一人、テレビ記者出身で地域活動家の小松理虔《りけん》さんは「日本は今、分断社会と言われます」という認識に立って、分断を越えていくには二つのことが大切と話した(15)。

「一つは、記者が『なぜ、その記事を書こうと思ったのか』を読者に伝えること。自分の思いをどんどん出してほしい。読み手は記者の不安や弱さにも、関心や情熱にも共感します。もう一つは、読者が『自分と意見が違う人はなぜ、そう考えるようになったのだろう』と考えられる『余白』が、記事にあることです。時に回り道をしても相手に思いをはせ、粘り強く語りかける姿勢が記事から感じられるといい」

役所の記者クラブなど「持ち場」がある記者は「書きたい記事」より、「書かなければいけない記事」の執筆に追われる場合も多い。ただ、役所が発表するような情報はネットで一瞬のうちに入手できるようになり、かつ専門知識のある人が解説する。いきなり記者クラブに放り込まれた人間が、付加価値をつけるのはかなり難しい。

そんな時代、記者自身が自らの「書きたい思い」をさらけ出すことで、読者との間に信頼の回路をつなぐ――。デジタル空間での試みが多くの読者を獲得したことで、今まで見えていなかった道が見えつつある。では、もう一つの、「回り道をしても相手に思いをはせ」るには、どうしたらよいだろうか。

第４節　普通の現場は取材する現場とは違う

記者個人が生活者としての視座から書く記事に独特の熱量があることは前節で紹介した通りである。ただ、自ら直接体験したことだけでは自ずとテーマが限られてしまう。

私は二〇一七年四月に「社会福祉士」の国家資格を取得したが、そこに至るまでに三週間の実習があった。その後は「日常生活自立支援事業」の生活支援員として活動している。この二つの経験は、私が「取材記者以外の視座」からものを考え、自分とは違う立場の人への想像力を持つきっかけになった。新たなテーマへの気づきも与えてくれた。

「普通の現場」の大切さ　特別養護老人ホームでの実習

社会福祉士になるためには合計一八〇時間（当時。二〇二一年度からは二四〇時間）の実習が必要だった。私が二〇一五年に入学した学校（通信教育）で、指導教員は「実習生はイッチバン（一番）下ですからね！」と繰り返し教え込んだ。この認識、あるいは「末端でいる」覚悟はとても重要だ。実習先で日々指導を仰ぐ職員はおおむね若く、四〇歳以上の実習生にとっては、勤め先での自分の部下や後輩の年齢層にあたる。また、日々の取材では名刺をきった途端に、取材記者として遇される（警戒される）ことになるからだ。

実習先は、都心部にある社会福祉法人であった。定員五〇名の特別養護老人ホームが中核だが、訪問看護・介護、デイサービスなどに加え、配食や介護予防教室といったインフォーマルなものを含め多種多様な事業を営んでいた。

二三日間の実習を経て、私が理解したのは、「記者として取材で見てきた現場」と「実習生として見た現場」は、決定的に違うということだ。

通常、新聞記者が取材する現場には、二種類ある。一つは、全国の模範・手本になるような先進的な現場である。こうした施設や組織の取り組みは、メディアで繰り返し取り上げられ、評価が確立している。代表者が厚労省の審議会や研究会に参画し、政策提言をしていることも多い。カリスマ的なリーダーがいて、記事にしやすい話題提供の手法を心得ている。

もう一つは、入居者への虐待や事故など、何らかの不祥事やトラブルが発覚したところである。つまり、ものすごくよいところか、何か問題があるところだ。

その中間には、膨大な数の「普通の現場」がある。制度・政策も「普通の現場で運営可能かどうか」を念頭に設計されていることが多い。

本来なら、圧倒的に多くの人がかかわる普通の現場で起きていることこそ大切であり、取材対象にすべきだろう。だが、メディアは「普通」を扱うのが苦手である。まず、目立った特徴がない現場を取材し、そこにいる人びとがどんな苦労をしているかの本音に迫るのは時間と手間がかかる。さらに、そこで課題を発見するとなれば、社会保障や福祉制度の歴史や背景についての知識も必要だ。記者の側も「生産性」を求められており、手間と時間がかかる取材より、わかりやすい特徴があり手っ取り早く記事にできる現場に引き寄せられがちなのだ。

私の実習先では、理事長がしっかりとした理念に基づき、地に足のついた実践を重ねていた。しかし、メディアが飛びつきそうな、もの珍しい取り組みがあるかといえば、それはなかった。でも、それがよかったのだと思う。ごく普通の現場で職員たちが、日々さまざまな課題に直面している。そんな「等身大の姿」が見えたからだ。

転倒防止の重みを知る

例えば、転倒の防止。何日か継続的に現場で過ごせば、職員のみなさんが、転倒リスクの最小化に強い関心をもち、細心の注意を払っていることを、肌身で感じられる。

施設側にとって転倒が招く最悪の事態は、家族から損害賠償請求の訴訟を起こされることだろう。いざ裁判になれば負ける可能性は高い。神奈川県のデイサービスで八五歳（当時）の利用者が本人の意思でトイレに入り戸を完全に閉めた後に転倒、骨折した事案。裁判所は「職員はトイレの中に入り介護する義務があった」などとして施設側に一二五三万円の支払いを命じている（二〇〇五年、横浜地裁判決(16)。

実習指導についた職員の一人は「転倒した場合は、(脈拍や血圧などの)バイタルをとり、夜勤なら休憩中の職員を起こして二人がかりでベッドに上げ、骨折などが疑われれば理事長に連絡をとります。時間と手間がかかるんですよ」と話した。

事故報告書の作成が義務づけられていることもあり、職員の感じるプレッシャーはきわめて強い。転倒が原因で入院し、その期間は特養へのその利用者の介護報酬が入ってこなくなれば、経営にも影響しかねない。

このため、転倒・骨折のリスクが高い入居者には、車いすと衣服をヒモと洗濯バサミで結び、自力で立とうとすると音が鳴るセンサーが使われていた。また、「立たないでください。座っていてください」と注意し、立ち上がりと歩行をやめてもらう場面も目についた。

この状態に職員が問題意識を抱いていないわけはなく、週に一度のミーティングでは、改善策が模索されていた。例えば、転倒防止のために言葉で利用者の行動を抑制する「スピーチロック」についても、介護福祉士が資料を作成し、命令口調や上から目線の言葉づかいを避けるといった知見の普及に努めていた。

こうした地道な努力の積み重ねを読者が知る意義は大きい。ただ、メディアがどこまで目を向けてきただろうか。転倒事故が裁判沙汰にでもなれば、施設は取材攻勢にさらされ評判に傷がつき、職員は疲弊する。それを過度に恐れれば、転倒防止が最優先となり、利用者の日々の暮らしが不自由なものになりかねない。そんなジレンマについて、話を三〇分聞いて理解した気になるのと、三週間体験した後に到達する理解ではやはり深度が違う。

第1章でも触れたが、家族との関係はきわめて重要だ。施設の入居者やデイサービスの利用者が転倒したら、必ず家族への説明が必要になる。訴訟に至るような対立関係に陥らないよう、介護事業者側は、日頃から信頼関係をつくることに心をくだいている。そのことを「サービスを提供する側」に身を置いて感じられたのは、貴重だった。その理解が取材を助けるのは、第1章で書いた通りである。

プライバシーを知る責任

実習生と取材記者のもう一つの違いは、個人情報へのアクセスの深さだ。質の高い介護や支援を行うために、職員は対象者の生活について深く知らなければならない。とりもなおさず、家族関係や経済状況など個人のプライバシーに関わるセンシティブな情報に接することになる。守秘義務を負った実習生には、それを知ることが特別に許される。

地域包括支援センターでの実習では他者のプライバシーに接する立場を強く認識させられた。個人ファイルには、家族・親族のうち、だれがキーパーソンで、だれとの距離が近いか・遠いかなどの関係性だけでなく、本人・家族がくぐり抜けてきたさまざまなライフ・イベントも記録されている。他人のプライバシーにアクセスする責任の重さを痛感した。

記者として、ここまで取材対象の内面に迫る取材をすることはまれだ。ソーシャルワーカーとして働くなら、より深く対象者を知るのが日常となる。記者の立場で到達できる「現場」には限界があることを強く認識させられた。

「市民が支える」難しさ

もう一つの体験は、地元の社会福祉協議会（社協）における生活支援員（市民後見人の候補者）としての活動だ。公的福祉の最末端で活動することで、記者の取材とは違う学びがあるのは、序章でも紹介した。

超高齢社会を迎え、認知症の人や、高齢者だけの世帯は増加、お年寄りをターゲットにした悪質商法もはびこる。自分で意思決定したり、お金の管理をしたりするのが難しい人々の生活を守るため、成年後見制度の利用ニーズは増加するが、親族や、弁護士・司法書士などの専門職だけでは賄いきれない。そこで、「成年後見の担い手として市民の役割が強まると考えられることから、市町村は、市民後見人を育成し、その活用を図ることなどによって権利擁護を推進することとする」[17]（厚労省）とされている。ただ、実際の数はとても少ない。全国をみわたしても、二〇一九年に裁判所に選任された成年後見人（補佐人・補助人を含む）三万五七〇九人のうち、市民後見人は二九六人にすぎない[18]。

なぜこうなるのか、制度を学び実際に現場に出てみると、理解できるようになった。「市民の支え合いによる地域福祉」という美しい理念の背後には、やすやすとは解決できないリアルな課題があるということだ。

私の住む東京都内の区では、社協の中に「成年後見支援センター」を設け、市民後見人（社会貢献型後見人）を養成している。そこで私が生活支援員として参加しているのは「日常生活自立支援事業」と呼ばれ、判断能力が不十分な人を対象に、利用者本人が福祉サービスの利用を決められるよう支援するのが目的だ。そこでは、まず生活支援員として経験を積み、その後に市民後見人になることが想定されている。

この事業は、二〇〇〇年にスタートした介護保険制度などの福祉サービスが「措置から契約へ」と移行するのにあわせ、一九九九年に「地域福祉権利擁護事業」としてスタート。東京都は今もこの名称を使っており、私のいる社協では「チケン」と呼び習わされている。(19)

事業の使い方は、まず本人またはその代理人が社協と契約を結ぶ。社協に配置された専門員（社協職員が兼務することが多い）が利用者の相談に乗って支援内容を決める。そして、直接のサービスは生活支援員が行う。

支援員や後見人になるには、社会福祉士などの資格は必要ない。ただ、末端とはいえ公的なシステムの担い手になるだけあって、ハードルは思ったより高かった。

隣接する区と合同開催の「市民後見人を目指す方のための基礎講習」は計五人で受けることになった。五日間の日程で、朝の九時半から夕方の四―五時まで休憩をはさみながら計一四コマのプログラムが組まれている。大学教授や医師、弁護士、司法書士、社会福祉士、消費生活相談員が講師を務める豪華な内容だ。これだけ手をかけた講習会で、受講者がたった五人というのは、もったいない気がした。

講習の後には実習があり、専門員や先輩支援員に同行し、実際に利用者のお宅を訪問して支援のやり方を実地で学ぶ。軽度の認知症のある七〇歳代の女性を訪ねたときのこと。通帳をみると、月々の生命保険とがん保険の保険料支払いが四万円近くになっていた。月額一〇万円の年金の中からこれを支払う負担は重い。年齢と家族構成を考えても、必要性は疑わしい。年金の受取口座がゆうちょ銀行にあり、そこから保険料が引き落とされていた。郵便局が販売している保険商品らしかった。保険を見直す必要性は高いと感じたが、その時は何もできなかった。二年後、「かんぽ生命」の不適切販売が報じられた。高齢者を「食い物」にする不正が、身近で起きていたのだろうか。ショックを受けた。

支援の手間は膨大、望まれるキャッシュレス化

実習が終わると、いよいよ支援員として単独で活動を始めることになる。私が最初に担当したのは九〇歳代のAさん（男性）で、お宅に月二回通うことになった。元音楽家の文化人で、若いころはかなりヤンチャな生き方をしたらしく話のおもしろい人だった。

支援の方は不慣れなこともあったが、これほど時間と手間がかかるのかと驚いた。

当日は午前九時すぎに社協の事務所に到着し、身分証明書などの書類や携帯電話、文具を揃える。社協所有の電動アシスト自転車に乗って、専門員と信用金庫に行き、貸金庫から支援先の通帳と印鑑をとりだす。それを受け取って、一人で支援先へと向かう。

到着は午前一〇時ごろ。本人に体調や困り事がないかうかがいつつ、郵便物を整理し、支払いが必要な請求書はないかなどをチェック。ホームヘルパーが食品や生活用品を購入するためのお財布

の中身をみて、いくら補充が必要かを確認する。ご本人と相談して、本人のお小遣いを含め銀行からいくらお金を引き出すのか決め、払戻請求書に署名や金額などを記入してもらう。

大変なのはここからだ。自転車で七―八分の銀行の支店に行き、通帳、身分証明書、社協が支援をするため本人と結んだ契約書を窓口に出す。

銀行からしてみれば、他人の通帳をもった人間がお金を引き出そうとしているわけで、チェックは厳重にならざるをえない。

身分証明書はあったが契約書の持参を忘れた、ご本人の手書きの数字が読みにくい、という理由で申請書を受け付けてもらえず、お宅にとってかえしたことが二回あった。また、別の方を支援した際のことだが、ご本人が普段は旧字体で書く名前を新字体で書いたため、金融機関の処理に多大な時間がかかったこともある。

現金を引き出す際には、お札から一円玉まで金種を細かく指定する。新聞代、自治会費、通院のためのタクシー代など現金で支払う必要がある費目は、おつりが出ないよう封筒に小分けして入れるからだ。私はこうした計算が苦手で、ひどく時間がかかってしまう。

最後の関門は、複写式の「援助実施票」だ。「どの口座からいくらお金を下ろしたか」「どんな支払いをしたのか」を細かく記入してご本人の署名をもらうが、筆圧が弱いとうまく写らない。なんとか書き終えると、一枚目は控えとして本人に渡し、二枚目は持って社協に戻る。通帳と印鑑を事務所内の金庫に一時保管し、そこから援助の内容を細かくパソコンの専用ソフトに記録。これを紙に打ち出して認め印を押し、援助実施票とともに専門員に提出する。

金融機関などでちょっとしたハプニングがあると時間はあっという間にすぎ、終わるのが午後二時過ぎというのもザラだった。半日以上の仕事である。

こうした厳密な手続きと、物理的な紙とハンコのやりとりは、不正防止のためである。とはいえ、支援そのものより書類を整えることにエネルギーと神経を使う状況は何とか改善すべきだろう。いずれにせよ、その煩雑さを肌身で感じられたのは貴重な経験というべきで、私は心の底から「支援のキャッシュレス化」を切望するようになった。ただし、パソコンやスマホの操作が苦手な中高年の支援員にも対応可能で、チェックの責任を負う社協も安心できるシステムにする必要がある。

余談だが、「アベノマスク」の配布に二六〇億円かけたニュースは、こうした派手さはないが地道な改善の必要性を知ることで、余計に重みが増した。これだけのお金をかけて情報連携や事務処理のシステムを整備すれば、福祉や介護の現場を効率化する手が打てただろうと想像力が働いたからだ。だが、「介護事業所におけるＩＣＴを通じた情報連携推進事業」という調査研究費の二〇二〇年度本予算はわずか七千万円である。

お葬式の参列はＮＧ

残念なことに、最初に支援を担当したＡさんは出会いから四ヵ月後に急逝された。社協から「次回の訪問はなし」と携帯電話に連絡を受けたとき、「お葬式に参列したい」と伝えたところ、「それは絶対にダメです」とぴしゃっと言われた。おとなしく引き下がったものの、モヤモヤとしたものが残った。

全国社会福祉協議会の資料[20]には「本事業の利用者のなかには（中略）地域から孤立している場合もある。住民が生活支援員を担うことで、本人と地域のつながりを維持・回復させることにつながっている」とか「本事業だけで自己完結するのではなく、インフォーマルなサービス・活動も含めて地域の社会資源を活用し、利用者の生活を支える地域の援助システムをつくっていく」という説明がある。

ところが、実際には、社協の監督下でフォーマルなサービスを提供する時間帯以外に、支援員がインフォーマルに利用者と接触することは厳禁だ。家に余っているカレンダーを届けるという提案も却下された。

社協の側から見れば、支援員とは雇用契約を結び、管理監督の責任を負っている。自分たちの目の届かないところで利用者に会い、万が一トラブルが起きたら責任を問われる。もし、それが深刻なものなら、メディアから「責任者を出せ」と取材攻勢を受けるだろう。行政と密接に連携している社協の立場からして悪夢のシナリオだ。

日常業務に差し支える可能性も否定はできない。利用者本人やその関係者（家族、介護保険のケアマネジャーや区役所のケースワーカーなど）とのやりとりは、電話一本にいたるまで「援助実施記録」に事細かに記入している。関係者間で情報を共有するためだ。専門員が知らないところで、支援員が利用者やその家族らと接触していたらその情報は引き継ぎから漏れてしまい、支援の支障になりかねない。

このサービスの利用者は、家賃や公共料金の滞納など何らかの問題を抱えていることが多い。専門員は、新規契約者の家計を細かくチェックして問題解決のメドをつけ、生活を安定させる。そうした「お膳立て」があって初めて、支援員の仕事が成り立つのが実態だ。

専門員はサービスの利用に関してトラブルがあれば、いつでも対応せざるをえない。私のような支援員は、講習や実習を受けたとはいえ、月一―二度しか活動しない「素人」だ。立場と責任の違いは歴然としている。

社協を含む公的組織は、住民から無限責任を求められがちだ。だが現実として無限に責任を負うわけにはいかず、法律や規則で誰がどんな責任を負うかという点を明確に区分しようとする。だからこそ、「縦割り」や「融通の利かない杓子定規な対応」が生まれるのではないか。

その結果、フォーマルな事業は「自己完結」し、「インフォーマルなサービス・活動」とは一線を画さざるをえない。「フォーマルとインフォーマルな活動の連携・協働」は、言うはたやすいが、行うのはむずかしいのだ。

「地域福祉」という美しい理念に魂を入れようとすれば、行政と住民双方に、よほどの発想の転換が必要となる。住民の側も、役所にすべてを引き受けさせるメンタリティを維持したままでは前に進めないだろう。メディアも「とにかく役所を責めればいい」ではなく、いったん立ち止まって「どこまで役所に責を負わすべきか」を考える習慣をつける必要があると感じた。サービス利用者、もしくはボランティアなどの地域住民の立場から行政の硬直した対応を批判するのがよくある報道のパターンだが、硬直性の真因はどこにあるのかまで掘り下げないと解決に結びつかない。

「市民」とは誰なのか

「市民後見人を目指す方のための基礎講習」を受けた際、「なぜ、こんなに受講者が少ないのだろう」と疑問を抱いたことを先に述べた。これに答えるカギは「市民後見人」という考え方が持つ、矛盾をはらんだ二面性にあると思う。そもそも、市民後見人には法的定義がなく、「市民後見関連情報」を集めた厚労省のウェブサイトを見ても、学会などによる説明文が紹介されているだけだ。

繰り返しになるが、社会保障や福祉は本人がサービスを選び、契約を結んで利用するのが基本である。一方で、認知症や障害などで意思決定に難しさを抱え、頼る家族がいない高齢独居や単身の世帯は増えている。そうした人たちには最終的に、成年後見制度を使って、家族以外の誰かが支援するしかない。

弁護士や司法書士など法律の専門職に後見人を頼めば、それなりの報酬の支払いが必要になる。だが、本人にその資力があるとは限らない。そこで市民後見人の活用は「もともとは後見人の受け皿不足を背景に、市民のボランティアとしての地域における社会参加をふまえて検討された」(21)のであり、無報酬あるいは低額報酬を前提にしている。

住民同士の助け合いやボランティアは、プロとしての法的責任を負うことを想定しないインフォーマルな社会資源である。一方、成年後見制度は、権利擁護のフォーマルな制度である。後見人は、本人にかわって契約を結ぶという広範な代理権を持った法律上の地位を持つ。制度を規定する民法には、市民後見人とか社会貢献型後見人という単語は一切出てこない。つまり住民ボランティアだろうが、弁護士だろうが、同じ法的責任がある。

社会福祉協議会はアドバイスをしてくれるが、後見監督人として法的な責務はあくまで適切な事務の執行を監督することであり、市民後見人の「尻拭い」をする義務は本来ない。法的責任はあくまで、すべて後見業務を受任した者が負うのである。

講習を受けたとき、社協の担当者は「世間が持つ『市民後見人をもっと増やせばいいのに』という感覚とはズレがある」と率直に認め、「後見人はすごく難しい仕事であり、社協の事務局体制が整わないままに増やすことには慎重であるべきだ」と述べた。

先進的な取り組みを取材して、他の社協に「市民後見人をどんどん養成して、地域で活躍してもらうようにせよ」と注文するのは簡単だが、危機管理を要する案件が発生したとき、当該社協が自信をもって対応できるだけのキャパシティとリソースがあるかどうかをリアルに見極める必要がある。そこがボトルネックになれば、市民後見人を増やすことはできないだろう。

翻って、私たちが市民後見人になった暁には、社協が「尻拭い」や「後始末」をしてくれるという甘い期待は持つべきでない。講習の講師を務めたベテランの社会福祉士は「被後見人の利益を第一に考え、ときに関係者との調整を拒否する峻烈な態度をとることが求められる」と説いていた。

ボランティアである「市民後見人」が、重い法的責任を負って地域福祉の最前線に立つ。そんな時代のメディアには、「ボランティア活動の美談」「後見制度の活用が不十分という行政批判」というパターンを脱した報道が必要だと感じた。

第5節　「観客」「犠牲者」を脱するために

内閣府が毎年実施している「国民生活に関する世論調査」で「政府に対する要望」を聞くと、二〇〇四年以降は「医療・年金等の社会保障の整備」が常に六―七割を占め、ほぼ一貫してトップである。

日本の医療や介護は常に手薄で、年金は先細りし、国民は負担増にあえぐ。官庁は縦割りで政策にスピード感がなく、困窮者にタイムリーで十分な支援が届けられない――。私たちメディアは、日本の社会保障をこんなイメージで描きがちだ。そこに登場する生活者・市民はたいてい「悪政の犠牲者」として描かれ、その切実で悲惨な体験をもとにメディアは政府へ「注文」を突きつける役割を演じてきた。

「大きな政府」、運営できるか

ただ、こうした「注文」を実現するためには「政府への信頼」が必要になる。政府を信頼すればこそ、保険料や税としてお金を支払い、自らの老後に備えたり、社会的な弱者に回したりできる。公平に配ってもらうためには、より広範な個人情報を政府に委ね、活用する必要もある。

今回、コロナ禍への対策として「所得や資産の状況がリアルタイムで把握できないため、困窮度に応じたきめ細かな支援が難しいという問題」(22)が指摘されたが、逆にいえば、「きめ細かい支援」

には所得や資産に関する情報を政府に把握させる必要があるということだ。

一〇万円の一律給付をとってみても、マイナンバー制度を活用しようにも、申請された振込先の口座情報の確認に多くの自治体が手間取った。欧米では、納税や社会保障のための番号に銀行口座がひもづいており、迅速に給付を届けることができた。

マイナンバーと銀行口座のひもづけは、二〇一八年一月から本人の同意があれば、金融機関ができるようになった。義務化については、その三年後をめどに必要性を検討することになっている。ただ、「個人の預金口座の中身がのぞき見されやすくなるおそれもあり、隠し資産がない人でも抵抗感は強い(23)」という。

北欧のスウェーデンを取材して驚いたのは、課税所得が公開情報であることだ。二〇一〇年の取材時に訪れた国税庁で、職員は「この端末は全国の税務署にあって、誰でも使えます」と言いながら、コンピューターに自分の個人番号を打ち込み、「二〇〇八年の私の課税所得は五二万三三四一クローナ。払った税金は一七万一〇五一クローナと表示されています」と見せてくれた。さらに「すべての国民の個人番号と住所、課税所得は公開情報です。国税庁に電話すれば教えますよ。もし所得に見合わない派手な生活をしていたら国税庁に通報することもできます」と話した。

スウェーデン在住の、ある日本人は、国税庁に本名を名乗らずに電話をかけ、自分の所得を教えてもらえるか試してみた。個人番号、勤労所得、金融所得（投資信託の売買益など）を難なく入手できた。個人所得の公開は、ノルウェーやフィンランドでも行われている。

情報公開の基盤は共通番号制だ。子どもが生まれると病院はすぐに国税庁に連絡、生年月日と性別などをもとにした「個人番号」が親元に通知される。役所への届け出だけでなく、銀行口座の開設や車の購入まで、あらゆる場面で記入が求められる。

「払うべきを払わない」ことへのペナルティーも厳しい。徴収庁という延滞債権回収の専門機関があり、税だけでなく、電話料金や公共テレビの受信料、「離婚した父親からの養育費」などの民間債権も請け負う。「支払いが滞っている」という事実が同庁に登録されると、その記録は公開され、他人が電話で問い合わせできる。悪質な延滞があれば、ローンを組んだり、家を借りたりするのが難しくなるという。

こうした国々では極限まで透明性を高めて不正を防ぐことで、高負担への理解を得ている。社会保障を整備・充実させるには財源の確保が必要だが、北欧型の高負担を受け入れるほど、日本人は政府への信頼はなさそうだ。背景には、情報公開の遅れや透明性の欠如がもちろんあるが、それだけでもないように思える。

こうした日本の状況を「行政不信に満ちた福祉志向」[24]と名付け、研究してきた宮本太郎・中央大教授は「スウェーデンには自分の負担が自分に戻ってくるという信頼があるが、日本人は、そう考えない。税金は、政府に『とられる』もので『みかじめ料』とか『ショバ代』に近いものとして、受け止められてきた」とみる[25]。

北海道大は、宮本教授が在籍していた二〇〇七年に独自の全国世論調査を実施して、日本のあるべき姿を聞いた。「北欧のような福祉重視の社会」とする回答は六割近くにのぼった。だが、財源確保のため「消費税引き上げはやむを得ない」としたのは二割以下、「行財政改革を進め、負担を増やす以外の方法を採る」が四割を超えた。

「ヘタに行政を信用して税金を払い、フリーライダー（ただ乗りする人）を許すくらいなら、手元にあるものでなんとか自分と家族を守ろう、ということになる」[26]。宮本教授はこう解説する。日本人がそうした姿勢になったのは、戦後論壇で大きな力をもった左派やリベラルの姿勢が影響したという。宮本教授自身もリベラルの論客だが、「戦後の左派論客の多くは、国家権力を縮小すれば、市民が連帯を強め、社会は回るという能天気な考えに支配されていた」と指摘。「真の意味でリベラル派が力をもつには、個人情報の適切な開示も含め、『大きな政府』を運営する知恵の蓄積が必要」と強調する。

社会保障に限らず、社会全体がくらしやすくなるには、政府への信頼が欠かせない――。いま、こんなことをいえば「おまえは甘い。政治家があんなにひどい振る舞いをするのに、政府を信頼せよというのか」というお叱りの言葉も飛んでこよう。

だが、多くの人が指摘するように、政治家の言動は、社会が抱える病の「症状」として表出するのであり、それ自体が病気の「原因」ではない。そう考えられるかどうか。

社会が抱える病があるとき、自分はその解決に参加すべき主体として考えられるかどうか。

ここまで書いてきたように、私は記者以外の立場で社会保障とかかわるようになり、新たな視角から課題を見るようになった。

取材を通じて知り合った社会活動家の湯浅誠さんも、また同じような経験をしている。

在野・民間の活動家として出発した湯浅さんは民主党政権で二〇〇九年から計二年あまり、内閣府参与を務めた。政府の外から中に入って生活困窮者支援の政策の実現を目指したのである(27)。中に入って見えたのは、「民主主義というのは面倒くさいものだ。そして疲れるものだ」という実態だった。民間の活動の場合は、趣旨に賛同する人たちだけで集まり、お金を集めてすでに合意が得られている目標に向かって進めばよかった。だが、行政の制度や政策の場合は、税金、つまり趣旨に反対する人が払っているお金も使う。そこで不可避的に発生するのは利害関係者の調整である。どちらの意見をどれだけ容れるのかは、意見の持ち主の力関係で決まる。自分の意見をできるだけ反映させる調整責任を、主権者たる国民は引き受けなければならないし、それをしないで「やらない政治はけしからん」という態度は成り立たない。

ある政策についての費用を「○○が支払うべきだ」と主張することと「○○に実際に支払わせる」ということの間には膨大な距離があり、それを埋める責任の一端は自分たちにもある。なぜなら、法律や制度をつくる国会や地方議会の議員は有権者である私たちが選ぶからだ。

官僚を含めた政府の中で仕事をしている人へのまなざしも変化した。官僚の中にも自分と同じ方向性をもって仕事をしている人はたくさんいる。ただ、こうした人たちは、テレビや新聞で原則論をぶったりせず、複雑な利害関係の中で説明・説得・調整・妥協を繰り返す。その人がつくった原案は、課から局、局から省、省から政府へと持ち上がる過程でさまざまな修正が入り、結果としての政策ができあがる。

その結果だけをみて、同じ方向性を掲げてきたはずの人たちが、原則的な立場から頭ごなしに批判しなじったらどうなるか。少なくとも自分だったら気持ちがなえるだろう……。

「現実的な工夫よりは、より原則的に、より非妥協的に、より威勢よく、より先鋭的に、より思い切った主張が、社会運動内部でも世間一般でも喝采を集めることがあります」と湯浅さんは指摘する。それはまさに社会保障の社説を書いてきた私を含めジャーナリズムのあり方に鋭い刃を突きつける。原理・原則を確認する作業自体は大切だ。出てきた結果を批判することも必要だろう。しかし、それに少しでも近づこうと努力する過程には見向きもせずに、「政府はやる気がない」「本気度が足りない」「スピード感がない」などといった便利な決まり文句で一刀両断してこなかったか。そう書くことによって、「自分たちの正しさ」を守ることだけに満足してこなかったか。

民主主義社会で、私たち有権者も、そしてメディアも免責されることはない。しかし、政治家から「ご協力をお願い」されたり、「おわび」されたり、「私が責任をとります」と言われたりする状況に馴れてしまい、あたかも免責されるような気分にさせられる。むしろ、そんな心の有り様こそ警戒しなければならないのではないか。市民が「引き受けて考える」責任を引き受けず、「任せて文句を言う」だけでは、かえってポピュリスト的な権力者につけ込まれる余地が生まれるのではないか[28]。

社会保障を報じるメディアへのリテラシー

何か問題が起きたとき、それをメディアが的確に指摘して責任のある人間に責任をとるよう求めるのは当然だ。ただその結果、現場に無理を強いることになったり、「改善」のための金銭的コストを、将来世代に借金という形で先送りしたりしてはいないか。

「序章」でも書いたように、こうしたことを考えること自体にリスクがあることは、繰り返し胸に刻まなければならない。日々の生活で精いっぱいの一般の人々に「市民だから」といって責任を押しつける一方で、政治家や官僚の「事情」をくみ取ってその代弁者になり、責任追及はおろそかになる。そのうち読者から「御用記者」「政府のポチ」と見られるようになる。その結果、ジャーナリズムにとって最も大切な「市民からの信頼」は失われる……。

この葛藤を乗り越えて、超高齢化を受け止めるために一人ひとりが社会に参加し、協働することを促す報道はどうすれば実現できるのだろうか。記者は、「厚労省のミカタ」ではなく、「社会保障のミカタ」「将来世代のミカタ」として活動できないものか。メディアが陥りがちなネガティビズムでもなく、ある種の政治家や官僚にとっては都合のよい根拠のない楽観に基づいたポピュリズムでもないまっとうな道を歩くことはできないだろうか。

その道を探すには、社会のことを自分事として考えるリテラシーを備えた読者の存在がどうしても必要だ。

第１章に登場した小西雅昭さんはある日突然、病を得て社会保障の恩恵を受けることになった。そのことの意味を考えて、記者に手紙を書くという形で自分のかつての言動に責任をとった。第３章に登場した「日本退職者連合」の川端邦彦さんは、将来世代の年金を守るため、自分と同じ年金受給世代を説得する役割を引き受けた。

健康で働けている人、病気になって休んでいる人、年をとって年金を受け取っている人、会社を経営し従業員の社会保険料を払っている人、これから就職し給料から社会保険料と税金を天引きされる人……私たちは様々な立場、そして人生のステージを生きている。年齢を重ねるとともにゆっくりと、あるいは予期せぬ病気やケガなどで突然に、ステージの背景は色合いを変えていく。
そのことへの想像力をもった読者に助けられ、メディアもまたそうした想像力を喚起するような報道をしていく。お互いに高め合うプロセスこそ、立場の違いによる意見の対立を亀裂にせず、これからの「高齢ニッポン」を、そこそこ豊かに穏やかに暮らせる社会へと導いてくれると私は思う。

注

（1）山中季広「劇場政治　眼力問われる有権者」朝日新聞、二〇〇三年一〇月一三日朝刊：一ページ。
（2）山根由起子、藤原泰子「補助金廃止先行　保育所助成、住民動く（三位一体改革 誰のために）」朝日新聞、二〇〇四年一一月九日朝刊：四ページ。
（3）普光院亜紀「新聞時評『三位一体改革』で各事業の検証を」毎日新聞、二〇〇四年九月二一日朝刊：七ページ。
（4）堤修三「皆醒独酔・拾遺　政策はどう選択されるか」『国際医薬品情報』二〇二〇年四月二七日号：三四―三八ページ。
（5）山中季広、前掲。
（6）「余録」毎日新聞、二〇〇三年一〇月一四日朝刊：一ページ。
（7）渡辺嘉久「有権者より責任重く」読売新聞、二〇〇三年一〇月一五日朝刊：一ページ。
（8）広井良典「『政策と原理』中心の政治報道を（私のメディア批評）」朝日新聞、二〇〇一年三月三〇日朝刊：一四ページ。
（9）浜田陽太郎「『トランプ大統領はＡＩだ』数学博士が見た世論操縦（経世彩民）」朝日新聞デジタル、二〇一九年一二月一〇日配信。

(10) ぺペラ「『社会保険料、なんでこんなに高いの?』その気持ち、実は企業も同じ」『ウィズニュース』二〇一七年五月三一日配信。
(11) この調査は朝日新聞デジタル編集部の毛利光輝記者の協力を得た。
(12) 山本奈朱香、田中恭太「『バイバイ』笑顔の幼子、母は橋から落とした」朝日新聞デジタル、二〇一六年一〇月一七日配信。
(13) 高橋淳「『バカはバカなりに努力しろ』知的障害の息子が自殺」朝日新聞デジタル、二〇一七年五月七日配信。
(14)『新貧乏物語』の一部を削除します」中日新聞・東京新聞、二〇一六年一〇月一三日朝刊。
(15)「新パブリックエディターに3氏」朝日新聞、二〇二〇年三月二七日朝刊：一三ページ。
(16) 横浜地裁判決、二〇〇五年三月二二日『判例時報』一八九五号：九一ページ以下。
(17) 厚生労働省「市民後見人の育成及び活用」(同省ウェブサイト「市民後見関連情報」に掲載の資料)より抜粋。
(18) 最高裁判所事務総局家庭局「成年後見関係事件の概況――平成三一年一月～令和元年一二月」：一一ページ。
(19)「日常生活自立支援事業」は、社会福祉法上の「第二種社会福祉事業」という位置づけで、国と都道府県・指定都市が、実施主体の都道府県社会福祉協議会に補助金を出し、実際の仕事は市区町村社協が受託するという建て付けだ。全国での「実利用人数」は五万四七九七件(二〇一八年度末現在)で、認知症高齢者が四割強、精神・知的障害者が五割強。新規契約者の四割が生活保護受給者となっている。データは、全国社会福祉協議会地域福祉部／全国ボランティア・市民活動振興センター「日常生活自立支援事業月次調査結果」(令和元年度累計確定版)。
(20) 全国社会福祉協議会「日常生活自立支援事業の今後の展開に向けて～地域での暮らしを支える意思決定支援と権力擁護　平成三〇年度自立支援事業実態調査報告書」二〇一九年三月：五ページ。
(21) 日本弁護士連合会「市民後見のあり方に関する意見」二〇一〇年九月一七日：五ページ。
(22) 門間一夫(みずほ総合研究所エグゼクティブエコノミスト)「コロナ危機 一律増税より所得の再分配」

日本経済新聞、二〇二〇年五月二九日朝刊：六ページ。
(23) 藤田知也「全口座ひもづけ、検討　マイナンバー、任意と二段階」朝日新聞、二〇二〇年五月二三日朝刊：七ページ。
(24) 宮本太郎『福祉政治』有斐閣、二〇〇八年：ivページ。
(25) 浜田陽太郎「長らく続いた政府不信、日本の世論に変化も」朝日新聞グローブ、二〇一〇年六月二八日：二ページ。
(26) 宮本太郎『生活保障　排除しない社会へ』岩波新書、二〇〇九年：二三ページ。
(27)「内閣府参与辞任のご報告」湯浅誠ブログ、二〇一二年三月七日（http://yuasamakoto.blogspot.com/2012/03/blog-post_07.html 二〇二〇年六月一三日最終閲覧）。
(28)「日本は『引き受けて考える社会』でなく『任せて文句を言う社会』」と指摘しているのは社会学者の宮台真司・東京都立大教授。「脱原発、政治文化変える好機」朝日新聞、二〇一一年八月一一日朝刊：一一ページ。

おわりに

駆け出しの記者として最初に勤務したのは宮城県でした。

一九九〇年代前半、「米の輸入自由化」が大ニュースで「反対！」と叫ぶ農家の人々の記事や映像が連日、新聞やテレビを賑わしていました。

宮城県は農業が盛んな「米どころ」。でも、同じ県内でも仙台のような都会では人々の関心が高いようには見えませんでした。ましてや、私が生まれ育った首都圏のベッドタウンでは、もう別世界の出来事です。

私はこう考えました。

農政をめぐり「輸入を含め安いコメを求める都会の消費者」と「自由化で価格の下落をおそれる農民」が対立している……というわけではなく、要は都市と農村の間に「無関心」という壁があるのが問題ではないか。

自分だって、ふだん仙台で農協のエライさんを取材していても、現実の農家が何を考えて日々暮らしているのか、実は知らないだろう。

そこで農協の会長に手紙を書きました。「当方は、身体きわめて健康な独身男性。どこか農作業を手伝わせてくれる農家を紹介して下さい」

そして首尾良く、親切な農家に居候し、小さな農村での生活をつぶさに観察し、記事にする機会を得たのです。

減反で水田を畑にし、小麦をつくる「転作」でも、湿気の多い日本では、収穫期が数日違えば麦は変色し、値段が九分の一に下がること。お年寄りの「田んぼの仕事を取られると、何をすればいいのか」というつぶやきに、「米作りは生きがい」というありきたりの言葉では表わせない意味が込められていること。やはり現場を踏まないと、わからないことはあるものです。

農家の人からは「何も知らねえで農村に入ったから、かえって新鮮な感覚で書けるんでねえの」と言われました。そのとき、生産者と消費者の間に立って、双方をつなぐような役割が必要ではないかと感じました。

この世の中は「対立」があふれているように見えるけれど、それを「あおる」のではなく、立場の違う人の話をよく聞き、「つなぐ」ことが必要だ。これが私の原点であり、そして今に通じる目標となりました。

「問題点を列挙し、批判するだけでは役割を果たせない」

こう考えるようになったのは、二〇年前の出来事にさかのぼります。

ジャーナリズムの研究のために客員研究員として滞在した米ミネソタ大で私は一人の師と出会いました。当時、同大のシニアフェローだったハリー・ボイトさん。一九四五年生まれの社会活動家で、若い時にはキング牧師のもと公民権運動に参加。二〇〇八年のオバマ大統領の選挙運動では市民参加グループ（Civic Engagement Group）の副議長を務めました。

もっとも記憶に残っているのは「民主主義のこわさは、だれも政治腐敗の外にいないことだ」という教えです。

ボイト先生の政治学の授業には実習がありました。大学生が小中高校を訪ね、子ども五―六人と一組になって地域や学校の問題を探しだし、解決するためのコーチになるのです。

危険な駐車場しか遊ぶ場のない子どもたちが、安全な広場をつくるという目標を立てました。不良のたまり場になると反対する住民を説得し、市役所と交渉、六万ドルの資金を集めて三年がかりで夢を実現させたのは大成功例です。

どうにもならない壁に当たり挫折することも多いのです。それでも、関係者を探し、電話をかけ、手紙を書く。他人との交渉は「政治の技術」であり、子どもたちに力を与えます。

ボイト先生は、「政治は、政治家と官僚だけの仕事ではない」と説き、「市民が『自分たちは悪政の犠牲者だ。政府は何とかしろ』と言っている間は、まともな参加者として扱われないよ」とハッパをかけるのです。

こうした考え方は、米国における新聞やテレビにも影響を与えました。多くの報道が、情報源を政治家と官僚に偏らせ、その考え方の枠組みに頼ってきた結果、市民は「政治ドタバタ劇の観客」の地位しか与えられず、政治から遠ざかっていったのではないか。

こんな反省から、ごく普通の生活者が、政治に参加して行動する「入り口」を提供するような報道を目指す動きが一九九〇年代に広がりました。「パブリック・ジャーナリズム」と呼ばれる考え方です。例えば、ジョージア州の地方紙では、公立学校のレベル低下について問題点を列挙するだけでは、地域社会を意気消沈させるだけだと考えました。住民がどんな教育を望むかを聞き取るなどして、一〇年後に「理想の学校」を実現するには、生徒、親、行政にどんな行動ができるかを調べたのです。編集長はこれを「報道のリバースエンジニアリング」と呼んでいました。

滞米中、「政治を自らの責任と感じる人がいなければ、だれも新聞を読まなくなるよ」と何度もいわれました。ごく普通の生活者の立場で読んでみて、「自分は社会をつくる政治力があるんだ」と思えるような記事を書きたい。そんな気持ちが私の中に生まれました。

本書の執筆にあたり、多くの方々にお世話になりました。

二木立・日本福祉大名誉教授からは、医療・介護・福祉に関する膨大な勉強量に裏打ちされた論文や言説に多くを学びました。本書をまとめるよう背中を押してくれたことに感謝します。権丈善一・慶應義塾大教授には、社会保障だけでなく、社会・経済・政治のとらえ方を学びました。こうした基礎がなければ、自分の取材経験を「こういう社会をつくりたい」という理念と結びつけて咀嚼することはできなかったでしょう。

書き進めるエネルギーを与えてくれたのは、第1章に登場した小西雅昭さんの存在です。「介護保険法は憲法違反」という手紙を新聞社に出した四年後にくも膜下出血に倒れ、「介護保険の世話

図5-1　小西雅昭さん（左）と私

になっています」と連絡する手紙をわざわざ書いてくれました。これは立派な「自分の言葉に責任をとる行為」であり、社会参加です。小西さんの体験から私たちは何を学べるのか、それを伝えたいという気持ちは執筆を支えました（図5－1）。

終章に書いた「リテラシーをもった読者が記者を育てる」というのは私の実感です。

入社二年目のとき、地方版にコラムを書きました。「同業他社の記者と集まってサツ回り仲間の送別会をやっていたら、ポケベルが鳴った。三人が生き埋めになる土砂崩れが起き、送別会の参加者は現場に再集合。解散は翌日午前三時……」。これに対して、「どのような気持ちで書いたのか。二四時間戦う記者という仕事への感傷？　あのとき戦っていたのはあなた方ではない。土の中で死と戦っていた人であり、懸命に救助活動していた方だったはず」と手厳しく批判するはがきが届きました。

「他人の非日常を日常として暮らしている人（記

者）は、何より当事者にとってそれが『非日常』、すなわち大変なことだということを忘れてはならないと思います」

書いたのは当時、東北大の医学生だった伊藤和代さん。その後も、読者として、また医師という立場から、私の書いた記事に限らずメディアの報道姿勢について意見交換しています。本書の執筆に際しても貴重なアドバイスをいただきました。「社会保障システムが機能している日常」を考える素地は、こうした出会いを通して育まれたと思います。

長年にわたり社会保障を取材するポジションを与えてくれた勤務先の朝日新聞社にも感謝します。社内の同僚、そして同業他社の記者たちにも多くを学びました。なお、本書に書かれた見解は朝日新聞社の社論ではなく、私個人のものであり、責任はすべて私にあります。

本書執筆の機会を設けてくださった勁草書房の橋本晶子さんからは、適宜適切なアドバイスをいただき、完成に漕ぎ着けることができました。

そして最後に、コロナ禍の「ステイホーム」のなかで自室にこもる私をあたたかく見守り、支えてくれた妻の礼子、そして常に癒しを与えてくれる元保護犬のアンに深く感謝します。

二〇二〇年八月

浜田陽太郎

は　行

ま　行

や　行

わ　行

さ　行

た　行

な　行

索　引

あ　行

か　行

著者略歴
1966 年生
1990 年　一橋大学法学部卒，朝日新聞社に入る
初任地・仙台支局で農家への泊まり込み取材で書いたルポにより農業ジャーナリスト賞（1993 年度）。フルブライト奨学金を得て米ミネソタ大学客員研究員（2001-2002 年）。通産省，大蔵省，首相官邸，厚生労働省の記者クラブ詰めを経験。グローブ副編集長，社会保障担当の論説委員，デジタル編集部次長などを経て
現　在　朝日新聞編集委員，社会福祉士
著　書　『主婦とサラリーマンのための経済学』（共著，朝日新聞社，2002 年），*International Journalism and Democracy: Civic Engagement Models from Around the World*（共著，Edited by Angela Romano, Routledge, 2010）

「高齢ニッポン」をどう捉えるか
予防医療・介護・福祉・年金

2020 年 9 月 25 日　第 1 版第 1 刷発行

著　者　浜《はま》　田《だ》　陽太郎《ようたろう》
発行者　井　村　寿　人

発行所　株式会社　勁《けい》　草《そう》　書　房
112-0005 東京都文京区水道2-1-1　振替　00150-2-175253
（編集）電話 03-3815-5277／FAX 03-3814-6968
（営業）電話 03-3814-6861／FAX 03-3814-6854
本文組版 プログレス・港北出版印刷・中永製本

ISBN978-4-326-65426-0　Printed in Japan

http://www.keisoshobo.co.jp